哨子之声

邵子洺体育名师工作室行动探索

邵子洺◎著

吉林文史出版社

图书在版编目（CIP）数据

哨子之声：邵子洺体育名师工作室行动探索 / 邵子洺著. — 长春：吉林文史出版社，2020.10
ISBN 978-7-5472-7213-8

Ⅰ. ①哨… Ⅱ. ①邵… Ⅲ. ①体育课—教学研究—小学 Ⅳ. ①G623.82

中国版本图书馆CIP数据核字（2020）第188021号

哨子之声：邵子洺体育名师工作室行动探索
SHAOZI ZHISHENG SHAOZIMING TIYU MINGSHI GONGZUOSHI XINGDONG TANSUO

著 作 者：邵子洺
责任编辑：程 明
封面设计：言之凿
出版发行：吉林文史出版社有限责任公司
电 话：0431-81629369
地 址：长春市福祉大路5788号
邮 编：130117
网 址：www.jlws.com.cn
印 刷：北京政采印刷服务有限公司
开 本：170mm × 240mm 1/16
印 张：18.5 字 数：333千字
印 次：2022年6月第1版 2022年6月第1次印刷
书 号：ISBN 978-7-5472-7213-8
定 价：45.00元

序言

早在1996年，邵子洺老师和她的爱人带着孩子、两个背包、一个篮球，满怀教育理想和理想的教育，从白雪皑皑的北国来到四季如春、改革开放的前沿城市深圳，担任龙华中心小学体育教师、德育处主任。

非常有幸，我在传播陶行知教育思想的路上和她相遇、相识，结为“陶友”，并聘任她为中国陶行知研究会生活教育行动讲师团联络部部长。几年来，我目睹了她的成长、成才、成功的奋斗历程。她，做人、做事、做学问踏实认真，一步一个脚印追求梦想，勇攀高峰；她，虚心好学，刻苦钻研，知行合一，理论与实践相结合；她，开拓创新，情系教育，爱心育人，无私奉献，先人后己。23年扎根龙华基础教育园地，为促进龙华区青少年儿童的健康成长和特殊儿童教育事业的发展做出了杰出的贡献。令吾无比敬佩！

欣喜她的又一部专著《哨子之声：邵子洺体育名师工作室行动探索》即将问世，发出“哨子”响亮的声音，抒发行动探索的心声，表示由衷的祝贺！

“哨子老师”，这是龙华中心小学的孩子们给邵子洺老师起的一个别名，也是孩子们对体育老师邵子洺富有童心、童真的一个爱称。由于她每天和孩子们在操场上摸爬滚打，太阳晒黑了皮肤，孩子们亲切地称她为“巧克力”老师。邵老师爱运动，爱篮球，更爱这些与她朝夕相伴的孩子们。

29年的体育教育实践中，邵老师不忘初心，牢记使命，始终遵循人民教育家陶行知先生关于“教人求真，学做真人”“健康第一”“实践第一”“创造第一”的思想和“爱满天下”的大爱情怀，让体育教育与立德树人紧密结合，让增强体格与完善人格相辅相成，闯出了一条小学体育教育的新路子，促使学生身心健康发展。

她勇于实践，敢于探索。1996年开始，她和丈夫宋昔峰老师接过龙华中心小学小龙人男子、女子篮球队，十年如一日，利用节假日在篮球场上指导孩子们训练，从未间断，使得学校男子、女子篮球队在各级比赛中屡屡夺冠，并在全校普及篮球运动，获得丰硕成果。在她和全校教师的共同努力下，龙华中心小学从1998年开始，先后被评为宝安区篮球传统项目（特色）学校、深圳市篮球特色学校、广东省篮球推广学校和全国篮球特色学校，培养了一大批优秀篮球爱好者，输送的队员也在省、全国的比赛中取得好成绩。她个人也屡次在区和市篮球、网球、田径、游泳、登山比赛中摘金夺银。

她乐于行动，勤于研究。她的教育教学成果累累，享誉国内外。她编写了《篮球》《志愿服务》等5本校本教材，主持区、市、省、国家级课题9项，并应邀赴美国出席国际健康与体育研讨大会。她撰写的科研论文多次在全国的体育杂志上发表。尤其是她将陶行知先生的“行–知–行”的教育理念运用于体育教学实践中，创造性地构建了“发现式3M行动体育教学法”，提高了学生的运动能力和体质健康水平，在增强学生体格的同时，塑造了学生的品格，让学生在学会、勤练和常赛中，创造性地实施学校综合运动干预方案。在家校联动、活力校园的构建和“校长挑战杯”等方面均取得了丰硕的成果。

她无私奉献，热爱儿童。令吾最为感动的是邵老师15年如一日投身特殊教育，带领体育教师、音乐教师、美术教师通过“全才培养计划”辅导多动儿童、脑瘫儿童、智障儿童，通过运动干预和改善他们的身体基本运动能力，还承担学校残疾儿童的KDL特色亲子课程义务教育和志愿服务。她还多次到贵州、广东河源市及龙川县、紫金县等地帮扶支教，带领学生、家长卖报募捐筹款，为新疆、贵州捐建9个流动图书馆，为四川雅安学校捐建一个操场的推土经费。她心怀爱心，身体力行，将陶行知先生“爱满天下”的大爱送给最需要关爱的儿童，送到最需要支援的地方。

她爱岗敬业，屡创佳绩。在平凡的教育岗位上，她创造了突出的业绩、教育的奇迹，先后被评为南粤优秀教师、广东省“百千万人才”骨干教师培养对象、深圳市名师、深圳市“十佳师德标兵”、深圳市龙华区体育学科带头人和深圳市邵子洺“哨子”体育名师工作室主持人。

邵子洺老师具有体育人的爽直、帅气和干练，又有文化人的内涵和底气，还有教育人的爱心和智慧，更有“学陶”人的热情和激情。她坚持文化自信的强烈信念，有渴求陶行知教育思想的强烈愿望，用心学陶，用情师陶，用行践陶，用智慧创陶。她艰苦奋斗，追求卓越，无须扬鞭奋自蹄，砥砺前行在行知路上，为深圳特区教育事业做出了杰出的、更大的贡献！

汤翠英

2019年6月26日

作者系行知思想传播人，副教授，南京晓庄师范陶行知纪念馆首任馆长，中国陶行知研究会生活教育行动讲师团团长。

目 录

第一篇 哨子集之

第二篇 花开悟之

第三篇 教而践之

第四篇　学而研之

第五篇　学而思之

第六篇　读而感之

附　录：名师说

1

第一篇

哨子集之

吹响“集结哨” 焕发精气神

一、工作室简介

深圳市邵子洺“哨子”体育名师工作室（以下简称“‘哨子’名师工作室”），是体育教师们的温馨家园，是一支由24名凝聚力强、有体育精神和教育梦想的一线教师组成的教研团队。从2015年12月工作室挂牌成立，吹响“集结哨”以来，在市、区教育局指导下，工作室通过“一主两翼”的模式——“一主”是导师引领，“两翼”是教学与科研，取得了丰硕成果。

三年的共同学习和成长经历，让“哨子”名师工作室成员亲如一家，凝结成最有战斗力和奉献精神的团队。以“面向一线、资源共享、协同发展”为理念，积极进行游戏化、结构化的“行—知—行”模式3M（“3M”即积极地动、尽量地动、科学地动）体育教学法的践行和推广，为深圳市各区和国内的体育教师搭建了一个高规格的研修平台，通过教科研活动，影响和促进了一大批有追求、乐于奉献、勇于创新的市、区级青年体育骨干教师的专业成长。

图1　工作室主持人邵子洺老师参加教育论坛

三年来，“哨子”名师工作室的体育教师们，在国内知名导师引领下，通过“只要有身体就是运动员”的指导思想，在教学和研究中鼓励学生，发展学生的运动技能，开拓思维和塑造人格，使学生身心健康发展。教科研成果在工作室国内指导专家、长江青年学者、华东师范大学体育与健康学院汪晓赞教授的引领指导下，走向国际舞台，向世界介绍中国儿童青少年健康促进经验。

一个人可以走得很快，但走不远，只有一个团队凝结在一起，团结拼搏才能走得更远！基于此，深圳市邵子洺名师工作室在征集学生和教师的建议后，将工作室定名为“深圳市邵子洺‘哨子’体育名师工作室”，也就是大家平时口中的“哨子”名师工作室。

WHISTLE
深圳市哨子名师工作室

图2　工作室Logo

龙华中心小学小龙人女子篮球队队员李梦缘同学，在设计工作室Logo时释义：“哨子”是体育教师行业特征，像一个专注、坚持的蜗牛，寓意着团队成员静下心来慢慢做教育，它又像数字“6”，取于“尽力做得很好”的网络用语。一（4）班6岁的张皓轩同学，用铅笔为工作室书写了中英文“深圳市邵子洺‘哨子’体育名师工作室”题名，作为工作室文化和纪念品标志。经过工作室的全体成员研究，决定尊重孩子的创意，立志“以学生为本”，把“孩子放在舞台最中央”，为儿童青少年健康促进和运动习惯养成作出积极贡献，向世界介绍中国经验。

图3　深圳市体育教研员黄镇敏老师在市体育工作会议上介绍邵子洺老师

邵子洺老师致力于真、善、美的生活教育，通过带教、带学、带研等方式来传播先进的教学理念和传授精良的教学经验，指导成员不断提高教育、科研水平，使自己真正成为教师群体发展的“辐射源”。探索出“行—知—行”模式3M体育教学法，以“只要有身体就是运动员”的积极体育理念来鼓励学生参与运动，提高了学生的体质健康水平和核心素养，同时带出了一批乐于奉献、勇于创新的省、市、区级青年体育骨干教师和名班主任。工作室指导教师、深圳市教科院体育教研员黄镇敏老师，在深圳市年度工作总结会上对工作室的教科研工作给予了肯定。

二、行动经验

一路走来，“哨子”名师工作室成为深圳学校体育工作的“主力军”，通过“七项措施”，培养了一支爱岗敬业、锐意进取、务实创新的队伍，在教学、科研、训练和竞赛中均取得突出成绩。

措施一：建章立制，以体育人

“哨子团队”之所以能不断发展壮大，市、区教育局共同管理、建章立制和统筹安排的组织架构是有力的保障。“哨子团队”致力于以“立德树人、体魄强健、打造名师”为宗旨，以“团结拼搏、开拓进取”为团队口号，按市、区文件精神，实事求是地制定了《深圳市邵子洺“哨子”名师工作室工作计划与实施方案》，确定了年度工作目标和个人三年发展规划。日常工作设立在深圳市龙华区龙华中心小学厚德楼会议室，市教育局和区教育局共同保障活动经费，还聘请了国内知名专家华东师范大学体育与健康学院书记、长江青年学者汪晓赞教授，首都体育学院李鸿江教授，深圳大学教育学院体育与健康学院席翼教授，深圳市教科院刘晋教授，深圳市教科研专家工作室刘永利教授和深圳市教科院体育教研员黄镇敏主任、龙华区体育教研员隋海林老师等担任顾问，定期进行工作指导。

图4 工作室成员与国内指导专家汪晓赞、刘晋、黄镇敏、刘永利教授和王讲春校长合影

工作室的每位成员定位为学生亲密的伙伴和指导者，通过体育的特殊育人功能，强健体魄的同时，培养学生树立正确的价值观、规则意识和团队精神。

措施二：“哨子”团队，一线“草根”

米卢说：“态度决定一切。”区别于星光闪耀的各级名师工作室团队，“哨子”团队的显著特点是组建了一支来自一线个性鲜明、优势互补、积极向上的“草根”团队。招募条件是“有志于为儿童青少年健康促进做贡献的一线体育教师”，对以往“光环”没有要求，欢迎积极上进的“草根”加入，共创未来。

主持人“哨子”老师邵子洺，从教28年，本科学历，副高级职称，广东省骨干教师培养对象、南粤优秀教师、深圳市名师和深圳市名师工作室主持人，在长江青年学者、华东师范大学汪晓赞教授的指导下，参与《KDL体育与健康》课程的编写与实验，采用中国学校体育与健康课程模式进行游戏结构化授课，带出了一批乐于奉献、勇于创新的省、市、区级青年体育骨干教师和名班主任，提高了学生的体质健康水平和核心素养。

主持人助手刘桂香老师，研究生学历，为人谦和、善于沟通、文笔优美；赵咏老师爱生如子、技艺精湛、育人楷模；李育生老师勤恳负责、经验丰富，善于组织；宋昔峰老师幽默真诚、凝聚力强、擅长策划；谢招哲老师思维敏捷、特长突出、条理清晰；田源性格沉稳、责任心强、认真细致；官陈超老师热情开朗、阳光积极、健美时尚；谢玉芬老师勤奋学习、敬业爱生，善于合作；张英辉老师踏实进取，有自己的篮球教育风格；刘海老师兢兢业业、吃苦耐劳、训练科学；曹战阳老师是国家级篮球健将，训练有素，战绩卓著；等等。在“哨子”团队，每个成员和学员都能发挥自己的特长和优势，依靠团队形成强大的综合战斗力。大家取长补短，全面发展。

措施三：建立“书架”，直面论坛

建立小书架，让“悦读”遇见最美的自己。为了提高成员们的人文素养，提高书写、演讲能力，每学期工作室都为成员们订阅《体育教学》《中国学校体育》《足球》《体育教学模式》《体育教学风格》《长征》《陶行知》等书籍，通过读书沙龙交流思想。通过阅读、分享，提高了成员们的文化知识和体育与健康理论水平，锤炼教育教学的创新型智慧，提升教育教学机智，使课堂交流更迅捷、更有针对性，克服倦怠之心。

开展“哨子”研讨论坛，直面国内外专家。按市、区文件要求，聘请国内知名专家、名师和骨干成员引领指导工作室的工作，交流思想，探讨问题，不断地汲取同行、专家的教育教学智慧，博采众长。工作室成立伊始，便聘请了华东师范大学体育与健康学院书记、长江青年学者汪晓赞教授、首都体育学院院长李鸿江教授、深圳大学教育学院席翼教授等国内知名专家，定期来工作室指导教学及科研。每学期工作室主持人和成员都走出去参加全国教科研论坛和面向全区进行一次公开课和讲座交流，三年来共组织研讨活动46项，名师送教15次，国内外研讨、汇报、学习24次，提高了工作室成员的整体专业水平。三次面向全国教师，网络主持教育部主管的《中国学校体育》杂志举办的“草根争鸣”论坛总第102期、116期和119期的研讨，工作室4篇论文入选《中国学校体育》杂志。

措施四：磨炼“功夫”，游刃“江湖”

一名体育教师，只有“硬功”（语言、教学设计、口令、广播体操、队形队列、教学展示等专业技能）和“软功”（教育机智、课堂的调控能力等）都具备，才能吸引学生，施展“拳脚”，游刃“江湖”（驾驭课堂），达成目标。这些“功夫”都有专门的训练、比试，特别是“软功”。

图5　邵子洺老师上KDL体育与健康课

图6　邵子洺老师研发的《“哨子”体育与健康备课本》

图7　邵子洺老师研发的《“哨子”家庭运动手册》

“哨子”团队成员在集体备课和组织教学中，采用“三人风暴法”，即三人共同设计，头脑风暴，两人同课异构，一人课例模拟展示。设计和教学采用中国《体育与健康课程》模式“行—知—行”3M教学法，每一堂体育课都采用游戏情境化和结构化教学，给予学生持续运动的时间，占一堂课总时间的（运动密度）75%以上，不管是运动技能的学习还是体能的练习，都要保证学生达到适宜的运动负荷（运动强度应在140～160次/分钟），每一堂课的运动技能学习时间保证在20分钟左右，专门的体能练习时间10分钟左右，运动技能的学习以活动和比赛为主。每学期上一节公开课，完成一份案例和反思。工作室还开发了《“哨子”体育与健康备课本》和综合运动干预《“哨子”家庭运动手册》并在全国研讨会上汇报成果。

以队形队列、口令和广播体操规范学生行为、锻炼良好体格，为生活服务。队形队列、口令和广播体操是学生每天出操和大型集会的必须课程，作为体育教师一定要做好示范，体育教师一举手，一投足的气质，都会传递给学生，优美整齐的动作和精气神才会吸引学生学练，使学生形成优美、健康的体态，抖擞精神。

基于此，“哨子”工作室成员通过师徒结对、分项负责的形式，每月进行一次基本功集训磨炼，每学期进行一次比试，提高了整体专业水平。

图8　邵子洺老师上KDL体育与健康研讨课——静态与动态平衡

2018年11月22日，国家社科基金重大课题基地KDL体育与健康研讨活动在龙华中心小学举行，工作室主持人邵子洺老师上了KDL示范课：静态与动态平衡。邵老师的教学风格和对学生的创新意识的培养及学生的创新精神，深受美国南康涅狄格州大学Jim教授、华东师大陈君博士和兄弟区教师的好评。KDL体育与课程是教育部新课程标准通过中国体育与健康课程模式落地的第一本教师用书，也是我校课题研究参与汪晓赞教授团队研发的一大成果，由邵子洺老师开发编写了《静态与动态平衡》单元和一至六年级小学游泳单元课程，此次由她亲自示范其开发编写的课程，意义非凡。

措施五：由点到面，辐射引领

图9　邵子洺老师作为子课题主持人，在汪晓赞教授主持的国家社科基金（教育学）重点项目研讨及阶段成果交流大会上汇报交流

在工作室发展壮大的同时，各成员所在学校和区、市学校体育工作也获得多位一体的整体发展。每个成员加入工作室之初就根据自己的特长和学校特色，制订了三年专业发展规划，通过专业学习、教育实践、教育研究、总结反思、交流展示等，提炼自己的教育思想，形成自己独特的教学风格。鼓励成员能传递具有个性色彩的教学特色，从而帮助每个成员改变教育观念，改造教学方式，改善工作行为。三年来，工作室培养了7名市、区骨干教师和教坛新秀，8位教师辅导调入，6位教师走上中层行政岗位，5位教师被评为全国优秀教练员，1位教师荣获全国NYBO深圳赛区篮球突出贡献奖，1位教师获得深圳市教师专业技能大赛第一名，3位教师获得深圳市体育专业技能大赛一等奖。2017年5月和2018年6月，工作室主持的国家社科基金（教育学）重点课题和重大课题子课题研究成果分别在大会上汇报交流，荣获国家社科基金（重点）课题子课题结题报告和案例两项特等奖、视频一等奖，论文经过双盲选，

被2018年SHAPE美国国家健康与体育研讨大会和第四届国际体育与健康协会（ICSPAN）科报会评选为墙报展示，论文被收录进2018年会论文集，并在首都体育学院主办的权威体育杂志《体育教学》上发表，还被美国俄亥俄州立大学和北得克萨斯州立大学邀请进行交流研讨。

工作室还参与开发了华东师范大学、长江青年学者汪晓赞书记带领的国内外专家研究的《KDL体育与健康课程》，编写了水平一、二、三教材静态与动态平衡、游泳共四个单元；走进贵州、河源、龙川、紫金等地支教培训骨干教师，为新疆喀什援建5个流动图书室，2次通过《中国学校体育》面向全国各省体育教师网络研讨《大密度适宜强度体育课》，走上世界舞台，传播中国《体育与健康》课程新模式、新理念，受到深圳市电视台、《南方日报》、《深圳特区报》、深圳《晶报》、《宝安日报》等媒体的采访与报道。

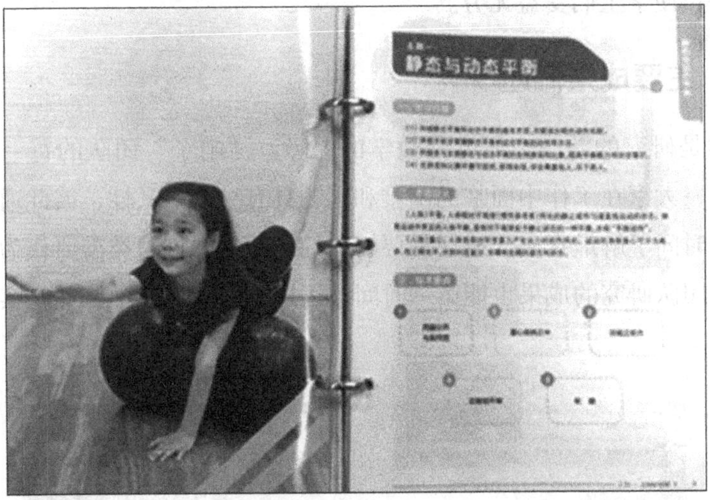

图10　邵子洺老师编写《KDL体育与健康课程》水平一、主题一：静态与动态平衡

“哨子”团队名师工作室成员所在的学校也取得了突出的成绩，成员们的专业成长和进步，也带来了区、市和省内区域学校体育工作的不断提升。

措施六：量化考核，齐头并进

科学评价与管理，调动其积极性、主动性、创造性，健康幸福工作。我们通过师德建设、工作态度、专业技能、工作成果等方面进行全面细致的量化考核，以此来帮助工作室成员明确每学期的工作目标、内容以及具体的要求等，促进专业成长。具体在教案设计、广播体操、队形队列、教学展示、课题研讨、示范讲座、特长展示、科学训练、教研成果和家校联动等方面对工作室成员进行科学评价，促进专业能力的提高。

措施七：网络互动，交流展示

工作室成立伊始，“哨子团队”就由龙华中心小学薪火家长工作坊牵头，开发了“深圳市‘哨子’名师工作室”微信公众号和QQ平台，其中包括团队信息、团队动态和团队教研三部分。团队信息中包括关于我们、团队简介、团队文化和团队之歌四部分；团队动态包括活动通知、精彩活动和往期回顾三部分；团队教研包括精品阅读、团队培训、团队科研、教研成果四部分。通过网络，大家在这里交流教育教学经验，发表教育教学见解，在互动交流展示中，资源共享，提高了相互间业务能力和水平，同时也拓展了工作室的知名度和辐射面。

有付出才有收获！三年来，七个措施相辅相成，工作室每个成员通过认真学习、积极进行教学研究，成为师德的表率、育人的模范、教学的楷模、科研的能手，使学生们受益无穷。

三、主要成果概述

教学是研究的源头，研究是教学的保障。“哨子”团队的每一位教师都来自一线，大家在工作中面临的困难和问题具有一定的共性，彼此通过集结交流，第一时间了解最真实、迫切需要解决的问题，并把这类需要作为团队研究的内容，团队研究的成果也能第一时间被运用到实际工作中，并在实践中检验效果。

图11　邵子洺老师在汪晓赞教授的带领下，跟随国家社科重大课题团队前往美国参加SHAPE研讨大会

工作室在国内知名指导专家、长江青年学者、华东师范大学体育与健康学院汪晓赞书记的指导下，进行了国家社科基金（教育学）重点项目（ALA150010）子课题《大密度适宜强度体育课对学生体质健康影响的实验研究》的研究，用中国体育与健康模式“行—知—行”3M体育教学法进行教学实验，关注学生运动能力、健康行为、体育品德三大核心素养的形成。通过108节实验课和国家学生体质健康测试数据分析，得出通过3M教学法进行大密度适宜强度体育课，可以提高学生的体质健康水平和形成运动习惯的结论。切实提高了课堂教学水平，受到体育教师们的欢迎。

图12　邵子洺老师随华东师大课题研究团队到印第安纳大学参观交流

工作室成立以来，邵子洺老师带领团队研发了《我来教你打篮球》《激情足球》《跳绳》3本校本教材，主持参与了国际、省、市级课题研究6项，撰写了两部教学专著，成员撰写、获奖和发表论文144篇。教师教学、基本功参赛单项获奖15次，辅导学生获奖1325人次。邵子洺、刘桂香老师还参与汪晓赞教授主持的国家社科基金重大课题“中国儿童青少年体育健身大数据平台建设研究”中《KDL体育与健康课程》的编写与实验，提高了自身的研发能力和学生的基本运动能力。2018年6月3日，在无锡召开的国家社科基金重大项目“中国儿童青少年体育健身大数据平台建设研究”（项目编号16ZDA228）研讨会上，深圳市龙华中心小学综合性运动干预项目“‘活力五色花’校长挑战杯”计划实施案例深受好评，深圳《晶报》为此做了跟踪报道。

四、团队骨干名录

刘桂香：女，深圳市龙华区龙华中心小学体育教师，一级教师。华南师范大学硕士研究生毕业，工作室主持人助手。曾在龙华新区首届“卓越课堂”教学比赛中荣获小学体育教学设计比赛一等奖，小学体育说课、模拟上课比赛一等奖；荣获2015年和2018年深圳市龙华新区体育教师技能比赛一等奖；辅导学生参加省、市、区健美操比赛，荣获得男子单人操、混合双人操特等奖和六人操、三人操、规定花球一等奖等。2018年被评为龙华区“三名工程”教坛新秀，撰写的论文在省、市级刊物发表。

赵咏：女，深圳市光明高级中学体育教师，高级教师。曾荣获深圳市“高层次人才（后备级人才）”“中青年骨干教师”“体育课改先进个人”，深圳市光明新区“创新创业成长型人才”“体育学科带头人”“基础教育课改先进个人”“2016年年度教师”，深圳市宝安区“体育学科带头人”等荣誉称号。

李育生：男，深圳市龙华区龙华中心小学安全办副主任、副高级教师。曾被评为龙华中心小学十佳感动校园人物；三次荣获宝安区小学青年教师体育教学基本功比赛二等奖；五次被评为深圳市宝安区龙华镇教育系统优秀体育教师；五次被评为深圳市宝安区学校体育先进工作者；两次被评为深圳市宝安区优秀教师；三次被评为深圳市体育先进工作者。积极参加全国社科基金重点课题子课题的研究，并承担了108节实验课和研讨课任务，使实验研究任务圆满完成并结题。

宋昔峰：男，深圳市龙华区龙华中心小学体育教师，一级教师。曾多次获得深圳市宝安区和龙华区优秀教师、体育先进工作者和师德先进个人，深圳市优秀篮球教练员，2018年6月获得“全国NYBO深圳赛区篮球突出贡献奖”。辅导及输送的学生参加全国、省、市、区篮球比赛获得前三名好成绩。积极参加全国社科基金重点课题子课题的研究，并承担了108节对照课和研讨课任务，使实验研究任务圆满完成并结题。参与校本教材《我来教你打篮球》的编写，《室内体育教学探索》等3篇论文发表在省级刊物上。

谢玉芬：女，深圳市光明新区实验学校体育教师兼定向越野运动教练员，一级教师，深圳市教坛新秀。辅导学生多次夺得国际、全国、省、市定向越野运动冠亚军。撰写的论文多次获得省、市、区级一等奖并发表。

谢招哲：男，毕业于中央民族大学，深圳市龙华区实验学校体卫艺处副主任，一级教师，龙华区“三名工程”骨干教师。辅导学生参加健美操比赛，共获得10个市冠军、5个省冠军和4个全国冠军，每年均获得各级教育系统颁发的“优秀教练员”称号。

田源：男，深圳市龙华区行知小学体育教师，安全办主任，一级教师。国家一级运动员，曾是江苏省毽球队专业运动员，多次获得全国毽球比赛的冠军、全国藤球比赛亚军。辅导学生参加全国、省、市毽球比赛，多次获得冠军，并被评为优秀教练员。曾到马来西亚讲学，传授毽球技能，深受国际友人好评。2018年被评为深圳市龙华区“三名工程”骨干教师。

徐骁：男，深圳市龙华区外国语学校安全办主任，一级教师。2005年毕业于北京体育大学体育教育学院。从教以来两次被评为“宝安区初中教学先进个人”。2013年获得观澜二中突出贡献奖，观澜二中首批未来教育家。2010年组建校定向越野团队并夺得全国冠军。

周尧华：女，深圳市龙华区书香小学形体课教师，一级教师。毕业于南昌大学，曾在高等院校从事艺术教育工作多年，多次带领学生参加省级各种大型比赛和演出活动获嘉奖，舞蹈竞赛获二、三等奖。撰写的多篇论文获奖并在省、市级刊物发表，2018年被评为深圳市龙华区“三名工程”教坛新秀。

李斐：女，深圳市龙华区教科院附属小学一级教师。毕业于华南师范大学，研究生学历，在学校担任田径教练，带领学生参加市级、区级比赛，并在2013—2014年深圳市中小学生田径比赛和龙华新区中小学生田径比赛中获得团体总分第一名。论文《关于抓好体操基础教学与练习的几点思考》《基于赛事路线视角的马拉松运动员比赛成绩影响因素分析》和《注意规律在小学体育课堂教学中的运用》先后在省级刊物发表。2018年被评为深圳市龙华区“三名工程”教坛新秀。

官陈超：男，深圳市龙华新区龙华第二小学体育教师，一级教师，国家一级健美操运动员、一级裁判员。荣获深圳市小学体育教师基本功比赛一等奖和龙华新区小学体育教师基本功比赛特等奖。2018年被评为深圳市龙华区“三名工程”教坛新秀。

刘海：男，深圳市龙华区龙华中心小学体育科组组长，一级体育教师。从教以来获得深圳市宝安区优秀教练，深圳市龙华新区、深圳市和全国NYBO深圳赛区优秀教练，深圳市龙华新区优秀教师等称号。辅导学生获得区、市中小学生篮球比赛小学女子组冠军。参与校本教材《我来教你打篮球》的编写。

张英辉：男，深圳市龙华区龙华中心小学体育教师，一级教师。曾获区“新课程、新观念”教学比赛片区一等奖，街道一等奖，辅导学生篮球赛参加区、市体彩杯篮球赛获冠亚军。被授予“深圳市优秀教练员”称号。

曹战阳：女，深圳市龙华区龙华中心小学体育教师和篮球教练员，一级教师。1997—2005年，在黑龙江体工大队期间，代表黑龙江女子篮球队参加全国女子甲级联赛获得亚军。曾辅导学生参加深圳市运动会、宝安区小学生篮球赛、龙华街道小学生篮球赛，均获得前三名的好成绩。

何芳君：女，深圳市龙华区龙华中心小学体育教师和田径教练员，一级教师，深圳市优秀教练员、龙华区优秀教练员。辅导学生参加市、区田径运动会，多次获铅球等项目冠亚军。区课例评比二等奖。

张卫林：男，深圳市龙华新区展华实验学校体育教师，一级教师。辅导学生参加的各类比赛均取得优异的成绩，曾被评为深圳市宝安区“优秀教师”称号和区优秀教练员称号。

龚银杰：男，深圳市龙华区龙华中心小学体育教师和足球教练员，一级教师。国家足球一级运动员，全国大学生足球联赛南区总决赛第四名，全国总决赛第六名，田径百米达国家一级运动员标准。辅导学生参加“2016龙华新区中小学生足球比赛”获得男子组亚军、“2018龙华新区中小学生足球比赛”男子组冠军、2017年深圳市中小学生足球班级联赛小学男子组第四名。

康笑：男，深圳市龙华区龙华中心小学体育教师和乒乓球教练员，一级教师。曾获得深圳市宝安区中小学生体育录像课小学组一等奖、龙华街道青年教师基本功大赛特等奖，是深圳市宝安区优秀团员、“十佳青年教学能手”。辅导学生参加深圳市乒乓球俱乐部比赛，获得男子丙组单打冠军和第三名。

孙燕：女，深圳市上芬小学教学处副主任，一级教师。2018年被评为深圳市龙华区“三名工程”教坛新秀，论文在省、市级刊物发表。曾荣获小学体育教学基本功比赛一等奖和特等奖，参与区级、市级课题研究和义务支教活动。

邓丽霞：女，深圳市龙华区大浪实验学校初中体育教师。先后荣获龙华区优秀教练员，体育教学视频比赛第二名；区“十四城市体育教学教案设计比赛第一名”。

赖启晟：男，深圳市龙华区龙华中心小学体育教师，一级教师。曾荣获

“深圳市优秀篮球教练员”称号，辅导学生参加深圳市NYBO青少年篮球赛，获U12男子组亚军，区小学生篮球赛冠军。

为了进一步发展，“哨子”名师工作室再次吹响“集结哨”，积极规划下一步发展蓝图，加大了科研力度，努力把“深圳市邵子洺‘哨子’体育名师工作室”和“龙华区邵子洺体育学科带头人工作室”建设成为体育教师实践与分享、研究与探索、互助与成长的平台，以更加坚定的步伐开拓前行，为儿童青少年健康促进贡献力量。

"哨子"名师工作室三年发展规划

为贯彻落实《关于进一步加强教师队伍建设提高教育核心竞争力的意见》（深府〔2012〕22号）和《深圳市基础教育系统2015年"教师队伍建设年"实施方案》（深教〔2015〕107号），加快推进深圳名师队伍培训培养工作，发挥名师的辐射、引领、示范作用，根据《深圳市基础教育系统"名师工程"实施方案（2014年修订）》（深教〔2014〕454号）、《深圳市中小学名师工作室建设与管理实施方案》（深教〔2011〕287号）等文件，深圳市邵子洺"哨子"名师工作室，特制订未来三年发展规划。

一、工作室背景

深圳市邵子洺"哨子"体育名师工作室由26名优秀的区级和市级名师、骨干教师和教坛新秀组成，是一支凝聚力强、有体育精神和教育梦想的教研团队。全体成员致力于以"立德树人，体魄强健"为宗旨，以"团结拼搏，开拓进取"为团队口号，以"只要有身体就是运动员"的教学理念来营造鼓励任何能力的学生，发展学生的运动技术、技能，开拓思维和人格塑造，使身心健康发展。

一个人可以走得很快，但走不远，只有一个团队凝结在一起，团结拼搏才能走得更远！基于此，"深圳市邵子洺体育名师工作室"在征询学生和团队教师的建议后，定名为"深圳市邵子洺'哨子'体育名师工作室"。

哨子是体育教师行业特征，像一个专注、坚持的蜗牛，寓意着团队成员静下心来慢慢做教育，它又像数字"6"，取于"尽力做得很好"的网络用语，还是主持人邵子洺老师名字的谐音，这也是学生团队对工作室团队的最好诠释和期待。

二、总体思路和目标

（一）指导思想

以马列主义、毛泽东思想、邓小平理论、“三个代表”重要思想、科学发展观、习近平新时代中国特色社会主义思想为指导，贯彻落实习近平总书记在全国教育大会的重要讲话精神，认真贯彻《国家中长期教育改革和发展规划纲要（2010—2020年）》《中共深圳市委深圳市人民政府关于推进教育改革发展率先实现教育现代化的决定》和《深圳市中长期教育改革和发展规划纲要（2011—2020年）》，以教师专业能力建设为核心，以中青年骨干教师培养培训为重点，立足课堂，整合资源，并充分利用国内知名专家引领等资源，以“探索中国体育与健康课程模式下的3M教学法，积极参与开发KDL体育与健康课程，打造游戏结构化课堂”为主要研究方向，努力建设一支师德高尚、业务精湛、健康向上、充满活力的高素质体育骨干队伍。

（二）发展目标

主持人组建工作室，按深教〔2011〕287号文件的要求招募市、区教育行政部门统筹分配的深教〔2015〕262号文件在册的骨干教师、教坛新秀2名和就近地点为原则的龙华、龙岗和公明三个区的24名体育教师，共26名体育教师进行培养。在三年发展期间，培养出7～8名青年教师成为区级以上名师、骨干教师和教坛新秀。通过“一主两翼”发展模式（一主：导师引领；两翼：教学和教科研并进）探索建立一套科学合理，有利于提升教师队伍专业能力，有利于优秀教师脱颖而出的培养培训机制，形成市、区两级名师工作室和学科带头人工作室共建、共管、共享，成为致力于教学和教科研工作，大力推动教育教学改革发展的高水平创新团队；形成具有一定规模的名教师、中青年骨干教师和后备力量的教师梯队，做到通过一位名师，带动一门学科，带出一个团队，产生一批成果，使“哨子”体育名师工作室成为骨干教师聚集地和名师孵化地。

三、主要工作内容

（一）创新教学方法，推动学科发展

在未来三年，我们在课堂教学中，将以学生为中心，以中国体育与健康课程模式为抓手，培养学生自主、合作、探究的学习方法，在活动中以多元化评价

等方式不断优化课堂教学理念和行为，通过不断实践、自我反思、大胆尝试，探究推广3M行动体育教学法，形成自己的教育理念和教学风格，改变学生无趣、无汗和无比赛情境的“三无”体育课，落实季浏教授的“75%运动密度，140~160次/分钟心率，20分钟技能学习和10分钟的体能练习”的游戏结构化教学，提升课堂教学质量，激发学生运动兴趣，使其学会两项以上体育运动技能，提高学生身体基本能力水平和运动技能，改善久坐行为，养成终身运动的习惯，提高儿童青少年的健康水平。

我们将以工作室为平台，主动承担各级示范课、研讨课和展示汇报课。在研究团队中，设立主持人助手，负责收集和整理团队的课例及研讨实录。名教师、骨干教师要当好学科发展的带头人，组织开展学科内听课、评课和教科研交流活动，提升青年教师的学科专业素养和教育教学能力，带动本学科的建设与发展。

（二）完成课题研究，形成研究成果

教学和教科研是名师工作室培养的两翼。计划三年中完成区、市、省、国家级体育与健康课题四项以上。坚持课题引领、研究推动，带领工作室成员围绕体育学科教学当中的热点、焦点、难点等问题展开思考探究。同时主动承担教育改革攻坚任务，积极指导工作室成员申报新课题，形成“人人有课题，个个有抓手”的研究格局，力争形成一批对教育教学改革具有引领作用、产生较大影响的高水平的研究成果。

（三）加强课程开发，建设学科资源

工作室将积极参与建立与完善国家、地方、学校三级课程管理体系，并根据体育与健康学科课程标准和教学要求，开发校本课程，建设一批学科资源。主持人邵子洺老师近年开发了“篮球课程”“志愿服务课程”等，志愿服务特色于2015年12月荣获广东省二等奖。工作室将继续引领工作室成员积极参与KDL体育与健康课程的开发，实现游戏结构化课程的价值，促进儿童青少年健康成长。工作室成员行知小学田源老师开发毽球、龙华二小官陈超老师开发健美操等校本课程，也已初步形成比较完整的课程体系，力争内容更科学合理，教学管理与实施到位，并通过课程实施达到预期效果。工作室将对所开发的学科资源及时宣传、推广与应用。

（四）开展研讨培训，培养骨干教师

根据深圳市教育局提出的“一个工作室就是一个培训中心”的要求，本工作室将至少开发5门教师继续教育主讲课程。邵子洺、赵咏、谢招哲和田源老师将利用已有的影响，充分带动工作室师资团队，积极参与市“继续教育”以及各单位开展的培训活动。工作室将继续积极参与名师送培到全国（喀什）、省（贵州）、市（河源）、区（龙岗、龙华）和校（展华、龙丰）活动，对薄弱区域，学校教师集中开展按需送培上门。同时与其他名师工作室和相关学校举行联动教研活动，通过同课异构、评课、学术沙龙、报告讲座等，丰富工作室培训形式和内容。

工作室通过名师引领，团队行动，带动一批，辐射一片。引领成员、学员加强师德修养，增强职业认同感和荣誉感，学习教育教学专业技能，提高综合素质，培养一批致力于教育教学改革和教育科研创新的名教师、骨干教师和教坛新秀后备力量，促进青年教师岗位成才。

四、制订计划措施，实现工作目标

表1　工作计划表

时间	工作目标	主要措施	阶段成果
2015年12月—2016年2月 准备、启动阶段	1.组建工作室。 2.制订工作室三年发展规划。 3.明确工作室及成员职责。 4.确立课题。 5.确定工作内容和形式。	1.工作室成员、学员第一次研讨会。 2.成员、学员制订个人三年发展规划。 3.汇报交流。 4.完善工作室公众号。	1.工作室正式启动。 2.成员带学员名单确定及成员、学员自我发展规划。 3.课题研究立项。 4.参与编写KDL体育与健康课程。
2016年3月—2017年8月 实施、改进阶段	1.中国体育与健康课程模式3M教学法探索。 2.课题研究实施，中期验收。 3.开展培训学习和教研活动。 4.工作室年度工作总结。 5.整理阶段性研究成果。指导、推荐成员发表论文、出版专著。	1.同课异构公开课教学展示观摩。 2.体艺联动教研活动。 3.报告会、讲座、学术论坛。 4.汇报交流。 5.请专家辅导。	1.活动记录及材料。 2.成员活动成果材料。 3.课题中期研究报告。 4.研究成果论文。 5.个人教育专著。 6.评价与读写专题。

续 表

时间	工作目标	主要措施	阶段成果
2017年9月—2018年12月 总结评估阶段	1.结集汇编。 2.课题结题。 3.成果展示。	1.公开课教学展示观摩。 2.组织各成员组收集整理过程性材料。 3.总结课题研究成果并撰写研究实验报告或论文，进行课题结题验收工作。	1.成果汇编。 2.工作室网站。 3.汇报公开课。 4.推介优秀学员。 5.形成课题研究结题报告及出版论著。 6.推广成果。

五、工作机制与策略

（一）研修机制与策略

1. 以专业为引领

本工作室将聘请国内知名专家汪晓赞、李鸿江、席翼等为顾问指导，针对每个成员的特长，对成员实施现场指导、专题指导和远程指导。定期有计划地请专家前来开设讲座。通过成员集体备课、双向听课、说课评课、案例分析、课例开发、课题研究和巡回讲座等形式，引导学员专业提升。

同时采取走出去，请进来的方式，优先选送成员（学员）参加各级别的培训学习、研修班、进修以及实地参观考察等活动。

2. 以研修促提升

以工作室为平台，整合教育优质资源，着眼于深圳教育发展的重点难点问题，开展教育教学研究。个人研修与团队研修相结合，认真制订并落实研修制度，努力提高团队成员专业素养。

（1）个人研修

① 开展“小书架”活动，让阅读遇见最美好的自己。每学年认真研读3～5本国际前沿体育专业、哲学、历史及教育教学理论专著。

② 每学期承担一次专题讲座和一次公开课教学，并形成书面教案及课后反思（课例）。做好学习记录和案例评析，提高课堂教学水平。

③ 工作室成员至少承担一项区级以上、与工作室研修主题相关、并有成效的教育科研课题，在周期内有阶段性或总结性成果。

④ 每个成员和学员都要参与工作室课题研究任务，每学年至少有一篇论文在区级以上刊物发表、获奖。周期期满时，完成个人专业成长报告。

⑤ 创建个人博客，便于研讨交流，同时帮助挂牌名师维护工作室网页运行，积极参与在线互动式研讨。

（2）团队研修

落实团队研修周、月、学期和年度总结会。周会通过微信群有效互动，促进团队成员的专业提升。工作室加强与区、市两级教学、科研、培训部门的沟通，工作室研修计划与深圳市和龙华区学科教师培训计划相结合。

3. 以活动促成长

本工作室研究成员（学员）将积极参加市、区主管部门学术团体组织开展的名师工作室各项研修、观摩活动，并与“深圳市刘永利科研专家工作室”“高洁名师工作室”“陈继英人生语文名师工作室”进行交流互动，构建研究共同体，通过论坛、沙龙、讲座、报告会、观摩课等形式，开展系列教学教研活动，为青年教师提供更多学习、交流、展示的机会，促进教师专业化发展。

（二）管理机制与策略

1. 以建设促发展

（1）团队建设

① 主持人有教育情怀，营造平等、民主、和谐的学术氛围。通过以师带徒的方式，引领成员、学员加强师德修养，增强职业认同感和荣誉感，传授教育教学专业技能，提高综合素质。组织开展教育教学研究，周期内至少完成一篇本学科教育教学调查或研究报告，并至少发表一篇本学科教育教学论文。

② 工作室成员（学员）有强烈的进取心，依据个人实际，确立自身发展目标，制订周期内学习计划和确定研究项目，积极参与工作室各项研修活动。

（2）常规建设

① 制订工作室规章制度，明确工作室研究人员工作职责、义务和权利。制订考评与奖励制度，对成员、学员进行考核。

② 制订工作室三年发展规划、学期工作计划；工作室成员（学员）制订个人成长规划，且目标明确，内容有针对性和可行性。

③ 建立工作室成员、学员成长档案。个人发展规划、总结、听评课记录、公开课和展示课的教案、设计的预习案、讲座、发表的论文等材料及时收集归档、存档，为个人的成长和工作室的发展提供依据。

④ 工作室每次研修活动都要有详细及时的记录和新闻推送，相关档案资

料及时整理归档。

（3）网络建设

建立工作室微信公众号、微信群和QQ群，开辟相关专栏，上传推送教学资源和学员成果分享资料，做到专人管理，每个月有更新，成为名师工作室的动态工作站、成果辐射源和资源生成站。

2. 以示范促辐射

（1）个人区域带动

发挥名师示范和辐射作用，研究建立优秀教师发现机制和培养指导制度，通过组织学员上示范课、专题讲座、教学研讨等多种方式，促进本区域内中小学教师专业成长，促进更多的优秀教师脱颖而出。

（2）团队示范辐射

① 以工作室博客、微信公众号为研究、交流的平台，与兄弟工作室和广大教师、家长、学生展开学科交流和咨询。

② 本工作室团队每学期举行一次区级以上研修成果展示活动。通过专家引领、开设公开课、示范课、专题讲座、教师讲坛等形式示范、辐射，推动区域的教学改革。

③ 利用自身资源优势，为教育教学改革积极向市、区教育主管部门和学校及有关部门建言献策，并完成教育主管部门交予的其他工作任务。

3. 以资金为保障

深圳市教育局每年下拨6万元，龙华区教育局按1：1下拨经费，区学科带头人工作室按三年共10万元活动经费下拨。工作室将按照上级要求，专款专用，并且用到实处。

六、预期研究成果

（1）探索中国体育与健康课程模式下的3M行动体育教学法，打磨并推出若干节KDL体育与健康游戏化、结构化优质公开课，进行展示交流，在区域性范围内产生一定的示范辐射效应，提高儿童青少年体质健康水平和养成运动习惯。

（2）开发建设一批包括校本课程、教学设计、教学课件、微视频、体育教师方格备课本、体育运动家庭作业等学科资源。

（3）完成主持的区、市、省和国家级各项课题研究，凝炼一批研究成果

（实验报告、论文、课例等），发表成果论文10篇以上。

（4）参与编写并出版《KDL体育与健康课程》，编写的《3M体育教学方法的实践与运用》和《吹响“集结哨”——深圳市邵子洺“哨子”名师工作室成长录》个人教育专著正式出版。

（5）培养5～8名区级以上名教师、骨干教师、教坛新秀。

七、工作室人员

（一）专家顾问

（1）汪晓赞：教授、博士生导师、长江青年学者、华东师范大学体育与健康学院书记。

（2）李鸿江：教授、博士生导师、首都体育学院前院长。

（3）席翼：深圳大学教育学院体育与健康学院教授、博士生导师。

（4）肖建忠：教授、广东省教研院体育教研员。

（5）刘晋：教授、深圳市教育科学研究院原体育教研员、教育部“国培计划”专家。

（6）黄镇敏：深圳市教育科学研究院体育教研员。

（7）刘永利：教授、盐田区教科院体育教研员。

（8）刘洪翔：深圳市龙华区教育科学研究院。

（二）主持人

邵子洺：全国优秀教师、南粤优秀教师、深圳市名师、深圳市十佳师德标兵、龙华区学科带头人、深圳市龙华区龙华中心小学德育处主任。

（三）主持人助手

刘桂香：龙华区教坛新秀、深圳市龙华区龙华中心小学体育教师。

2

第二篇

花开悟之

做个“才”“情”兼备的体育教师

邵子洺老师

清代学者张潮说：“才之一字，所以维持世界；情之一字，所以粉饰乾坤。”体育教师，不管是普通，还是优秀，不管执教于哪所学校，传授哪种体育技能，世人想到的就是“头脑简单，四肢发达”，都与“才”“情”两字相离甚远。但学生所期待的体育教师，一定是一个有魅力的人。魅力何来？无外乎“才”“情”二字。“做个有‘才’‘情’的体育教师，使孩子健康成长！”这句大学毕业时，老师写在邵子洺留言册上的临别赠言，使她在教坛默默地追求了二十多个年头，成了她从教的梦想和一生的追求。

为了在课堂上努力展现体育教师的“才”，她努力追求在教材中寻找真我、演绎真我的智慧和隽语如风的表达，用最简单、最清晰的语言解析重难点，用最准确、优美的示范动作激发学生的学习兴趣，在跑、跳、投和球类等运动中，尽力引导学生，融会贯通，体悟这看似平常的一招一式背后的境界与情怀。

面对每一个学生，她用发现式3M行动体育教学法因材施教，学会、勤练、常赛，使他们品尝运动带来进步和成功的愉悦，教会学生自主、快乐学习，培养学生的运动兴趣、能力和品格，使学生健康成长。邵老师尽量平和、坦诚、和蔼可亲地与学生相处，学生们亲切叫她"'巧克力'老师"和"'哨子'老师"，当她出去支教时，学生们会发信息提醒她，"哨子老师，台风来了，注意安全！"当然，这换来的不仅仅是相互间的欣愉、甜蜜与满足，更让邵老师充分体会到了教书育人的幸福与快乐！

身为德育主任，对没养成好习惯的学生积极探索，寻求教育方法。一次，邵老师和学校全体行政人员到二（1）班听语文课，听到一半时，突然听到"咚"的一声，原来是坐在最前排的一个男生钻到书桌下，把书桌推翻了。下课后，邵老师找班主任了解，才知道这个学生叫小江，是个让老师头痛的学生。小江的爸爸、妈妈在他出生后就来深圳做生意，小江寄养在亲戚家，从小的娇惯和放纵，养成了一些坏习惯，父母在他读小学时将他带到深圳。小江聪明，书本知识一学就会，成绩较好，但多动、爱打人、趁同学不注意脱同学裤子、拿别人东西、上课随意走动，爬到桌子上，任课教师拉他下来，咬老师手的行为都时有发生，而且放学也不愿意回家。

根据这种情况，她和班主任，以及负责篮球兴趣小组训练的教师研究，探索出通过"全才培养计划"——德育导师负责制转化"待优生"的方法对小江进行有效辅导。她以小江在班级参加学校篮球节运球接力赛获得第二名为切入点找他聊天，通过小江喜欢打篮球的兴趣，给他找了篮球队张老师做他的朋友兼德育导师。通过兴趣培养、德育导师的引领和班主任的疏导，以及教给家长科学的教子方法，赏识、规范孩子，同时让家长参加学校义工活动的以身示范等，后来小江参加了学校的雏鹰小义工队，见到老师主动问好，并和家长一起为云南怒江和贵州方胜小学的孩子募集冬衣，还与贫困孩子结对帮扶，两次赴贵州参与"手拉手、同成长"活动，行为习惯有很大改变，学习成绩也稳步提升。

邵老师代表学校在上海举行的全国首届"问题"学生德育论坛研讨会大会发言，介绍"全才培养计划"——德育导师负责制转化问题学生，破解德育难题的方法，与全国同行分享经验，受到专家、同行一致好评，撰写的文章在国家、省、市级刊物发表。此项德育研究在区、市、省三级德育绩效评估中，也受到评估组专家肯定和提出尽快转化科研成果的建议。

作为广东省"百千万工程"骨干教师培养对象、深圳市名师、深圳市名师工作室主持人、宝安区体育学科带头人、首批宝安区体育明师工作坊主持人、深圳市十佳师德标兵、龙华区优秀教师、龙华区优秀党员志愿者、龙华区体育学科带头人、龙华区体育学科带头人工作室主持人、龙舞华章高层次人才，她始终以学生身心健康发展为己任，以使每个学生健康成长为毕生梦想。曾参加“宝安区体育教师基本功比赛”获得一等奖；参加首届“宝安区‘新课程·新理念’体育优质课大赛”总决赛获得第一名；参加“深圳市体育课例评比”获得一等奖；参加“广东省第二届中小学体育课例比赛”获得特等奖，也是深圳小学组此次比赛唯一一个特等奖。任课班级参加宝安区小学体育理论知识统考，位列全区各小学平均分第一名；任课班级与新华中学一起，代表宝安区参加深圳市“学生国家体质健康标准”抽测，测试成绩名列各区之首，获得全市第一名。辅导训练的学生多次获得区、市、省级少儿篮球赛女子组冠、亚军。

在教育教学中，邵老师尽力做到“才”“情”相伴。“情”是师者参悟人生的悲悯和淡然向善的襟怀。她经常利用课前和课间时间约访学生，晚上和班主任一起到学生家家访，用坦诚的目光和火热的心与孩子、家长交流。因为她相信：学生和家长能读懂我眼睛里的温暖和期望。约访时，她告诉学生，每个生命都有一个光华绽放的机缘，关键是你准备好了没有，在迷惑困顿中，要学会砥砺、坚持和等待；告诉家长，要学会等待、宽容和赏识，静静地聆听花开的声音。

邵老师深深地懂得，有“情”的教师和德育工作者，在乎的是每一个学生和家长。小莹上二年级时，妈妈领着她到篮球场找邵老师，说想让孩子加入学校女子篮球队。看到偎在妈妈身旁白皙的小莹，身体瘦弱，还流着口水，凭直觉，觉得她不是个篮球苗子，但又不想伤害母女俩，邵老师就微笑着让肖莹进行了篮球场端线到中线的折返跑和拍球测试。果然不出所料，她跑起来不但慢，而且摇摇晃晃，球也拍不稳。邵老师随后告诉小莹妈妈，校篮球队训练运动量大，技术要求难度高，队员选拔都是身体素质好、身材相对同龄孩子高的学生，学校作为深圳市篮球传统项目学校，每年都有代表街道、区参加市比赛的任务，小莹的身体素质可能适应不了这么大的运动量，可以在篮球校本课堂中学习。小莹妈妈还想说什么，见学生在等着邵老师指导训练，就说了声“谢谢”，带着孩子走了。

过了不久，小莹妈妈又找了学校领导来说服邵老师，还是被她拒绝了。一个多月以后，邵老师早上训练完回到办公室，发现小莹的妈妈站在办公室门口，邵老师请她到办公室坐，她不肯，说要单独跟邵老师谈谈。妈妈讲小莹出生时得了脑瘫，当时和她爸爸觉得天都塌了，为了给孩子一个更好的运动恢复空间，他们把原来的房子卖掉，买了一个复式房，上面的一层楼都装修成活动空间，用于小莹康复训练。上小学后，妈妈每天都来接送小莹，看到学校篮球队的孩子每天早上和下午第三节课都在篮球场训练，就想让小莹也参加，这样既可以在老师的带领下每天通过打篮球进行康复训练，又可以增加和不同年级同学交流的机会。邵老师听后，被小莹妈妈执着的母爱和肖莹的不幸打动了，立刻答应了她的请求。当天下午训练时，邵老师亲自到班级中找到小莹，领她来到球场训练并介绍给小队友。

从小莹进队起，邵老师就和带梯队的曹老师针对肖莹的情况制订了特殊的训练计划，手把手地教她运球、传接球、做篮球游戏。一学期后，其她学生能投中球打比赛了，可小莹才能将球对准篮筐投出一米多高，连篮圈也碰不到，分组竞赛时，小队友们都不肯与她一组，怕受她拖累会输。根据这种情况，邵老师就在分组时故意将肖莹分到实力较强的组，有小莹的组经常会胜。与此同时教育学生们要团结友爱，多尝试去帮助她，大家再也不排斥她了。两年后的小莹终于投中了一个篮，当时，邵老师兴奋得给每个投中篮的学生买了一个汉堡做奖赏，她咧着嘴开心地笑了……

邵老师和校长、班主任到小莹家家访，她爸爸、妈妈把大家拉到家中最显眼的位置，指着衣柜门上贴着“文明礼仪之星”“篮球才艺之星”的奖状向大家一个劲地道谢。望着家长和小莹，为人之师的幸福和成就感油然而生，邵老师心里非常感激小莹和她的妈妈，是孩子和妈妈的坚持，避免了邵老师犯下后悔一生的错误。这件事时时提醒邵老师，作为一名教师，要为每个学生的发展服务，让每一个学生健康快乐地成长！在后期主抓特殊教育爱心班、资源教室和随班就读学生的工作中，邵老师时刻以特殊学生和家长为中心，带领特教老师和班主任积极做好各项教育教学工作。

“才”“情”兼备，使每个学生健康成长的体育教师是幸福的！这是邵老师不懈的追求和梦想。她的内心充满着平静的激情，除了做好体育课堂教学和学校的德育工作，经常组织薪火家长义工一起参加学校、社会志愿服务，尽自己的一份社会责任。邵老师觉得教育是一种付出，更是一种收获，用自己的“才”“情”为师生、家长、学校用心地做好每一件事，使学生健康快乐成长，从中可以获得巨大的快乐与幸福感！

无须扬鞭自奋蹄

成功的花，人们只惊羡她现时的明艳然，而当初她的芽儿，浸透了奋斗的泪泉，洒遍了牺牲的血雨。

——冰心

1996年，一对小夫妻带着孩子，从白雪皑皑的北国来到四季如春的深圳，两个背包，一个篮球，就是他们的全部家当。

2019年，这对夫妻仍然扎根在深圳，在龙华，他们都是龙华中心小学的体育教师，一个是宋昔峰老师，一个是我们今天故事的主人公——龙华中心小学学生发展中心的主任邵子洺老师。

一、向往深圳，逐梦中心

回忆起为什么来深圳，邵老师道："中学时，同学的爸爸随部队建设深圳——国贸大厦三天一层楼！从那个时候开始，我惊叹于'深圳速度'，开始向往这个城市。"

中学时的邵老师，总怀着一种英雄情结，最大的爱好是听评书《岳飞传》，她经常中午一边吃饭一边听评书，这种报效国家、赤胆忠诚的乐观精神和浩然正气的英雄气质，深深吸引着她。

因为怕下午上学迟到，当时的邵老师每天听完评书跑步上学，这也成就了她在区、市中学生田径运动会的中长跑比赛项目中崭露头角，高中毕业后她考入师范院校体育专业，成了一名光荣的体育教师。

1996年5月，邵老师和宋老师携手进入龙华中心小学面试，历时3个月，两人全部接到主管行政的黄晓峰主任的电话通知：9月上班。

二、“面包有了，水仙花也要有！”

于是，邵老师在学校分配的宿舍里，亲手剪了一幅以学校运动场为背景，描绘学生打篮球、做体操和在校园中奔跑活动的剪纸，挂在墙上。一张床、一张书桌、一把椅子、一幅剪纸，对这一家三口来说却是一个充满希望的新生活的开始。

“两岁半的女儿开心极了，她穿上了爸爸的大球衣和篮球鞋，我们在这个温暖的新家里，给她拍了一张照片留念。”回忆起初到深圳的往事，邵老师的脸上满是幸福和喜悦。

三、组建球队，实现梦想

那时的龙华中心小学，教学楼虽然旧，但很有特色，校道两旁的大王椰屹立挺拔，操场的跑道还是泥土路，学生上体育课习惯光着脚丫，天真烂漫的笑脸很动人，同事们也很和善，邵老师和宋老师就这样扎下根来。

“在深圳的第一个春节，是我们夫妻俩最难忘的春节。放寒假那个月，我们人生中第一次两人共收入了7000多元钱，我们的心里乐开了花。”

“如果有100万，你想做什么？”邵老师问宋老师。

宋老师说，如果有100万，他想组建一支少儿篮球队，教孩子们打篮球，实现他的篮球梦。

“我那时候没想到宋老师会这样回答，以为他会说给我买点啥呢。”邵老师笑着回忆，“我那时候说，如果我有100万，我想先买一个冰箱。”

不久，冰箱梦实现了，夫妻二人开始为篮球梦不懈努力。他们接手了龙华中心小学的篮球队后，曾连续十年没有休息，每天都可以看见他们在篮球场上指导队员们训练的身影。

当时深圳市宝安区体校没有篮球队，龙华中心小学小龙人男子、女子篮球队曾经6次获得宝安区中小学篮球赛和区运会篮球赛冠军，因此承担了代表宝安区参加深圳市运动会少儿篮球赛的任务。

功夫不负有心人，最终，在邵老师执教学校女子篮球队的15年里，和同事曹战阳老师以及小队员们一起努力，用汗水换来了蝉联龙华镇和龙华街道13年冠军的丰硕成果，培养了一大批优秀学生，她们或在校，或毕业后参加国家、省、市比赛荣登前三，有的还进入了专业青年队。她个人也屡次在区和市篮球、网球、田径、游泳、半马登山比赛中摘金夺银。

在廖柏灵、甘秀英、王讲春和肖德明四任校长以及全校教师们的支持下，在邵子洺、宋昔峰老师和李育生、刘海、张英辉、曹战阳、陈如山、赖启晟、叶郁诚等体育老师的共同努力下，龙华中心小学继1998年被评为宝安区篮球传统项目特色学校之后，又先后被评为深圳市篮球特色学校、广东省篮球推广学校和全国篮球特色学校，篮球已成为龙华中心小学校园文化不可或缺的一部分。

由于每天和学生在操场上摸爬滚打，阳光在邵老师的脸上留下了印记，学生亲切地称邵老师为“‘巧克力’老师”。

邵老师说，她和所有体育老师一样，每次上课都让学生背对太阳，自己面对阳光上课，这也是体育老师的特征。

对于邵老师来说，最幸福的事不是获得个人荣誉，而是看到学生的进步与成长和与学生之间爱的维系。

学生送给她的亲手制作的贺卡，她都如数家珍；多年前篮球队合影上的每个学生，她都能一一叫出名字，并且自豪地讲出每个学生的特点和优势，讲述中她满脸骄傲。

她爱运动、爱篮球，更爱这些与她朝夕相伴的篮球队的队员们。

在这些学生眼中，她是一位严厉的教练，一位负责的老师，更是一位可敬可爱的亲人。

多年后，这些学生经常自发组织回到学校看望昔日的恩师邵老师，高考前学生和她沟通报考专业，恋爱中带男朋友回到母校与她分享幸福，现在成为同事的赖启晟老师结婚时还请邵老师做他的证婚人。

四、追求卓越，勇攀高峰

邵老师在龙华中心小学工作23载，从一名普通的体育老师成为一名优秀的学生发展中心主任，其个人取得了不少成就，也推动了学校体育建设和德育建设的发展。

由于工作突出，她被评为南粤优秀教师、深圳市十佳师德标兵、深圳市名师、深圳市“哨子”名师工作室主持人、龙舞华章高层次人才，曾荣获国家社科基金重点课题总课题组特等奖3项、广东省特色学校建设成果二等奖2项和广东省第二届体育教学比赛特等奖。

在历任校长和全校教师们的努力奋斗下，龙华中心小学被评为全国篮球特色学校、省德育示范学校、省足球推广学校、省冬季锻炼先进学校、省健康促进学校、深圳市首批体育与健康示范科组等。

提到自己的“哨子”名师工作室，她特别欣慰，因为这个工作室的名字与标志设计都不是出自专业的设计师之手，而是来自她的两个学生。

“哨子”是个一年级学生起的，与邵老师的名字谐音，也是体育老师的标志。

工作室Logo中的蜗牛，是篮球队已经毕业考入大学美术专业的李梦缘同学帮忙设计的。李梦缘说，蜗牛爬得很慢，可是却坚持不懈，踏踏实实走好每一步。她希望的教育要像蜗牛，慢慢来，静下来思考，达到目标。

邵老师将学生为她做的设计用在了工作室的标志上，并且时刻践行着蜗牛的精神，脚踏实地，永不止步。

她曾赴上海华东师范大学体育与健康学院参加国家社科基金重点项目课题培训，作为唯一一个和主持人助手刘桂香老师晚上坚持在教室培训学习到夜晚的人，在大会上受到华东师范大学体育与健康学院书记、长江青年学者、博士生导师汪晓赞教授点名表扬，也因此成功邀请到汪教授为工作室的国内指导专家。

在汪晓赞教授的指导下，2018年，她的论文经过双盲选获邀赴美国参加国际SHAPE和ICSPAN科研报告大会墙报展示，并被美国俄亥俄州立大学和北得克萨斯州立大学邀请做交流研讨。

邵老师曾主持《中国学校体育》杂志举办的“草根论坛”116期“肥胖学生的外在表现与改善策略”，参与102期和119期论坛，并获得119期的优秀教师称号。

五、心怀感恩，成就他人

谈到自己二十多年的教育生涯，邵老师提到最多的一个词是“感恩”。

感恩深圳教育，感恩龙华教育，感恩知遇之人，感恩领导、同事们不断给予的鼓励与支持，感恩各位名师、前辈的认同与指导，感恩学生们多年来对她的牵挂。

作为一名广东省“百千万人才”骨干教师培养对象、深圳市名师、区学科带头人，曾有许多学校向她抛出橄榄枝，可是邵老师都一一回绝了。

她说："是龙华中心小学成就了我，在这里，同事们很和睦，像家人一样帮助我成长，每个人永远都不会是一个人在奋斗。"

曾经，她感恩于前辈们的支持与帮助；现在，她是龙华中心小学的师生们坚强的后盾。她将这种精神传递下去，去成就更多的年轻教师，去成就更多的学生。

课程改革18年来，她形成了自己的教学风格，利用发现式3M行动体育教学法进行"行—知—行"模式授课，深受学生喜爱，强健了学生体魄，磨炼了学生意志，促进了学生的身心健康发展。

在她主持"深圳市邵子洛'哨子'名师工作室"和"龙华区邵子洛体育学科带头人工作室"的三年中，培养了7位市、区级青年骨干教师和教坛新秀。

在德育教育中，在校长的指导下，邵主任和我校德育团队通过"七个一"工程，培养了一批名班主任和优秀班主任，我校也被评为"龙华区十佳班主任建设示范学校""龙华区志愿服务示范学校""龙华区优秀家长学校"和"广东省德育示范学校"，培养了一批"深圳市五星级义工"和"学校雏鹰小义工"。

邵老师结缘特殊教育15年，带领特教组教师积极学习，曾通过德育导师制"全才培养计划"和班主任、体育、音乐、美术教师一起培养随班就读的特殊孩子，其成功经验在上海举办的全国"问题"学生研讨大会上传播。

她在肖德明校长、邱如松副校长的指导下，带领心理健康、特教科组教师与班主任共同努力，龙华中心小学被评为"深圳市中小学心理健康教育特色学校"。

她曾三年如一日的辅导脑瘫患儿打篮球，改善其身体基本运动能力；为随班就读孩子上KDL亲子感统训练课；她和肖德明校长一起带领特教教师家访；在学校的大力支持下，和特教教师、体育教师为爱心班8位特殊学生开展运动会和亲子嘉年华活动。

师陶、播陶永不止步！她还将陶行知生活教育理念和市、区、学校领导的关怀通过实际行动带给贫困山区，带领师生、家长，多次走进贵州、河源、龙川、紫金等地支教，培训当地骨干体育教师。

她与薪火家长义工一起，带领雏鹰小义工走上街头卖报募捐，为河源市紫金县东北小学、贵州丹寨县方胜小学和新疆喀什地区塔什库尔干县瓦恰乡小学等手拉手学校捐建了9个流动图书室、校服、体育用品，还给地震后的四川雅安地区的小学捐建了一个田径场（推土费用），尽最大努力担当社会责任。

“没有成功的个人，只有成功的团队！成功属于中心每一个人！”

当有教师、家长提到她的成就，邵老师总是这样说：“成果是大家的，没有成功的个人，只有成功的团队！”在她的心中，真诚、感恩、谦逊，永远是人生不变的底色。

悠悠数载春风化雨，
默默耕耘桃李天下。
对孩子的一颗爱心，
对教育事业的一颗赤诚之心，
成就了一位精神灿烂的领路人。

无须扬鞭自奋蹄，
相信在名师的带领下，
中心将会涌现出更多
以爱育爱、奋勇拼搏的教育者。

永化冬日育桃李　照得春花永烂漫

深圳市光明新区高级中学体育老师赵咏至今记得大学毕业时导师的话："没有目标的人，无论走到哪里都是流浪，而有目标的人，无论走到哪里都是追寻！"

在20多年的从教生涯中，赵咏一直将这一叮嘱铭刻在心。在她看来，目标对于教师个人的事业成功和人生幸福至关重要，"一个成功和幸福的教师必定是一个有目标的教师，一个能处处给予学生阳光和温暖的老师。"

赵咏老师

一、被学生亲切地叫"姐"

赵咏说，在40多年的人生经历中，人生每一个关键节点，她都有着一个目标：小学时身体不好，就希望身体能好，因此她积极参加体育锻炼；读大学时，由于没经过专业训练，因此就暗下决心：一定刻苦训练缩小与同学间的差距；大学毕业以后，她希望自己快快成长，能当一个"好老师"；当成为"名师"后，她就希望能帮助更多的人成为"好教师"。

想当"好老师"，并非易事。从内地到沿海，从民办到公办，从小学到高中，工作环境的改变，学生层次的变化，很多次都让她措手不及，但正是这一次次的挑战，带来她一次次的蜕变。

2002年，赵咏刚到公明一小任教，村小与内地高校教学的巨大反差让她有点不适应。但身为"体育人"，她不服输的劲头又上来了。赵咏首先主动向低年级段的老教师请教，学习参考动画片，用儿童化的语调、夸张的肢体语言来开展教学；经过一段时间的施教，学生的各方面潜能得到了最大化的开发。

在刚刚适应了小学体育教学并初见成果后，赵咏又来到了光明新区高级中学，迎来新的变革和挑战。她发现，有的高中生不爱动，有的高中生喜欢参加体育项目但不喜欢上体育课……于是，她就选编创编了一些教学内容，如健美操教学，学生觉得以前规定学习的套路太呆板，赵咏就选择了动感十足、简单大方的流行健身操作为主教材，让学生时时有新鲜感。

学校里每个学科都是女教师多，唯一例外的就是体育教师，而大多数女生对体育课也并不“感冒”。因此，赵咏就主动建立起了班级女生的微信群，经常在上面发一些青春期女生的保健知识，和大家探讨特别感兴趣的“运动减肥”等话题，深受学生们的欢迎，而女生们也总喜欢私下里跟这位老师聊她们这个阶段遇到的各式各样的问题。虽然她的年龄比学生的父母都大，可学生们还是亲切地叫她“咏姐”。

二、助力学生成才，是她最大的教育愿景

赵咏老师曾说：“高中学段的体育教育不同于其他学段，尤其是运动队训练，我们要考虑更多的是学生的终身前途。我们希望每个学生通过专业的训练，都利用自身的体育优势为自己创造一个美好的未来。”2009年，赵咏开始组建定向越野队。组建初期，困难重重，但赵咏咬牙坚持了下来。2010年，光明新区高级中学第一次参加全国定向越野锦标赛就取得了辉煌战果。随着队伍的扩大，她又极力引荐深圳大学的吴勇文老师加盟光明新区高级中学。经过多年的努力，光明新区高级中学定向越野队共获得市、省、国家级大奖1000余项，定向越野队的队员们已有多人获高考加分，多人被中国地质大学、首都师范大学、贵州大学、深圳大学等院校提前录取。

三、要教书，更要育人

在课堂上传授技能的同时，赵咏老师还注重学生的德育教育。2008年，赵咏老师曾让学生自制火炬并在校内传递；又利用“神七发射”圆梦航天来培养学生的爱国情怀；她还将保健按摩手法实施于课堂教学中，让学生们回去给父母按摩，实施感恩教育。

她曾参加过亚洲残疾人运动会的裁判工作，在深感震撼之余，制成课件，开展讨论，让学生们懂得尊重与关爱。在参加李娜和穆雷网球比赛的执法后，赵咏将李娜的经历告诉学生，并告诉他们，李娜的成功就贵在坚持。她还曾做过广州和深圳首届马拉松的裁判，以自身的经历告诉学生，面对挑战，要

充满自信!

“一个人的进步不是进步，一群人的进步才是真正的进步。”

作为深圳市高层次人才、深圳市中青年骨干教师、深圳市中小幼继续教育入库专家、光明区“鸿鹄人才”、光明区“体育学科带头人”的她经常说这句话，她也是这样做的。在她的带领下多名青年教师参加深圳市的各项体育教师基本功大赛并获得优异成绩，有一名教师成为“光明区创新创业成长型人才”，一名教师成为“区骨干教师”，一名教师成为“区卓越百人培养对象”，她还开设了三门市级继续教育课程，培训教师千余人。

体育事业是年轻人拼体能的职业，像赵咏这样年近半百还战斗在体育教学第一线的女教师，并不多见。念及此，她也不无遗憾：“想当年，每次征战沙场，我也是获奖专业户。但现在，随着年龄的增长，体能的下降，奖项已经离我远去，我也常感失落。”她说：“但永不言败的精神依旧激励着我！因为我爱我的岗位，我爱我的学生，我想尽量延长我的‘运动生命’，想尽量延续我的‘教育生涯’。”

“完整回顾自己从青春直到今天走过的从教之路，内心无比的幸福和自豪！”赵咏说，“我看到自己走过的是一条充满着深圳人拓荒牛精神的、永不停息的追求之路！”

爱洒操场　桃李芳菲

李育生老师

在深圳市龙华中心小学的操场上随时可见一位不算年轻，但步伐坚定、动作规范、行动敏捷、口令洪亮的体育教师——李育生。

李育生，高级教师，学校安全办副主任、中共党员，深圳市体育先进工作者、体育教学有贡献教师、教育系统优秀体育教师、区体育先进工作者、街道优秀共产党员、学校十佳感动校园人物。

1992年9月，刚刚毕业的李老师怀揣梦想、远离家乡，来到了龙华中心小学。在这块他热爱的绿茵场上无私奉献、默默耕耘，至今已有二十多年。作为一名体育教研组长，他身先士卒，发挥了传、帮、带的引领示范作用；作为一名共产党员，他时时处处严格要求自己，在政治理论学习、联系群众和遵纪守法等方面都较好地发挥着共产党员的先锋模范作用；作为一名体育教师，他以饱满的工作热情，扎实的工作作风，出色地超额完成各项工作任务。他始终坚持在教学一线，兢兢业业，任劳任怨，师德高尚，赢得全校师生、同行和上级教育行政部门的尊敬和赞许。他将自己所有的爱洒向了操场，收获了桃李芳菲，为学校赢得荣誉无数，也为自己的人生写下了华丽的篇章。

一、身先士卒，打造精英体育团队

1. 科组工作率先示范

李老师作为体育科组的领头羊，要求别人做到的事情，他一定首先做到。他能严格执行学校制定的各项规章制度，定期检查教师教案，经常深入班级听课，发现问题及时纠正。在他的带领下，整个体育科组人人勤恳工作，团结协作，努力钻研，营造了浓厚的教研氛围，树立了良好的科组风气。

早上出操，李老师拿着话筒在前面指挥，组内成员主动分布在各个班级，维持纪律和指导早操动作；学校有演出需要搬东西，李老师摇身一变，成为最卖力的搬运工，他带领组员出力流汗，毫无怨言；学生要外出实践活动，李老师又升级为安全保镖，带领组员为学生保驾护航，无私奉献；中午广播，有他洪亮的声音；放学值日，有他忙碌的身影。总之，哪里有需要，他总是第一个不动声色地出现在哪里，身后自然是那些他视如亲友的组内成员。他们真是龙华中心小学的“万金油”！

2. 对待同事悉心指导

在这个团结奋进的团队里，李老师对待组里的同事和新教师，总是积极指导，悉心培养，从思想上进行敬业精神教育，培养青年教师良好的师德，组织他们探讨教学方法，提高教学水平。在他的精心指导下，许多年轻教师很快成熟，成为体育教学的骨干，如康笑、刘海、刘桂香、张英辉等老师参加市、区的教学基本功大赛和课堂教学大赛都获得了一等奖的好成绩。

3. 训练比赛带队有方

只要有李老师出现的地方，现场安排就会井然有序，有章有法。训练场上，科组教师分工合作，全力以赴，热情高涨；比赛场上，科组教师齐心协力，互相鼓劲，激情昂扬。由他带队的学生参加市、区、街道的各项体育比赛战果辉煌，得到了同行的高度赞赏。

二、育才有方，打造精品体育课堂

1. 教研能力强

李老师认为，一个教师不仅要有渊博的知识，更重要的还要有教育教学的研究能力。他立志教学改革，求实创新，热爱学习，刻苦钻研，随时注重提升自己的教学业务素质，已成为新一代学习型、研究型、实践型的小学体育教师。敢于拼搏，勇于奉献，凭着强烈的事业心和严谨的治学态度，李老师始终奋斗在体育教育教学的战线上。

除了认真钻研，李老师还善于总结，积极撰写教育教学论文，多篇论文获奖，并在不同级别的刊物发表。其中，《体育教学常规探讨》1995年获得深圳市宝安区教学论文一等奖；《在体育教学中如何防止伤害事故的发生》2000年获得深圳市宝安区教育教学论文一等奖、2001年获得深圳市教育教学论文一等奖；《场地器材设计是上好体育课的重要保证》2002年获得深圳市宝安区教育教学论文评比二等奖；2002年论文《体育教学中伤害事故的预防性策略》在扬州大学学报上发表；2015年6月在广东省中学生运动会论文评比中，《合作能力——是孩子心理健康的一种表现》荣获深圳市龙华新区一等奖；2016年在《读与写》报刊上发表了《小学开展阳光体育存在的问题与应对措施》。他还参与了龙华中心小学校本教材《教你打篮球》的开发撰写工作。

2. 教学功底深

李老师精通篮球、排球、足球、田径等各项体育技能教学，是中心小学体育教学的全能人才。体育课上，他做到了以学生为主体、教师为主导的新课程教学方式，循序渐进、由浅入深，在游戏中锻炼，在锻炼中嬉戏，在嬉戏中掌握，使学生能生动、活泼、有效地完成每一节体育课的训练内容，有效地激发了学生学习体育、参加体育锻炼的兴趣。烈日下、寒风中，他始终与学生在一起，一丝不苟、兢兢业业是他一贯的工作作风；不厌其烦地示范讲解是他的为师风范；认真备课已成为他的职业习惯。尽管对课堂教学已经烂熟于心、游刃有余，重复了几十年，但他并没有一丝懈怠，虚心学习，不断创新，苦练基本功，不断完善自我。1999年在深圳市宝安区体育学科教学大比武评比中，获得二等奖；2002年获得深圳市宝安区、龙华镇小学青年教师体育教学基本功比赛二等奖。

三、爱洒操场，强健学生身体素质

为丰富学生的课余生活，为了强健学生的身体素质，李老师带领组内教师对学习兴趣浓厚的学生进行课外辅导，开展了11个特色项目，分别是田径队、围棋队、跳高队、铅球队、足球队、乒乓球队、篮球队、羽毛球队、健美操队、武术队、跆拳道队。每天一节课的体育兴趣活动在李老师的带动下搞得风风火火，有声有色。每个学生都自觉地加入体育活动中来，在增强体质的同时，培养了学生吃苦、合作、拼搏的品质。

早上，当校园还沉浸在寂静当中，李老师已早早等候在空旷的操场上，以饱满的热情迎接着前来训练的学生；晚上，当大部分学生背着书包离开校门准备回家时，李老师还在操场上为那些热爱足球、热爱体育的学生加强训练，直至夜幕降临。他总是第一个来校，最后一个离校。他把爱洒向了操场，把情留给了学生和跑道。人们曾戏称他为中心小学的“老黄牛”，不图回报，默默奉献！

因为有爱，因为付出，所以李老师收获了太多的荣誉。1997、1998年两次被评为深圳市体育先进工作者；1993年在体育教学中，荣获有贡献教师荣誉奖；1995—1996学年、1996—1997学年、1997—1998学年，1998—1999学年、2000—2001年学校五次被评为深圳市宝安区龙华镇教育系统优秀体育教师；在1995年、1996年、1997年、1998年、2003年、2005年，五次被评为深圳市宝安区学校体育先进工作者；1995年、2009年两次被评为深圳市宝安区优秀教师称号。2011年、2006年两次评为深圳市宝安区龙华街道优秀共产党员；2010年被评为龙华中心小学十佳感动校园人物。

四、桃李芳菲，成就学校体育辉煌

一分耕耘，一分收获，成绩总是垂青那些踏踏实实、勤勤恳恳做事的人。寒来暑往，一天天、一月月、一年年，李老师和他的同事们所训练的学生参加各级各类比赛均取得了优异的成绩，桃李芳菲，成就了学校体育教育的辉煌。

1994—2002年，连续九年辅导学生参加深圳市、宝安区小学生篮球赛多次获第一名和第二名。在1995年11月、1998年11月、2001年11月辅导学生参加深圳市中小学生田径运动会获团体总分第三名、第五名和第六名；1995年11月—2002年11月，李老师辅导的学生参加宝安区中小学生田径运动会连续八年获团体总分第二名和第三名；1995年11月辅导学生参加宝安区小学生乒乓球赛获女子团体第一名；2004年6月辅导学生参加宝安区小学生足球赛获女子团体第二名。

值得一提的是，二十多年的训练生涯，李老师已桃李天下，他的学生有的已经成为名教练，有的成为地方队主力，有的走出国门深造，还有的同李老师一样成为无私奉献的体育教师。

“操场是他宽阔的胸怀，跑道是他远大的理想，古铜色的肌肤是他工作的烙印。”24年的教学生涯，在弹指一挥间逝去，但平凡的每一天构筑了他的教学生涯——苦中有甜，累并快乐着！“勤勤恳恳为学生，踏踏实实搞教育。”成绩只能代表过去，未来体育教学之路会更久远。在这条洒满汗水与艰辛的道路上，他依然会无私地奉献着自己的青春年华和满腔热血，李老师还会用自己的实际行动去诠释着一个体育教师平凡而朴实的人生。

责任铸就幸福人生

宋昔峰老师

一只口哨两袖清风，

绿色球场四季风雨。

我甘愿风吹日晒，

换来孩子们对体育的热爱。

我甘愿挥汗如雨，

换来孩子们身心的健康。

我背着梦想与青春满塞的行囊来到深圳这块热土，

我把平凡的热爱铸成一把把开启学生智慧的钥匙……

舞台上，伴着女儿弹的钢琴曲，宋昔峰老师和妻子激昂的朗诵在剧场回响，在“深圳市宝安区教育系统‘和谐家庭展风采’艺术表演赛”中，宋老师家庭的综艺节目《长大后我就成了你》，经过预赛、复赛、决赛的层层选拔，在众多参赛节目中脱颖而出，获得了一等奖并被评为“宝安区和谐家庭”和

“宝安区科技环保家庭”。

作为一名区优秀教师、体卫艺先进工作者、师德先进个人和全国NYBO青少年篮球赛突出贡献奖，有的教师说宋老师很低调，有的说宋老师很严肃，有的说宋老师很幽默，有的说宋老师很敬业、很尽责……不过，学生都喜欢上宋老师的课，再淘气的学生宋老师都愿意教，常言说“淘小子出将才”，学生是在不断犯错中成长的。作为教师，敬业爱生是宋老师的价值追求，宋老师一直用人格魅力征服着学生。

说句老实话，做教师是良心活，教好了是人才，教不好，不像物品，可以毁了重来，会给家庭、社会带来很大危害。既然选择了教师这一行，就要尽到这份教育的责任，敬重自己的事业，教好每一个学生，使每个学生都身心健康、和谐发展、品格高尚。

宋朝的朱熹说，“敬业”就是“专心致志以事其业”，即用一种恭敬严肃的态度对待自己的工作，认真负责，一心一意，任劳任怨，精益求精。走出校门二十多年来，宋老师丝毫不敢懈怠，始终用恭敬严肃的态度对待自己的工作，认真负责，积极学习，更新理念，熟练掌握新课程标准和体育课程，能够精心选择和搭配教材，用中国体育与健康课程模式授课，教学中求新多变，因材施教，寓趣味性于教学之中，努力上好每一节课，专心致力于学校体育工作，并着力培养学生的核心素养，提高运动能力和在运动中塑造品格。学生在课堂上不但掌握了跑、跳、投等体育技能，强健了体魄，还培养了兴趣，挖掘了潜能，在轻松愉快的课堂里提高了健康水平，养成了良好的运动习惯和坚持、团结、信任、拼搏等优良品质。宋老师还将教学经历中积累的丰富经验转化为实践，提高自己的业务水平，教学论文获得国家级二、三等奖并发表，为今后的教学研究奠定了坚实的基础，并引导、指导青年教师的教学和训练工作，年龄小点的同事都亲切地叫宋老师“宋哥”，关系非常融洽。

作为学校“全才培养计划”德育导师，主动承担问题学生转化工作。徐成同学家庭条件非常优越，有四个姐姐，他是家里唯一的男孩，家族中长辈都非常溺爱，可是父亲经商，母亲经常打麻将，在教育孩子时，基本是顺从、迁就，养成了他上学经常仪表不整、爱上网、参与打架、勒索同学等坏习惯。在一次他勒索同学100元钱时，被家长投诉到德育处，德育主任和班主任王老师了解情况后，严厉地批评了他，并将宋昔峰老师作为德育导师写的“全才”培养记录册拿来给他看，上面记载着他为人真诚，懂礼貌，训练刻苦，赛场上勇于拼搏，集体荣誉感强等，还有把他在区里参加田径选拔赛时起跑的照片作为学校体育教师教案的封面一起出示给他看。看到这些，徐成同学很震惊，没想到在宋老师眼里他有那么多优点，表示今后一定会改正缺点，并主动写了行为规范对照条例请宋老师保存，他会对照来做，没做好的地方让宋老师及时提醒、鼓励他。

后来，徐成同学打架、勒索的事没再发生，学习成绩也从50多分提高到70多分，他还担任了体育委员，做了学校的值日生。期间，他参加学校、街道和区篮球、田径比赛均获得了前三名的好成绩，并被宝安区体校选拔为重点培养的全能项目运动员，他妈妈也主动到学校找宋老师表示感谢。徐成同学每次回学校都是先看望宋老师，说是宋老师挖掘了他的潜能，让他自信起来。

作为一名国家中级篮球教练员、体育教师，宋昔峰老师立足本职工作，严肃认真，兢兢业业，脚踏实地，一丝不苟，夏天温度有时达到40度，晒得很厉害，宋老师在训练时会让学生在树荫下或背对太阳练习，自己对着刺目的阳光。下雨天，在走廊和台阶上练习身体素质或运球，有的家长劝宋老师向学校提出建议，改善场地条件，宋老师告诉他们，环境改变与否并不是最重要的，重要的是在任何环境中都能学好技术才是真本事。有困难要克服，全力以赴地做好本职工作才是最重要的。

龙华中心小学作为全国篮球特色学校，学生人手一球，全员参与。宋老师带的校队篮球队员有输送到广东省东莞新世纪青年队的，集美大学和暨南大学CUBA校队的，省体校、深圳市体校和重点中学的。宋昔峰老师作为深圳市青少年篮球队助理教练员，带领队员参加全国青少年男子篮球联赛和广东省青少年男子篮球锦标赛获得冠军。虽然现在的小队员每年参加教育局、体育局比赛的机会只有两三次，但是，他们参加学校“校长挑战杯”篮球节、班级篮球联赛和全国NYBO少儿篮球赛机会特别多，每天大课间、每周末都有比赛，“每周一赛见证成长”，掉在地上的汗水也会成为岁月最美好的圆。而在篮球队的背后，有宋老师无法忘却的如他一样的学校体育教师，育人教书均取得突出成果，他（她）们同样是敬业爱生的典范。

在和谐的家庭生活中，宋老师也是个负责人的人。对年迈的父母尽孝，照顾好她们的身体；作为丈夫，为妻子的幸福负责，支持妻子的事业，当她遇到困难时，及时给以帮助与鼓励，尽到守护一生的责任；作为父亲，宋老师始终相信“行万里路胜过读万卷书”，假期会带孩子和家人游览祖国的大好河山，在旅程中领略风景、感悟人生，激发孩子的爱国情、民族责任感。身教胜于言教，通过自己的阅读和运动习惯，影响孩子一起阅读和锻炼。在学习上更推崇“授人以鱼，不如授人以渔”，培养了孩子掌握学习的方法和生活的本领，从而培养孩子终身幸福的能力。

敬业、爱生、有责任心和有教育追求的宋昔峰老师在努力工作中享受生活，劳逸结合、张弛有度，一直在教育中享受着教育，在生活中享受着生活，责任铸就了他幸福的人生。

用心灌溉　静待花开

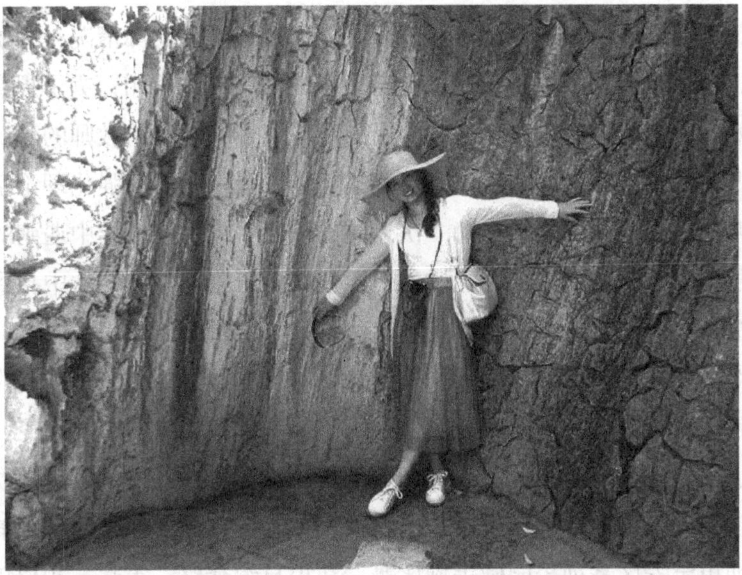

刘桂香老师

记得，林文虎在《好老师在这里》一书中曾这样描述杜守正老师的教育理念：教育需要每一位教育者用心去做，需要每一位教育者静静地等待。刘桂香老师想，这份用心是教育工作者共同的追求，这份等待是对学生，也是对自己最高的期许！

2011年8月，刘老师带着青春的梦幻，告别多彩的学生生活，满怀激情地登上了三尺讲台。从登上讲台的那天起，她就发誓要做一名优秀的人民教师。因此，在这些年时间里，她不断探索，潜心研究，兢兢业业。凭着一股“吃得苦，耐得烦，霸得蛮”的湖湘精神，用心灌溉，身体力行，静待花开！

不经一番寒彻骨，怎得梅花扑鼻香

在和刘老师的谈话中得知，她最喜欢的书莫过于苏霍姆林斯基的教育专著。在刘老师的职业生涯里，她始终铭记：我不仅是教课的教师，也是学生的教育者、生活的导师和道德的引路人。所以，在龙华中心小学的每一天，她永远保持着善学善问的习惯，不失时机磨砺自己。

记得刚入职时，面对一年级课堂之哭声、打闹声，声声震耳，课堂纪律一片狼藉的状况，刘老师深感受挫。为了能游刃有余的驾驭课堂，从管纪律的课变成真正的教学课，刘老师开始给自己制订计划。课前积极地阅读、去思考，充分地去备课、钻研教材、了解学生，仔细琢磨每一个教学环节，经常换位思考，努力贴近学生的知识、思想水平，以适应学生实际情况；为了切实提高教艺，她请人听课，以求教诲；去听别人的课，以纳百川；为了提高课堂40分钟的效益，刘老师有意识地丰富自己的理论素养，从《给教师的建议》《如何管理课堂》《给新教师的建议》等相关著作中汲取养分，强化理论学习和研究。与此同时，刘老师还会把每一次遇到的问题，或者在教学中遇到的难题，用小本子记录下来，然后向有经验的体育教师及班主任请教，从中找到适合自己的解决方案。

如今，尽管工作较多，她仍不忘探索新的教学模式，改进自己的教学方法，做到按时听课，从不间断。此外，为了寻求体育教学的有效途径，她还积极参加了市、区、校组织的多项培训活动。正是凭着这股好学敢拼的劲，在短短的四年时间里，刘老师获得市、区、校奖项共计16项。如，2011年辅导学生参加深圳市宝安区系列校园健美操比赛，获得自编套路一等奖；2013年在深圳市龙华新区首届“卓越课堂”教学比赛中，荣获小学体育教学设计、说课、模拟上课比赛一等奖；2013年辅导学生参加龙华新区第一届小学生健美操比赛，获得混合双人操、男子单人操特等奖，六人操、三人操一等奖及团体第二名的好成绩。2018年刘老师被评为龙华区“三名工程”教坛新秀。在教育教学这片土地上，她虽然已获得累累硕果，但在成绩面前却依然心静如水。

一花独放不是春，百花齐放春满园

美国女科学家芭芭拉·麦克林托克曾经说过：“我相信，不是每一朵花都在春天里开放。”同样，在教育的路上，快与慢只代表现时的一种状态，因为每一朵花都有自己开放的季节。

刘老师说，每一个体育教师都希望在自己的课堂上学生能够遵纪守规，做到有序练习，并且人人参与。其实不然，真正的体育课的课堂纪律与练习的实际情况并非那样理想化。

记得刚接手四年级时，刘老师发现班上有个学生很“特别”。排队时，永远站在队尾慢悠悠地走；练习时，非常“自觉”地坐在一边旁观；放学时，队伍里始终看不到他的身影。为了不让其他学生认为他是特例，刘老师及时找他谈话，虽苦口婆心地讲道理，但却收效甚微。刘老师心想：他是因为身体太胖了不愿意动，还是怕大家嘲笑，抑或像正面管教理论中所说的他没有归属感，没有得到大家的认可呢？

在连续观察了几节课后，刘老师再次主动找到这个学生并对他说：“以后上课，你帮老师去拿器材，好不好？”这个学生虽然有点不情愿但还是点头答应了。虽然上课时，他还是没怎么练习，但是整个过程他都站在了队伍中，这让刘老师看到了希望。等再次上课的时候，刘老师当着全班学生的面，让这个学生做她的小助手，班上学生向他投来羡慕的目光。在以后的学习和生活中，这个学生逐渐地恢复了“正常”，每次体育课上，他总是积极地给大家发跳绳，清器材，认真履行着自己小助手的职责，重新回归了快乐课堂。

通过这件事，刘老师更加坚信：每个学生心中都有真善美，他们同样拥有一颗火热而真诚的心，他们同样需要自我发展和被接纳、被肯定。尤其当面对“问题”学生，我们与其整日愁眉不展、抱怨连连，不如换一种心态，一种思路来和他们一起成长。把我们自己作为他们中的一员，带着一颗年轻的心，陪伴着，感染着，引领着，浇灌着，静静等待这一朵朵或许不够娇艳的花苞悄悄绽放，吐露属于他们独有的芬芳。也许这是我们能够带给他们的，最珍贵的东西。我们不能在他们前进的道路上，一路铺就鲜红的地毯，但可以见证他们年轻生命的每一次拔节，就像蝴蝶破茧而出，飞向幸福而美丽的人生！

光阴荏苒，匆匆而过。刘老师用她的爱与智慧守候着每一朵花儿的开放。在教育的路上，让我们一路偕行，用心灌溉，静待花开！

成功与辉煌

现代教育制度形成以来，体育一直是学校教育的重要手段和学校课程体系的重要内容，一所学校要有一门或数门特别突出的体育活动或社团组织，成为学校的一张名片，一道风景，这是作为体育教师的职责，也是谢招哲老师个人的职业愿景。

谢招哲老师

谢招哲老师，2008年毕业于中央民族大学体育教育专业，主修健美操，毕业后前往深圳市新华中学执教至今，主要负责学生健美操的教学训练与带队参赛等工作。先后参加过市级、省级和国家级的各项健美操比赛：2012年代表深圳参加全国系列校园健身操总决赛获一等奖；2014年带领学生参加全国中学生健美操、啦啦操锦标赛，获两个一等奖及优秀教练员称号；2015年带领学生参加全国学生啦啦操锦标赛，获两个一等奖及优秀教练员称号……也曾多次在各项健美操比赛中担任裁判长。

谢老师辅导的学生健美操社团，不但深受学生喜爱，踊跃参与，比赛屡获佳绩，而且团队的学习成绩也处在整体提升的状态，尤其是她们呈现出的阳光开朗、积极向上、敢于争取、勇于表现的精神面貌，让其他教师、家长印象深刻。

一、展示团队文化，让学生自主参加

每次社团招新的时候，谢老师都会积极展示健美操团队的文化和现有的成果，包括学生自己动手做的头花、学生自己设计的队旗（讲解队旗里各个元素的象征和意义）、T恤、队服等，还有满墙的获奖照片，各届师姐们获得的金牌与荣誉，赛场上完美的演出……让新生将成功的渴望种进心里，克服心理的害羞与不确定，将自信和表现欲激活，自己主动报名参加健美操社团。

二、理论课+拓展破冰，技巧性启发学生潜能

在一般情况下，了解健美操社团的概况后，都会有一大批新生踊跃报名，接下来要做的，就是让她们认识到台上风光的背后付出的辛勤与汗水，深刻领悟“台上三分钟，台下十年功”的不易。谢老师会明确提出训练的要求，比如，每天放学后都要参加训练，甚至周末也要到校训练，除非特殊情况通知停训，否则任何队员都要无条件服从。因为保证了训练时间才能提高专业能力，同时营造出井井有条的节奏感。

除了强调严格的训练要求，谢老师还会播放一些学生平时训练的视频给她们看，让她们有个直观的心理准备，也会讲一些发生在自己身上的、学生身上的或大家都认识的人身上的小故事，用事例来说明成功需要克服的困难，以及可以激发的潜能，让学生自己考虑清楚是不是继续参加。考虑到初中学生自尊心较强，有些学生心里想放弃，但又不好意思在众人面前表达这一想法，于是谢老师会在课堂最后说道：“想退出的同学没有关系，你不必跟我说，下次活动不来参加，我就知道你已经退出了。”让学生自己下决心，学会自己对自己做的决定负责。

三、设定小目标，循序渐进

每个学生的身体素质不同，针对每个人身上的问题，谢招哲老师会发现并指出来，但不占用集体训练的时间。谢老师会根据她们不同的情况设立不一样的目标，然后设定期限，要求学生在这个期限内自己找时间练习提高。谢老

师会告诉学生如何自我检查，他什么时候会来检查，达到要求会有什么奖励，没达到要求会有什么惩罚，最大限度地增强学生的自觉性，激发竞争意识。抓住了这一点，日常的训练就算谢老师不在旁边指导监督，学生们也都练得汗流浃背。

四、做好平衡，学习与训练都不落下

虽然说学生的时间和精力有限，但谢老师认为做好规划，合理安排好时间，真正做到学习认真，训练努力，其实时间和精力都算充裕。

一方面，谢老师会树立标杆榜样，嘉奖团队中学习进步并且训练认真，达到动作要求的学生，并激励其他学生，她们能做到的，你也可以做到！另一方面，培养榜样们成为小老师，监督教导同伴一起进步提高，这个过程不仅让小老师自己的专业能力更强，而且能更深刻地理解动作要求，还能对照别人身上的问题，更好地提高自己的动作质量。

除此之外，谢老师还坚持执行团队共同承担的奖惩制度，如队员中有学生学习成绩退步一名，也有学生学习成绩进步了一名，那就相互抵消；如果退步的名次多于进步的名次，每多一个名次，全体队员绕操场跑一圈，作为带队老师的谢老师，也共同受罚，领着学生一起跑；反之，如果进步的名次多于退步的名次，谢老师会给予奖励，比如，颁发社团的队旗（勋章），学生可以在参加健美操比赛时，用自己通过奖励得来的队旗跟别的学校的健美操队员交换，以此收集全国各校健美操队伍的队旗，集得越多，荣誉感越强。这个方法不但可以鼓励学生自己要求自己，而且营造出积极进取的氛围，提升团队凝聚力。任何一支队伍，都需要强大的凝聚力和团队感，才能不断地获得专业上的进步和迎接更高的挑战。

五、欢迎学生挑毛病，跟学生做朋友

拉近教师与学生之间的距离，才能把很多不利于团队发展的问题扼杀在萌芽状态。真正了解学生们的状态和需求，最好的办法就是跟她们做朋友。谢老师会要求学生不定时地写训练日记，日记内容可以是自己训练的感想、心得，可以是对老师、对团队的建议，甚至可以对老师挑毛病，大胆指出自己觉得老师做得不好或不足的地方。谢老师会不定期地检查，认真阅读她们内心的想法，但不会把具体内容拿出来当众探讨，而是以一个朋友的身份，私下跟她沟通交谈。渐渐地，学生会敞开心扉，不但在日记里写些跟健美操有关的事或想法，而且还会把自己的生活、家里的事、朋友之间的矛盾等都写进去，把心里话敞开说，而谢老师也遵守契约精神，为她们的私事保密，并寻找合适的时机进行安慰和开导，灌输正能量。

多年来的健美操训练和管理工作，让谢招哲老师累并快乐着。虽然需要花费大量的时间和精力，甚至周末、假期也不休息，但是看着学生们不断取得优异的成绩，尤其是她们在健美操的学习和训练中学会了团队协作，注重集体荣誉感，很好地促进了学生全面发展和健康成长，让他倍感欣慰。

3

第三篇 教而践之

办阳光学校　让生命美好

龙华中心小学是一所1943年建校，有着70多年深厚历史文化积淀、市民信得过的好学校。肖德明校长来到学校后，给每一位师生、家长留下了一份作业："假如我是校长？"作为在学校工作了20多年的教师和德育主任，应该进行缜密的思考。在学校未来的发展中，如果用"我是谁？我从哪里来？我要到哪里去？"这一哲学的基本提问来思考，就可以演化为龙华中心小学是什么样的学校？龙华中心小学的未来究竟在哪里？龙华中心小学怎么走向未来？个人认为面对这些问题的思考与行动，是学校发展要思考的根本问题。

一、硬件过硬，文以化人

按照省一级学校功能场室标准配置的龙华中心小学，配备有篮球馆、乒乓球馆、跆拳道馆、管乐室、行进打击乐室、合唱室、舞蹈室、健美操室、书法室、图书馆、行知小剧场、200米橡胶蓝跑道田径场、室外标准篮球场、不同高度投篮区的篮球部落等，这些功能场室是学生特长培养、挖掘潜能、差异培养、多元化发展的物质保证，这些硬件建设展示了龙华中心小学的品位与特色，是全国校园文化示范基地、深圳市和龙华区校园文化特色学校，是校园文化建设中的标杆。亭台楼榭、假山游鱼、和乐农场，四时花木更替，为学生观察探索自然、开展艺术创作提供了素材。润物无声的环境文化浸润，做到了校园每面墙都会"说话"，每个角落都生动鲜明，一花一草一木皆能育人。作为学校管理者，不能因为扩招满足生源要求，而将功能场室改为教室，牺牲很多学生喜爱的特长，这种代价太大，有可能一个牛顿、一个爱迪生、一个小约翰·施特劳斯、一个马化腾、一个易建联就这样消逝了。

学校的未来一定有个落脚的地方，也一定有个出发的地方，出发的地方就是它的根，用文化的阐释来说，未来之根正是文化的根本。而文化的根本，正是文化传统。龙华中心小学的育人目标是：培养美言美行、多才多艺、自主自信，有民族情怀和国际视野的现代公民。

爱德华·希尔斯说：“传统是围绕人类的不同活动领域而形成的代代相传的行事方式，是一种对社会行为具有规范作用和道德感召力的文化力量，同时也是人类在历史长河中的创造性想象的沉淀。”因此，传统具有稳定性和持久性，在人类历史的长河中，传统表现为一种理性的认识和态度。一个新时代的到来，校长的更替，不是从零开始，而是对传统文化的传承、突破和发展。学校未来建设正是这样，从历史深处走来，沉淀文化记忆和文化思考，延续传统的文化血脉。未来学校的建设，必须建基于中华悠久的历史文化之上，植根于中华优秀传统文化土壤之中，才会有中国特色、民族自信。学校有自己鲜明的文化特色，这样我们培养的学生才会自主、自信，具有民族情怀和国际视野。

二、专家治校，名师执教

如果说龙华中心小学硬件上呈现了物质上的文化与内涵，那么学校教育理念适应了未来发展和学生成长规律，“办阳光学校、让生命美好”的办学理念背后需要管理者的智慧与思想。学校除了专家型校长管理，各学科还需要聘任、引进国内知名教育专家定期驻校，定科定人培养，搭建一流的平台，建构专家型的班子，在三年计划中，深化学校的“青蓝工程”和班主任“七个一”工程，让教师始终紧跟时代发展，保持队伍活力，培养出一流教师精英团队，实现教师教学和教研多能并举，才能适应学校当下和未来的发展。将东方教育与西方教育完美结合，办人民满意的教育，培养具有民族情怀和国际视野的现代公民。

三、生命课堂，生态探索

你给学生什么样的教育，实际上就是为学生准备什么样的人生。人生是一个多样的生命体，从芬兰教育而来的“差点教育”就很好地回答了理想学校的教育是差异教育而不是淘汰教育，应尊重每个生命的个体差异，为每个学生提供适合其发展的人格教育、技能培养，挖掘个体潜能，维护学生尊严，注重其内心的发展需求和生活需求。教会学生知廉耻、明事理、学会爱，懂得敬畏和感恩，尊重生命、尊重自然，保护和促进生命和自然界发展。

课堂是学校教育的主阵地，也是落实学校教育理念、育人目标的载体。

从常态课堂到创新课堂到生命课堂，课堂在变革，以人为本，以问题为中心的课堂改变课堂的生态。“信息化平台融合课程”，以“1+1+1和美课程模式”，以“‘行—知—行’行动探究教学模式”和国家必修课实行全员教育加选修课的形式培养学生兴趣特长，如语文与国学、数学与理财、英语与游学、科学与创客、音乐与欣赏、美术与设计、体育与健康、100门特色课程等，探索新型教育服务的供给方式，通过信息技术线上、线下为个性化学习和个性化教学带来契机，让教学激活生命，尊重个性发展。我校肖德明校长提出的“100门特色课程”很好地为学生的差异发展做好了奠基。课堂不仅仅是学习空间，更是创造新知、激发潜能、实现心灵沟通的乐土，使终身学习成为习惯。

四、传承经典，对话寻根

龙华中心小学要培养美言美行、多才多艺、自主自信，有民族情怀和国际视野的现代公民，必须将国学渗透到每个细节，学生在每天的一诵（诵读）、一课（每周一节国学课）、一艺（掌握一门民乐技能）中享受国学文化的滋养，修身养性、崇仁尚志，在体验中与先贤对话，感受传统文化之美，担负起复兴中华之责。校园各处散发翰墨清香的典雅书画、行云流水的国乐琴音和翩然若仙的优美舞姿，成为校园文化的靓丽风景。国学之美让学生通过行动享受美好的童年，让生命提携生命，展示生命光彩。

五、敬畏生命，和美发展

生命教育是按照生命规律，不断提升个体生命生存质量，并达到全面、自由、和谐发展的全程教育，核心是以人文本、尊重儿童、体现人文关怀，在关爱和敬畏生命中实施的系统教育。罗素曾经说过：“教育的目的在于使人拥有幸福的人生。”在学校要让“教育让生命更美好”的教育理念深入人心。学校要成为知识的圣地，也要成为精神的家园。在学生、教师和家长的身心上下功夫，通过综合运动干预KDL课程实施、构建“活力校园”，文化课中的微运动、“校长挑战杯”教工嘉年华运动、活力家庭亲子运动、大平台数据干预，“只要有身体就是运动员”的理念深入人心，使每个个体都能体验到健康美丽人生的幸福与快乐。学校食堂由校医进行健康配餐，开设健康养生饮食窗口，将学生行为管理内化于行为自觉，让好习惯成为习惯；学校还为“家校合力育人”提供平台，为需要的人捐助冬衣御寒，为需要的学校捐助流动图书馆（每馆300本书），通过善举，让每个生命内心播撒善良、感恩的种子，学会爱、传递爱、感受爱，通过以爱育爱、爱满校园、爱满社会、爱满天下，使教育散发人性的光辉和呈现生命的教育。

立足现实，面向未来，从这个角度看，未来已来。未来不是我们要到达的那个地方，而是正在创造的过程。未来的龙华中心小学的教师对事业执着追求，有开阔的视野、独立的见识、宽广的胸怀、自由的心态和对生命的敬畏，这里的学生自主自信、美言美行、多才多艺，具有民族情怀和国际视野。能在这样充满阳光，让生命美好的学校工作与生活、教书与育人，即使我不是校长，我也感到幸福与快乐！人生美丽而精彩！

一校一品+社团：校园篮球特色的20年探索研究与实践

一、学校情况简介

深圳市龙华区龙华中心小学建于1947年，是一所历史悠久、质量过硬、特色鲜明、深圳市民信得过的好学校。1998年被评为深圳市宝安区篮球传统特色学校，2000年被评为深圳市老宝安区第二所广东省一级学校，2011年被评为深圳市篮球特色学校和广东省篮球推广（特色）学校。当时学校共50个教学班，其中一个为特殊教育班，在校学生2776人，教师184人，其中专职体育教师15人（包括1名特殊教育体育教师）。近年来，学校以“办阳光学校，让生命美好”为办学理念，坚持文化引领、质量奠基、特色提升的办学思路，以“学生健康成长、教师幸福工作、学校卓越发展”为办学目标，致力“文以化人”的校园文化建设思路，取得了较为突出的成绩，荣获“全国学校文化建设创新实验学校”“深圳市校园文化特色学校”“深圳市龙华新区校园文化特色学校

图1　体育科组教师

（重点项目）”“全国校园媒体百佳示范学校”“全国电影课示范学校”“中国少年科学院科普教育示范基地”“全国红领巾梦想助推计划示范基地”“全国艺术教育先进单位”“全国红领巾数字图书馆示范学校”“广东省现代教育技术实验学校”“广东省书法教育先进单位”“广东省巾帼文明岗”“广东省德育工作示范学校”“广东省绿色学校”“广东省红旗大队”“广东省依法治校示范学校”“广东省健康生活方式示范学校”“广东省冬季体育锻炼先进学校”“深圳市教育先进单位”“深圳市社会主义核心价值观示范单位”“深圳市军（警）民共建社会主义精神文明先进单位”“深圳市美术书法特色学校”“深圳市阳光体育（广播操）传统学校”“深圳市篮球传统项目学校”“深圳市足球传统项目学校”“深圳市百校扶百校先进单位”“深圳市依法治校示范学校”“深圳市健康促进学校”“深圳市智慧校园示范学校”等29项市级以上荣誉。近三年来，学校接待了北京、香港、江苏、贵州、甘肃、江西、广州、惠州等省、市、区访问观摩教学、德育、校园文化、大课间、体育特色项目活动等来宾800余人次。

二、篮球特色的发展背景

为了学生能快乐、健康、幸福的生活，充分感受人的生命力，体验情感，增强意志力，享受现代文明，学校大力开展体育活动。篮球运动是我校学生最喜爱的运动项目之一，学生人手一球，每周一节校本篮球课。1992年之前学校篮球师资匮乏、场地简陋，但阻挡不了学生对篮球运动的渴望，在土场地打的风生水起。1996年开始，学校加强篮球师资配备、完善场地建设、增加资金投入，全校师生投入到篮球运动中，除了每周一节篮球校本课，还班班组建篮球队、每个年级组都有篮球队开展趣味篮球活动和班级联赛，激发了学生的运动兴趣，养成了运动习惯。

图2　学生每周上一节篮球校本课

1998年，龙华中心小学校被评为宝安区篮球传统（特色）项目学校，2011年被授予“深圳市篮球传统（特色）项目学校”。在课改实验纵深推进的背景

图3 篮球部落不同高度的篮球架与篮球

下，从学生增进健康、提高生活质量和“健康第一”的角度出发，学校审时度势，根据学生兴趣、本校的场地、师资等实际，将篮球特色项目作为学校新一轮内涵发展的突破口，在篮球教育、社团活动、运动训练、班级联赛与大课间活动等方面科学规划、大胆实践，拓展篮球运动的育人功能，提升篮球运动的文化内涵，建设“一校一品+社团”篮球特色学习模式，促进了学生品德素养、身心素养、学习素养、创新素养、国际素养、审美素养、信息素养以及生活素养8个方面综合素养的自主发展和学校的可持续发展，走出了一条以篮球传统特色项目为依托，以足球、乒乓球、跆拳道、田径、武术、羽毛球、轮滑和行进打击乐等运动社团为辅助的素质教育之路。

三、面向全体，引进师资

篮球运动在龙华中心小学有着非常深厚的群众基础。学校每天大课间都进行玩篮球、跑操、校园舞蹈活动，“四点半活动”时段都举办全校性的师生趣味篮球和对抗比赛。为保证了有兴趣的学生全部参与到篮球运动中来，学校引进组建了一支业务精湛、团结奉献的教练员队伍，5名专职篮球教师中，1人是国家中级篮球教练员，1人参加过CBA联赛，2人参加过CUBA联赛，

图4 深圳市“体彩杯”少儿篮球赛在龙华中心小学篮球馆举办

1名国家级篮球健将，篮球实战和教育教学经验丰富。学校还通过深圳市“四点半活动”聘任深圳市“火枪手”篮球俱乐部教练员到学校开展篮球教学，这些都为学校“一校一品+社团”篮球特色体育教育的可持续发展打下了坚实基础。

学校提出，要适应新时代教育的发展需求，突破传统的篮球教育发展思路，摆脱以前单纯的为比赛获好成绩的“竞技篮球观”，把促进学生全面、自主、和谐发展和提升学生八大素养、人格发展、个性形成、体育习惯养成，以及学校文化作为开展篮球教育的主要目的。

在这一思想的指引下，学校制订了《龙华中心小学篮球特色教育发展规划》，明确提出“篮球育人”的理念，提出了篮球教育发展思路，并以此提炼出“竞进不息、和以致远”的校训。具体实施策略体现为“四个转变”：在教育对象上，从面向少数篮球尖子生向面向全体学生转变；在教育方式上，从单一的课后训练向专项教学与校本课程相结合转变；在教育目标上，从追求比赛成绩向促进全体学生体魄强健、感受生命美好和幸福转变；在发展方向上，从壮大传统特色项目向提升学校文化内涵转变。

四、顶层设计，保证质量

为提高学生的篮球运动技能，促进学生人格完善，学校遵循儿童身心发展规律，以“健康第一”不断优化篮球教学，努力打造“快乐篮球”，为学生提供高质量的篮球教学。

学校积极贯彻落实教育相关文件中提出的“使学生掌握两项以上终身受

图5　邵子洺老师编著的校本教材《我来教你打篮球》

益体育运动项目”。在新区引导下，根据未来篮球教育发展趋势，将“一校一品+社团”体育特色教学模式在实施过程中不断改进。制订详细的篮球教学水平计划、年度计划、学期计划、单元计划、课时计划、训练计划和践行龙华新区三级九段篮球技术等级评价标准实施考核，对学生进行评价，每一级分初、中、高三级，每一级分1、2、3段等。通过阶段性考核，学生对篮球学习及篮球技术技能掌握的情况有一个可量化的考核分数，激发了学生的学习热情与兴趣，促进了篮球技术技能的提升。同时，发挥体育课的主渠道作用，由4名篮球专业教师每周给每个年级上一节“篮球特色课”。在教学中，采取“篮球游戏化教学”，将篮球专项教学与游戏有机结合，改变了以往篮球教学竞技化、成人化倾向，激发了学生参与的兴趣，有利于养成终身运动的习惯，同时提高了教学实效。我们挖掘篮球资源，组织教师编写篮球校本教材，将有关内容穿插在体育课中，丰富了体育课的内涵，并在每单元学习后进行评价。学校每班成立篮球队，对学生进行科学、系统的教学与训练，开展篮球节进行班级联赛，使运动员的体能、技能、智能得到全面发展，为球队的可持续发展奠定了坚实基础。

图6　学生参加班级运球比赛

每天上午的大课间时间，学校都安排了校园舞、跑操和篮球玩球活动；每天下午的阳光体育时间，安排了花式篮球、运球接力等篮球游戏和3人篮球赛项目，吸引着不同年级、不同年龄、不同水平的学生走出教室，奔向球场，积极地参加体育锻炼活动。各年级、各班还开展了一系列的篮球活动，如低年段篮球游戏比赛、中年段3人篮球赛、高年段全明星篮球赛等。简单而纯熟的传球、运球、投篮，折射出的是学生对篮球运动的喜爱，对团结互助的

图7　班级三人篮球赛

更深理解，对坚持到底的深入把握，对目标达成永不放弃的良好品格。

在正确的理念和设计思路的指导下，“快乐篮球”在学生中广泛普及，形成了“人人爱篮球，人人会篮球”的良好氛围。有的学生还根据个人兴趣选择了田径、足球、乒乓球、羽毛球、武术、跆拳道、轮滑等体育运动，促进了学生运动水平和身体素质的整体提高和运动习惯养成。

五、完善人格，首在体育

学校将篮球运动与育人有机结合，要求篮球教练不但要做技术教练，还要做人生导师，在运动过程中帮助学生完善人格，形成个性，实现八大综合素养的全面发展。

在“篮球专项课”上，教师采取“降低要求、分层分组、自由组合”等方式实施“成功教学，重在鼓励”，鼓励每位学生都参与其中，让不同层次的学生都能得到不同程度的发展，体验成功的喜悦，在运动中找到自信，树立积极向上的人生观和价值观，学生的理想与现实、理性与情感、成功与失败、幸福与痛苦、兴奋与沮丧等情感与意志在交织中不断升华，达成人格完善、个性形成的目标。在校队训练中，高标准、严要求，以赛带练，科学管理，培养篮球苗子。

图8　篮球节上积极呐喊的啦啦队

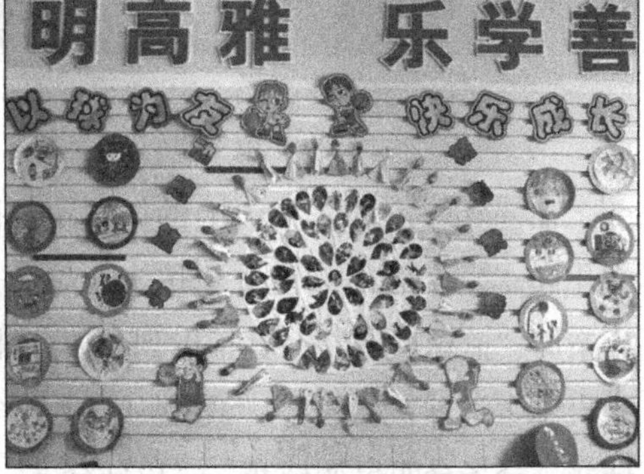

图9　班级文化中篮球板报宣传栏

根据篮球运动的特点，学校制定了《篮球运动员行为守则》《文明观赛指南》等篮球运动制度，引导学生养成遵守秩序、爱护环境、公平竞争、尊重对手、文明观赛的行为习惯。同时，突出“篮球道德”和“篮球精神”教育，要求学生树立“重在参与”“友谊第一，比赛第二”的信念，以“团结协作、拼搏进取”的精神参与篮球比赛，在篮球实践中培养意志品质、团队精神、纪律观念和竞争意识。

对部分特殊学生，实行教练员为导师的“全才培养计划”，体育教师加强与班主任、家长的联系，有意识地发动组织他们参加篮球训练。通过兴趣培养、严格要求、激励赏识、家校沟通、感统锻炼等措施，帮助他们康复，不断进步。在学期末评选“三好学生”“优秀队员”“文明学生”时，教师对体育运动成绩优秀或其他方面进步突出的学生重点推荐，引导学生逐渐转变、进步。2016年12月5日，我校为3名特殊教育爱心班学生举办运动会，教师辅助参与比赛，让学生能够在能力范围内积极完成，使家长深受感动，为学校和老师点赞。

六、篮球铺路，文化熏陶

在“一校一品+社团”篮球特色运动蓬勃开展的同时，学校还十分注重文化的熏陶和感染，在学校薪火家长工作坊的大力协助参与下，进行了一系列“篮球文化”创建活动。

图10　篮球节班级联赛

图11　篮球节班级啦啦操比赛助阵

在一年一度的“指尖上的舞蹈”校园篮球节中，我们将原汁原味的篮球文化和丰富多彩的校园文化熔为一炉，开展丰富多彩的篮球特色活动，使学生亲历“篮球风暴”，真正做到“篮球铺路，文化熏陶”。如“我们最团结”全班学生运球接力赛、“我是神投手”全班学生定点投篮接力赛、半场3人篮球赛、全场全明星篮球赛、“以球会友”的篮球邀请赛、“篮球故事”博文大赛、“最佳篮球解说员”现场解说比赛、篮球手抄报展评、篮球绘画、摄影比赛、最佳篮球宝贝啦啦操比赛、篮球涂鸦比赛、亲子篮球赛13项赛事，融合了各个学科的全部教育活动，全方位贯彻了“健康第一”的指导思想，培养了学生的创新、审美、信息、生活等综合素养。

这些创意十足的活动，无不反映了学生对篮球的热爱和对篮球文化的理解。多年来，我们将“校园篮球小明星”“校园篮球赛MVP”“全明星赛”“篮球宝贝”，以及带签名的篮球奖品等极富时尚元素和国际篮球文化内涵的新鲜事物引入校园篮球赛，受到了学生的热烈欢迎，同时培养了学生的国际素养。

图12　学校小龙人篮球队尹智同学与易建联拍摄宣传片

2009年5月13日，受深圳广电集团卫视频道邀请，我校篮球队员尹智前往深圳东部海滨、深圳创意园等地，与NBA巨星易建联一同拍摄以“青春深圳”为主题的深圳卫视宣传片，共同诠释“深圳，一直是前锋”这一城市精神气质。篮球小子与巨星“亲密接触”的经历在全校师生中已经传为佳话。

七、阳光体育，快乐成长

目前，篮球运动已经成为我校师生日常生活中不可或缺的重要组成部分，它不仅是一项有特色的体育活动，更是一种精神风貌的体现、校园文化的塑造渠道。这种以“竞进不息、和以致远”为核心的精神文化浸润于每一颗童心，植根于学校的每一寸土地，渗透到学校工作的各个层面，学生除了参与篮球运动，掌握一项篮球技能，还积极参与感兴趣的其他运动。

图13 学校进行广东省体育与舞蹈融合的大课间展示旗舞

图14 学校进行广东省体育与舞蹈融合的大课间展示跑操

2016年5月，国务院办公厅印发了《关于强化学校体育促进学生身心健康全面发展的意见》（以下简称《意见》），强化学校体育，提出指导思想，以“天天锻炼、健康成长、终身受益”为目标，改革创新体制机制，全面提升体育教育质量，健全学生人格品质，切实发挥体育在培育和践行社会主义核心价值观、推进素质教育中的综合作用，培养德智体美全面发展的社会主义建设者和接班人。《意见》就强化体育课和课外锻炼提出明确要求：“让学生熟练掌握一至两项运动技能，逐步形成‘一校一品+社团’的教学模式，努力提高体育教学质量。”

根据《意见》和《广东省三年体育行动计划》，在每天下午，我校还选择学生喜爱的足球、乒乓球、跆拳道、啦啦操、田径、武术、羽毛球、围棋、轮滑、街舞和行进打击乐等社团项目进行活动，做到人人参与，这种“一校一品+社团”的模式，使每个学生平均掌握两项以上的运动技能。除了篮球，每班每周上一节足球课，每两周上一节形体课，在解决师资不足的情况下，通过深圳市“四点半活动”聘请专业足球、武术、羽毛球、轮滑、街舞教师，每天下午进行学生喜爱、感兴趣的各项社团项目运动。同时每天上午第二节课下课后，都进行40分钟的大课间、运动型爱眼操、旗舞、广播体操《七彩阳光》、武术操、大自然操、跑操、运动游戏、柔韧拉伸、一字马结绳比长等这些每天超过一小时的阳光体育活动，还有“小手拉大手”家庭跳绳、仰卧起坐等家庭锻炼琅琊榜活动，不但提高了学生的体质健康水平，养成了终身体育习惯同时，也提高了家长的体质。学生在运动中不但提高了体质健康水平，而且培养了体育精神、合作意识、规则意识和意志品质，真正做到了“立德树人、体魄强健”。

图15　学校乒乓球队员合影

八、学校体育特色成果与未来发展

全校师生在“健康第一”的指导下，通过“一校一品+社团”篮球特色教学模式，每人都掌握2至3项体育运动技能，发展了体能，在深圳市《学生国家体质健康标准》抽测中，我校四（4）班学生和新华中学一个班的学生代表区参加抽测，获得第一名。逐步形成了健康和安全的意识以及良好的生活方式，促进了学生身心协调、全面发展，同时创造着一个又一个奇迹。学校还先后为省、市、区高一级专业篮球队和学校输送了300多名优秀的篮球苗子，输送的队员经过训练，参加全国城市青少年篮球赛和广东省青少年比赛获得第一名；学校小龙人篮球队参加“深圳市少儿篮球锦标赛”和区级、街道小学生篮球比赛屡获佳绩，获得24次冠军，其中男、女队均六获宝安区冠军，两获深圳市亚

图16　学校小龙人男子、女子运动员参加深圳市第八届篮球赛

军，还获得深圳市第七届运动会"体彩杯"少儿篮球赛女子亚军，获得深圳市第八届运动会"体彩杯"少儿篮球赛男子季军，2016年深圳市"体彩杯"少年儿童篮球锦标赛女子组第一名。近年来，教职工篮球队参加街道、区级比赛成绩优异，在龙华街道教职工篮球赛中，11次获得男子组冠军，13次获得女子组冠军；在区女教职工篮球比赛中连续5次获得冠军。学校启明星男子、女子足球队曾获得深圳市宝安区小学生足球赛男子、女子足球冠军，龙华新区中小学

图17　2016年深圳市"体彩杯"少年儿童篮球联赛

图18　学校启明星足球社团

生足球赛小学男子组亚军，龙华新区特色学校足球赛男子组亚军。此外，学校其他社团也屡获佳绩，如，深圳市中小学生乒乓球比赛女子单打冠军和男子单打第三名；“2016全国轮滑锦标赛”花式过桩第一名；2014年和2015年，连续两年获得“广东省行进打击乐大赛”小学组第一名，并在庆祝第30个教师节表彰大会上和龙华新区第二、第三届田径运动会开幕式上表演，气势宏大，获得师生、领导、家长和来宾一致好评，盛赞是一场艺术与体育最完美的结合，学生综合素养最完美的诠释与表现。

在今后的工作中，我校将在省、市、区等上级主管部门和领导的支持与

图19　学校雏鹰行进打击乐社团在龙华区运动会开幕式演出

引领下，从篮球传统项目到精神，从篮球竞技到享受，从面向个体到面向全体，从篮球特色文化到综合素养的提升，努力将“一校一品+社团”篮球特色体育教学模式做成大文章，使篮球传统特色和田径、足球、乒乓球、跆拳道、羽毛球、武术、啦啦操、轮滑等运动项目均散发出新的活力，加快学校内涵发展的步伐，促进学生综合素养的提升和增进学生的健康，使学生养成终身运动的习惯，提高学生的生活质量和感受生命的美好与幸福。

以志愿服务　促德性内生

龙华中心小学始建于1943年，现占地3.3万平方米，建筑面积1.7万平方米，2000年被评为省一级学校。近几年来，在“办阳光学校，让生命美好”办学理念的指引下，学校大力实施“文化引领、特色提升、质量奠基”战略，取得了较为突出的成绩，荣获“全国学校文化建设创新实验学校”“广东省现代教育技术实验学校”“广东省德育工作示范学校”等称号。

通过四年多打造“志愿者之校”的志愿服务和开展省级德育课题《整体构建小学志愿服务体系的实践研究》，学校构建了立体的、全方位的志愿服务教育体系，从学生、教师、家长三方面主体出发，通过志愿服务课程化、志愿服务科学有效的运行机制和志愿服务公益畅想组织特色实践活动，对志愿服务课程大胆探索，并付诸实践，将志愿服务的精神作为龙华中心小学最美丽的名片向社会传递。志愿服务教育已真正成为我校德育的一大特色，通过以爱育爱的志愿服务，达到德性内生的效果，提高了学生的综合素养。

由于社会影响力大，成效显著，我校2014年12月被龙华新区评为“志愿服务示范学校”和“先进义工团体”。2015年1月，学校被评为“深圳市微公益项目学校”。

一、一个中心

学校深入研究、勇于创新，提出了志愿服务课程的“一个目的”，即“传递核心价值、促进德性内生”，树立尊重、关爱、诚信、公德、责任、信心，培养八大素养，围绕这个中心，我们自主开发校本教材、设计课程教学、保障课时安排，在实验班进行课程实践，通过实践活动，培养有社会责任感的合格公民。

二、两个途径

我校以校本教材为指导，以课堂教学为媒介，以德育活动为载体，开展了高效的教育实践，提出了“两个途径”：一是“文化熏陶”；二是“活动体验”。秉承我校“在文化中熏陶，在体验中成长”的德育理念，一方面，以全方位的校园文化使学生沉浸在志愿文化的熏陶和感染中；另一方面，开展丰富多彩的志愿实践活动，使学生在活动中体验志愿服务的乐趣和成长，润物以无声，教化以不言，促进德性内生。

三、三个主体

建立富有特色的志愿服务体系，即“三位一体”志愿团体，分别是以学生为主体的“雏鹰小义工”，以家长为主体的“薪火家长义工”，以教师为主体的“党员园丁志愿者”。整体构建小学志愿服务体系，以班级、校园、家庭、社区、社会五个领域为五个体验模块，实现志愿服务的五级联动，打造志愿者学校，达到“以爱育爱，自管自育，爱满校园，爱满社会”这一核心目标，让志愿服务成为学生的一种精神、一种习惯，学校人人都做志愿者、人人当好志愿者，为深圳创建志愿者之城、学校打造志愿者之校提供了有力保障。

四、整体推进志愿服务的策略和方式

学校是开展志愿服务工作的基本单位和主阵地，我校从以下几方面全力推进志愿服务。

（一）形成了科学有效的运行机制

我校学生志愿服务工作由德育处和少先队共同负责，致力于科学有效的志愿服务运行机制建设，形成了独特的龙华中心小学志愿服务机制。该模式由相互衔接的组织运行机制、项目发布、培训学习、学分认定、评价激励、宣传推广、支持保障、团队建设八大机制协同运行。

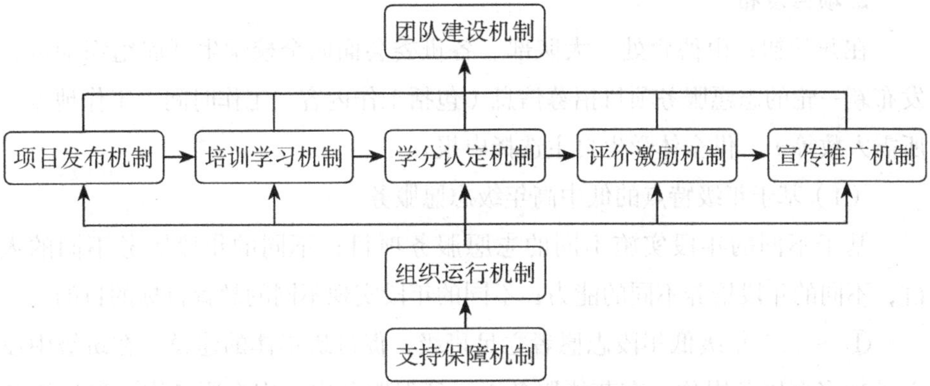

图1　龙华中心小学志愿服务工作运行机制关系图

（二）运行方式

1. 组织运行

学校逐步建立起校长室指导、德育处统筹、各部门分工负责、各服务队建设落实的组织体系和完善的组织运行机制，实现志愿服务组织的科学高效运转。

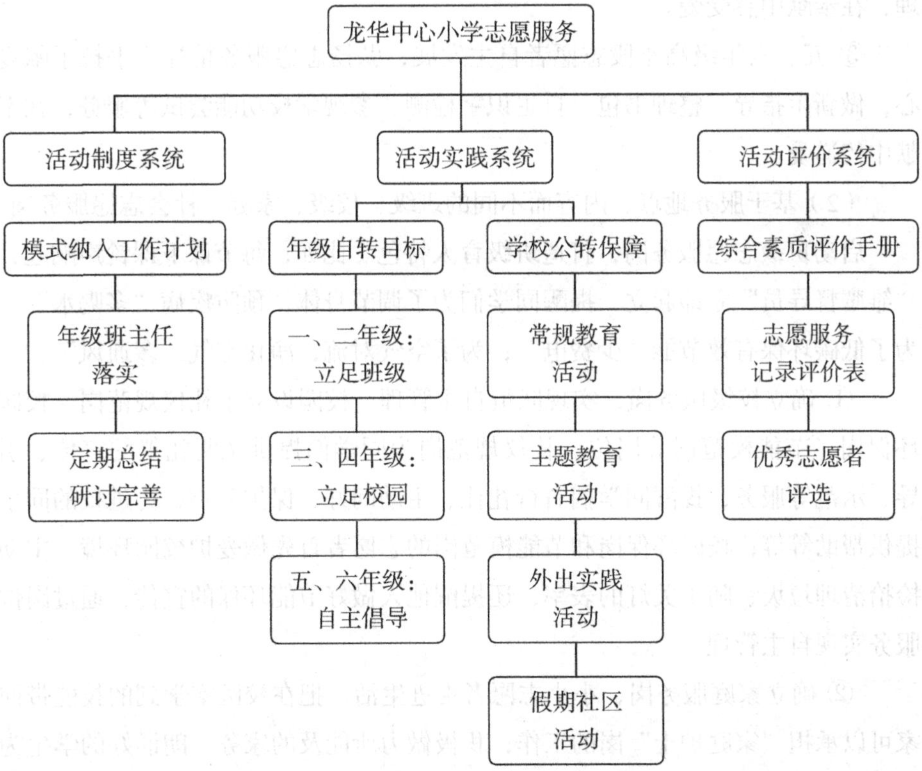

图2　龙华中心小学志愿服务活动模式图

2. 项目发布

在开学初，由德育处、大队部、各班委会面向全校学生开展组织动员，发布新一轮的志愿服务项目招募信息（包括工作内容、工作时间、工作地点、所需人数等），供全体学生自主选择申报。

（1）基于年级特点的低中高年级志愿服务

基于不同的年段实施不同的志愿服务项目；不同的年段服务不同的人群；不同的年段培养不同的能力；不同的年段实现不同的教育目标的目的。

① 一、二年级低年段志愿者立足班级，促进班集体的建设。在班级中设立了10多个服务岗位，有节能服务岗、环保服务岗、安全服务岗、互助服务岗、示范服务岗等等，做到班上学生人人有岗。在每位志愿者课桌的左上角，醒目地展现出自已的内容和职责，自信地亮出志愿者的身份，随时随地接受老师和同学们的监督。

② 三、四年级中年段志愿者立足校园，增强主人翁的意识。校园设立了图书室管理、雏鹰文明岗、环保宣传员、活动“四园”管理等岗位，督导管理，在奉献中感受爱。

③ 五、六年级高年段志愿者自主发展，弘扬志愿服务精神。手拉手献爱心，做新生指导、整理书包、自主识字检测、参观学校功能尝试等服务，在奉献中传递爱。

（2）基于服务地点、内容而不同的班级、校级、家庭、社会志愿服务岗

启动班级志愿服务岗，打造班级育人特色。比如，每节课下课铃声响起，“雏鹰督导员”立即起立，提醒同学们为了调节身体，预防疾病“多喝水”；为了低碳环保有效节能“少费电”；为了空气对流，净化空气“多通风”。

① 确立校级服务岗，实现队员自主管理。校园设立了礼仪规范岗、校园环保岗、节能模范岗等岗位。礼仪规范岗为同学们提供文明礼仪的宣传、引导、示范等服务，提醒同学们右行礼让、主动问好、保护公物、为进校的同学提供帮助等等；校园环保岗和节能模范岗的志愿者首先做爱护校园环境、主动捡拾清理垃圾、随手关灯的表率，还提醒他人做好节能环保的宣传，通过岗位服务实现自主管理。

② 确立家庭服务岗，小小志愿者走进生活。把在校医室学到的技能带回家可以承担“家庭护士”岗的工作；积极做力所能及的家务；朗诵好的学生为家长或邻居读报纸，成立了“新闻快递”岗。

③ 寻找社会服务岗，将小志愿者带进社区。通过“四小”（小问号、小实践、小博士、小随笔）活动的开展，增强了与社会的交往，锻炼了自身的能力（例如，每学年假期回校后，每个年级可召开相应实事和热点问题的沙龙活动“新能源的开发利用”“我们的低碳生活”等）；假期中设置“家庭文明监督岗”记录队员参与社区劳动的情况。

（3）基于学生特点，设置不同辅导模式

“大手拉小手”辅导模式。采用“高年级辅助低年级”“教师志愿者辅助队员志愿者”“家长义工辅助队员志愿者”等模式，借助成年人的力量，深入学校所在地或者附近的街道、社区、公共场所开展志愿服务活动，提倡为有困难需要帮助的社会弱势群体和个人提供志愿服务。学校相继围绕社会（社区）、学校、家人、身边的志愿者等几个层面不断地开展立体交错式的志愿服务活动及培训，如“义卖报纸”为河源龙川募捐，参加广东省红领巾基金募捐。

“项目带动”辅导模式。学校不仅要充分挖掘周边志愿者服务的资源，更要关注社会上建立时间相对较长、有丰富志愿服务经验和口碑颇佳的一些成熟志愿者队伍或项目，辅导我们开展活动。我校与龙华义工联、学校薪火家长工作坊开展了长期、稳定的合作，如对口帮扶贵州丹寨、广东河源和深圳的沙西和宝岗小学等。

图3　师生家长卖报募捐

3. 结合办学理念，建立志愿服务奖励

学校德育处和少先队大队部每学期末都会召开志愿者表彰大会和志愿者招募大会，对上学年表现突出的个人进行表彰并对新加入的志愿者进行培训。

队员参与志愿者活动的情况也与“雏鹰争章”挂钩，评选出雏鹰争章之“志愿服务章”“优秀志愿者”“十佳雏鹰小义工”，大力表彰，并在学校网站上宣传他们的志愿服务经历和事迹。龙华区、深圳市也对志愿者优秀团体和个人大力表彰，弘扬志愿服务精神。通过有效的激励方式，树立典型，增强志愿者的身份认同与荣誉感。课题研究一年多来，学校大队部有效利用“六一”这一节日契机，大力表彰了一批优秀小义工和教师、家长义工，“六一”也成了“薪火志愿者”们最期盼的日子。

此外，在教师、家长层面我们更是不遗余力，大力开展义工服务，以我校“薪火家长义工”和“薪火教师义工”为抓手，大力开展各种志愿服务教育，让教师和家长的实际行动作为教育学生最好的榜样，起到了很好的示范和带动作用。现在，我校的教师、学生、家长争先恐后地报名参加志愿服务，能够穿上红马甲，被他们视为最大的骄傲和荣誉。

4. 培训学习

这也是学校重点研究的内容。服务项目招募完成之后，德育处、大队部、班委会通过椰风大讲堂，聘请李小宝等志愿服务讲师开展志愿服务的必备常识、通识技能和特定服务的专项技能志愿者培训，再由班主任通过班会课对学生进行培训，培训检查合格之后才正式上岗。

图4　亲子志愿者培训

（1）以课程化助推志愿服务

课题开展以来，学校结合小学生的特点开发了《志愿服务》课程，利用班会课教学生了解和学习志愿服务知识和操作方法。以课程化促进科研化、带

图5　邵子洺老师领衔开发的志愿服务校本课程

动志愿服务生活化，使师生的志愿服务教育有目标、有途径、有反思。课程涵盖“志愿者”学习，志愿者学习包含四个基本元素：训练+服务+反思+认同（RSRC模式：Raining+Service+Reflection+Celebration）；课程要教会学生志愿活动设计的“六何法”：何人（Who）、何事（What）、何地（Where）、何时（When）、多少（How Many）、如何（How）；教材内容分为七课，依次为：认识志愿者服务、关爱从尊重开始、志愿者学习、我的心声、活动设计技巧、活动彩排及总结志愿服务课程。将志愿服务的有关知识、技巧与实践相结合，既是教材也是学生的练习册和志愿服务记录手册。范道协老师的志愿服务班会课《带领技巧》在龙华新区志愿服务特色学校活动展示上获得区领导和59所学校德育团队干部的好评。

图6　志愿服务班会

（2）以行动指南助力志愿服务

根据学生的年龄特点，学校制定了龙华中心小学志愿服务活动指南，按照班级、校园、家庭、社区、社会共分五个篇章：

① 爱我班级：在班级中设立多种服务岗位，由学生自主申报，做到人人有岗，在每位志愿者课桌上展现服务岗的内容和职责，亮出志愿者的身份，随时随地接受监督。

图7　雏鹰小义工课间给学生讲地理

② 亲亲校园：校园设立礼仪规范岗、校园环保岗、节能模范岗等岗位，号召学生积极参与雏鹰小义工。

③ 我爱我家：引导学生自发在家帮助家长做些力所能及的事，开展了“家务小能手”的志愿服务活动。

④ 爱在社区：设置“社区文明监督岗”记录学生参与社区劳动的情况；学生们可通过“四小”（小问号、小实践、小博士、小随笔）活动的开展，增强与社区的交往，锻炼自身的能力。四（4）班廖小彤同学的志愿服务文章在《宝安报》上发表。

⑤ 爱满社会：引导学生做力所能及的志愿服务，如扶贫助困、亲情帮扶、阳光探访、文明劝导、U站服务等社会微公益。师生、家长两次走进贵州和龙川献爱心支教和援建图书室。

5. 学分认定

学校制作了“志愿服务指导手册”，学生人手一册。学生服务一小时为一个学分，服务一天为八个学分，学期末，德育处、少先队大队部根据学生的服务和评价记录，完成对学生的学分认定工作，并以此作为“雏鹰争章计划”志愿服务章的争章依据，为服务100小时以上的学生，颁发志愿服务章和雏鹰银质章。

6. 评价激励

学校德育处和大队部将在每学期末召开志愿者表彰大会和志愿者招募大会，对上学年表现突出的个人进行表彰并对新加入的志愿者进行培训。而学生参与志愿者活动的情况也与南粤“雏鹰争章”挂钩。认真评选并大力表彰雏鹰争章之“志愿服务章”“优秀志愿者”“百佳志愿者”“优秀志愿服务项目”“优秀公益畅想项目”，并在学校网站上宣传他们的志愿服务经历和事迹。通过这种有效的激励方式树立典型，增强志愿者的身份认同与荣誉感，以此激发志愿者的热情、满足自我实现需要，让志愿服务活动管理在科学的基础上更加人本。课题开展一年来，学校师生、家长取得了可喜的成绩。

7. 宣传推广

学校志愿服务活动，通过团中央主办的《辅导员》杂志、《南方日报》《南方都市报》《深圳特区报》《晶报》《宝安日报》、广东省电视台新闻频道、深圳电视台教育频道等各大媒体，以及校园网、《花开有声》校刊、《心桥》家校期刊、七彩童音广播站、蓓蕾电视台、国旗下讲话、黑板报等宣传阵地广泛宣传。邵子洺主任和李晓桃副主任接受了《南方日报》的采访，我校志愿服务经验获得大篇幅报道，课题研究经验和成果在全国和省市区推广。

图8　广东省电视台新闻频道报道学校志愿服务

8. 支持保障

每天中午阅读时间，以及下午阳光体育时间，由德育处、少先队大队部根据学校志愿工作需要安排相应内容，如午间“阅读劝导员”“阳光体育监督员”开展志愿服务工作培训、志愿服务项目集中展示和评比活动等。

9. 队伍建设

志愿服务项目队伍建设的内容包括班级文化理念建设（如队名和服务理念）、班级成员间和班级间的情感体验和收获心得分享，打造“志愿服务特色班级”。

（三）以家庭志愿服务推动社会性志愿

学校在志愿服务教育过程中，学校、家庭、社会紧密结合，制定了家庭志愿服务自选菜单，以家庭教育开放周、家长学校、薪火家长工作坊义工、薪火亲子志愿等多种途径，最大限度地调动和带动家庭志愿服务，更新家长观念，引领志愿教育，鼓励孩子在家庭志愿服务，倡导家长带孩子走向社区、走向社会。

图9　师生、家长赴贵州省丹寨县方胜小学支教

学校以“薪火家长工作坊”为抓手，大力开展各种志愿服务教育，让老师和家长的实际行动作为教育学生最好的榜样，起到了很好的示范和带动作用。能够穿上红马甲，学生视为最大的骄傲和荣誉。

在学校各项活动中，薪火家长义工活跃在各条战线，比如，安全组义工们在上学、放学期间，在校门口维持秩序，为孩子们安全上下学保驾护航。

校务组义工们在考试期间积极参与监考；学生活动比赛时进行裁判和摄影，还积极为灾区学生捐助衣物。活动组义工们积极为我校参加比赛和演出的学生化妆，协助学校组织亲子活动。每逢节庆活动，家长们自主成立的摄影社、舞蹈团、合唱团等都积极参与学校的演出和活动，参与学校日常管理，家长义工的事迹还被广东省电视台新闻频道报道。家长们的社会责任和无私奉献，为孩子们做出了榜样，还带领学生两次赴贵州丹寨县方胜小学和广东省河源市龙川县廻龙镇东北小学进行帮扶支教和捐建图书室工作，让学生们在实践中学会主动关爱他人、友善互助，从中浸润社会主义核心价值观。志愿服务活动得到了众多媒体关注，赢得了社会的广泛好评。

在学校内外，我们的教师义工们也是热情不减，在社区教授广场舞，积极参加市、区义务家庭教育活动和学生辅导。党员志愿者在王讲春校长的带领下走上街头义务宣传招生，为灾区捐献电器、日用品等。

总之，志愿服务教育任重而道远，在上级部门的支持与帮助下，只要坚持不懈，把志愿精神和教育工作紧密结合，一定会通过志愿服务，以爱育爱，促进学生德性内生，培育出具有志愿精神、长远目光和八大综合素养的合格小公民。

创“和美”文化　润幸福童年

一、学校概况

深圳市龙华新区龙华中心小学建于1943年，是一所历史悠久、质量过硬、特色鲜明、市民信得过的品牌学校。2000年，被评为深圳市宝安区第二所广东省一级学校。近年来，我校以“办阳光学校，让生命美好”为办学理念，坚持文化引领、质量奠基、特色提升的办学思路，着眼于“创‘和美’文化，润幸福童年”，致力“文以化人”的校园文化建设思路，取得了较为突出的成绩。现已荣获“全国学校文化建设创新实验学校”“深圳市校园文化特色学校”“深圳市龙华新区校园文化特色学校（重点项目）”“全国校园媒体百佳示范学校”“全国电影课示范学校”“中国少年科学院科普教育示范基地”“红领巾梦想助推计划示范基地”等28项市级以上荣誉，学校电视台亦被评为“全国百佳校园电视台”，校园文化特色已形成可复制和推广模式。

值得一提的是，2012年，学校通过差额评选，荣获“深圳市素质教育特色学校之校园文化特色学校”。2016年1月，学校被评为龙华新区首批中小学校园文化特色学校重点项目。学校校园文化建设呈现出“文以化人、层次分明、内涵丰富、环境优雅”的特点，环境宜人，学风雅正，绿化率高。近三年来，学校接待了北京、香港、江苏、贵州、江西、广州、惠州等地访问来宾700余人次。

二、校园文化概述

学校秉承深厚的历史文化底蕴，立足培养美言美行、多才多艺、自尊自信，具有民族情怀、国际视野的现代公民，确立了“文以化人”的校园文化创建战略，制定了创建校园文化特色学校的整体规划。校园文化建设坚持以科研为引领，以活动为载体，着力营造了以物质环境为代表的硬性文化和以特色活动为代表的软性文化。目前，校园文化蔚然成型。

图1　各大媒体报道学校校园文化特色

三、创建目标与措施

校园文化特色创建是一项长期性、持续性的创新实践工作。子曰："君子博学于文，约之以礼。"学校以创新实践校园文化特色建设为载体，积极实施素质教育，以培养具有创新能力、人文精神和八大综合素养的学生为目标，构建具有校本特色的"和美"校园文化体系，从而进一步提升学校品质，培养具有深圳市龙华中心小学特质的美言美行、自主自信、多才多艺的现代人。

（一）建章立制，科学规划

学校积极成立了以校长为组长的校园文化建设创新与实践工作小组，重视工作的创新性与实践性，做到"分工明确，层层落实"，主张"谁负责、谁落实、谁反馈、谁跟进"，责任到人，分工到组，提高了工作效率。

认真规划、调研并制定了《龙华中心小学素质教育特色学校之校园文化特色学校创建工作计划》以及每年的工作计划，每年年末都进行总结。

在已有探索基础上，学校计划分"三步走"：第一步，继续深化文化治校探索，强化已有特色项目；第二步，整合所有特色项目，形成和美校园文化特色系列；第三步，融合学校人文环境特色、课程文化特色、活动文化特色等，最终形成"文以化人、文以载道"的校园文化整体特色。在具体实践上，我们继续丰富内涵，创新实践，做好"一主两翼"创新实践探索，即"以'化蝶'系列体验课程为主，以优化校园人文环境和提升志愿服务文化为两翼"，全面提升校园文化特色内涵。以此为抓手，学校的创建工作充分地调动了全体师生的积极性，具有“群策群力、集思广益、参与率高、成效显著”的特征。校园、班级、功能室、办公室、保卫处等全员全部参与，动员全体，效果突出。还出版了专刊《花开有声之办公室文化》。

（二）励行实践，智性发展

1. 理念体系完备

学校愿景：立足师生幸福的和谐乐园，拥有国际视野的现代名校。

办学理念：办阳光学校，让生命美好。

办学目标：学生健康成长、教师幸福工作、学校卓越发展。

办学策略：质量奠基、文化引领、特色提升。

培养目标：美言美行、多才多艺、自主自信的现代人。

校　　训：竞进不息、和以致远。

校　　风：求真、求善、求美。

教　　风：勤研、善导、乐教。

学　　风：勤思、善问、乐学。

2. 和美文化特点鲜明

（1）彰显人文的和美环境文化

积极创设人文关怀的环境文化——校园环境文化、班级文化、办公室文化、功能室文化。校园环境文化主要表现为：一大主题（文以化人），两项教育（特色提升、智慧校园），三面墙壁（校史墙、榜样墙、荣誉墙），四块阵地（广播站和电视台、《花开有声》系列校刊、学校网站及微媒体、多彩宣传栏），五个乐园（篮球乐园、农艺园、创意园、棋艺园、空中花园）。围绕低碳、书香、文

图2　学校校本课程

明、阳光的理念，组织学生打造精彩“六个一”（一个中队名称、一个口号、一个目标、一个公约、一个图书角、一块学生作品展示栏）的班级文化。通过“扮一扮”“拍一拍”“夸一夸”，创建具有个性的和美办公室文化，使全校教师思想“合心”，工作“合力”，行动“合拍”。全力营造具有学科特色的功能室文化，如“蚂蚁”工作室、“星星点点”书吧、“798”创意区等。

图3　学校美术社团学生在创作

（2）德智相融的和美课程文化

我们以校本课程为主阵地，以“人文修养”和“品格养成”为实践目标，自主开发、实施《中华传统文化教育》《志愿服务课程》《篮球文化课程》《楷书教程》《体验养蚕感恩实践课程》《人生远足之社会实践课程》等校本课程，高度重视国学文化进课堂活动，实施德智相融的《国学教育》课

图4　邵子洺老师领衔开发的校本课程

程，提升学生人文素养。每学年定期举办读书节、体育节、艺术节、科技节、数学节、信息节、心理健康节等主题活动，为校园文化注入了新的内涵。

图5 “十佳毕业生”合影

（3）感恩奉献的和美行为文化

创新形式，以灵活多变的主题活动施以教化。

①社会实践。广泛开展“学工、学农、学军”等体验活动和DIY创意活动，创建学生实践学习文化，在实践中体验成长，在经历中学会感恩。

图6 “毕业礼”全校师生为毕业生送行

②志愿服务。重视志愿服务和义工文化的建设，建设“有体系、有规划、有组织”的立体式志愿服务队伍，建设志愿者之校，最有代表的是全校师生连续20年为市民义写春联，颇受好评。

③榜样激励。着力打造“十佳评选”文化机制，举行“感动校园年度十大人物”“十佳优秀班主任”“十佳优秀家长”“十佳毕业生”“十佳校园之星”“十佳教学能手”等评选活动。

④人文管理。提倡人文关怀，组织全体教师分批赴香港参观学习，为每位教师准备生日卡、礼物等；在“六一”等节日为每位学生赠送书籍、蛋糕等礼物，还为学习和行为有困难的学生配备专门的德育导师等。

⑤仪式固化。重视仪式文化的建设，如入学礼、入队礼、开学礼、散学礼、毕业礼、升旗礼都精心组织，注重教育效果。

作为全市两所示范学校之一，2014年的少先队建队日开展的主题活动迎来了全市众多兄弟学校和各大媒体的关注，得到了深圳市少工委的高度评价和认可。学校的志愿服务、校园艺术节、读书节、行进打击乐等特色文化项目成绩突出，影响广泛，受到了广东省电视台新闻频道、《广东教育》《南方日报》《南方都市报》《宝安日报》等媒体的关注和报道。

3. 软件硬件完善

学校严格按照上级部门教育装备标准进行配备，教育教学设施比较完备，已建设有心理咨询师、队部室、医务室、家长学校授课室、多功能文体楼等，累计有功能室62个，目前藏书10万余册，馆藏图书借阅率高、利用率高。建设有图书室、电子阅览室、阅览室、电子阅读终端机、点播机、电视台、广播站等系统，营造书香校园，学校早已被评为“深圳市书香校园”，2014年深圳市读书月现场作文比赛，我校两位学子双双赢得一等奖，创造了学校和龙华新区的历史最佳成绩。2015年被授予“深圳市智慧校园示范学校”荣誉称号。学校师生以及家长对学校校园文化建设满意度高，评价积极肯定。

图7　学生在电子图书馆阅读

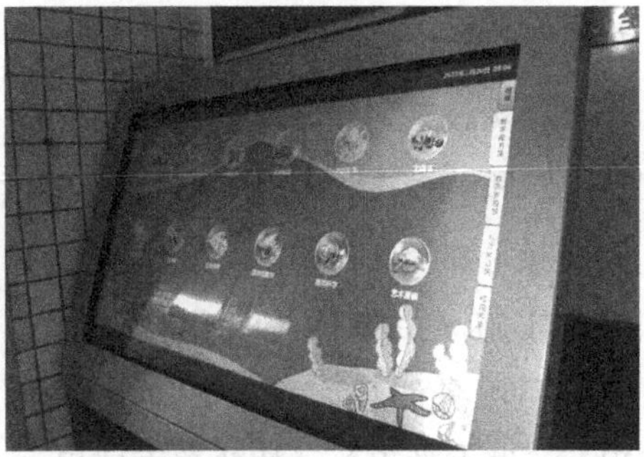

图8　学校走廊上的电子图书馆阅读终端机

除此之外，学校还高度重视教科研，王讲春校长在《广东教育》杂志发表关于校园文化建设的论文1篇，其他教师在国家级刊物发表相关论文6篇，省、市级刊物发表论文7篇。提倡自主教研，提倡微课题研究，尤其重视校级课题的开展，已经初步形成了校级，区、市级，省、国家级三级课题网络体系。目前，学校承担了广东省立项重点课题《整体构建小学志愿服务教育体系的研究》（已结题）和龙华新区多项立项课题，正在实施的有国家级课程5项、省级8项、市级10项、区级18项、校级课题86项。

（三）保障发展，文以化人

1. 切实实施校务公开

严格依照学校章程办学，坚持走群众路线，努力建设学校的聚心、聚智、聚才、聚力的凝聚力工程；设置意见箱、监督电话，及时处理师生的建议和意见，理顺情绪、化解矛盾，开创“心齐、气顺、风正、劲足”的学校工作新局面。为了确保学校各项工作的运转畅通，学校的许多重大决策均先召开校长会、行政会议，然后在全体教师代表大会上表决通过，教师参政议政的权利得到很好的发挥。学校被评为“深圳市依法治校示范学校”。

2. 优化校园人文环境

学校已被列入龙华新区校园改扩建整体规划重点单位，计划投资7000余万元，以高起点、高标准、高规划创新实践和美校园人文环境建设，新建开放式教学楼、综合文体楼，改造教学楼外墙和功能室，把学校建成具有示范性、引领性的和美校园文化特色学校。

图9　学校功能楼

3. 实践系列和美体验课程

以和美校本课程为主阵地，继续深入实践以提升学生人文素养和品格养成为核心的系列校本课程。继续深入实施《中华传统文化教育》《志愿服务课程》《篮球文化课程》《楷书教程》《体验养蚕感恩实践课程》《人生远足之社会实践课程》和电影课程、班级一台戏、DIY班级体验活动等系列校本课程。开发电影资源，开展“校园电影节”，让电影之光照亮学生的童年。整合各学科资源，切实提升学生综合文化素养。以实践性高、体验性强的创新教育方式提升品格、完善人格，让学生在“体验”中感受变化，化茧成蝶。

图10　班级一台戏

4. 提升和美志愿服务文化

大力倡导志愿服务精神，建立富有特色的“三位一体”的多层次、立体型、广泛性的志愿服务体系：以学生为主体的“雏鹰小义工”，以家长为主体的“薪火家长义工”，以教师为主体的“园丁志愿者”，打造志愿者之校，弘扬志愿文化。继续深入推进“薪火家长工作坊”，积极打造以开放、志愿、奉献、感恩为内涵的和美志愿文化。充分发掘家长合唱团、舞蹈队、摄影社、书法社等组织资源，鼓励其广泛参与学校管理、社区活动。

5. 创建平安和谐校园

经过近年坚持不懈的努力，学校建立了完善的安全管理机制和预警机制，全体师生的安全意识不断增强，安全知识日益丰富，近三年来，师生重大意外安全伤亡事故率为零。全体教师遵守教师职业道德，没有发生刑事案件、火灾事故、游泳安全事故、交通安全事故；没有发生食物中毒和其他意外伤亡事故；没有出现师生受伤害事件；无危房、危险隐患，没有出现任何重大安全事故。良好的校园安全环境为学校的跨越式发展创造了条件。近年来，教育教学质量稳步提高，师生的精神面貌发生了巨大变化。我校因此获评“深圳市安全文明小区”荣誉称号，2014年5月，李志华老师设计的课例《快乐十分钟，安全每一秒》参加广东省安全教育课例设计比赛获得一等奖。

图11　队会课中的雏鹰小义工培训

图12　师生为云南怒江小学捐赠冬衣活动

6. 联合治理周边环境

为学生创建一个良好的校园周边环境，是学校、社会义不容辞的责任。近年来，学校多次联合市容、城管、市场监管、派出所等部门检查、调研，及时发现问题、认真解决问题。龙华新区管委会领导多次到校以及周边检查指导工作。目前，学校周边200米内没有网吧、歌舞厅等营业性场所，无有毒、有害和污染环境的生产经营活动。学校后门龙华河治理接近尾声，河水由浊变清，周边环境、交通也得到了较好的改善，受到广大师生和家长的交口称赞。

7. 突出文化宣传

学校高度重视文化宣传工作，积极服务教育教学。在宣传文化上取得了长足的发展。近五年来，学校积极与广东电视台、深圳电视台、《广东教育》《南方日报》《南方都市报》《晶报》《宝安日报》等媒体联系，在校内创建

图13　学校荣获中国校园媒体建设“百佳示范学校”

图14　报道校园文化特色经验的各大媒体

了颇有特色的宣传文化体系，以《花开有声》系列校刊为主，出版了系列校刊20余种。而校园网、广播电视台、博客、微博、微信等微媒体也与时俱进，橱窗、展板、展栏、荣誉墙、新闻墙、校史墙、榜样墙等展览宣传形式丰富、内容翔实、及时更新、具有较好的宣传效果和教育意义。2014年12月，学校参加由中国教育报刊社培训中心组织的“中国校园媒体示范学校评选活动”，荣获“中国百佳校园媒体示范学校”荣誉称号。所有这些举措，都为学校校园文化特色的建设提供了优良的保障。

四、展望

经过不懈探索和实践，学校的和美校园文化已显成效，学校卓越发展，学生健康成长，教师幸福工作。近五年来，学生习惯优良，在各级各类竞赛与评比中获市级以上奖3633人次；教师锐意创新，师德素养与业务水平得到较大提升，自主编辑出版《花开有声》系列校刊20册，60余位教师获得市级以上奖项；学校办学效益明显提升，《中国教育报》《南方日报》《广东教育》和广东电视台、深圳电视台等媒体对学校多项文化特色活动进行宣传报道，学校和美校园文化建设起到了很大的辐射性影响。

学校深信，在和美文化“文以化人”的核心理念的指引下，将弦歌不辍、励志笃行，让学生在和美校园文化的浸润中，享受快乐幸福的童年！

（邵子洺　王文涛于2016年6月）

校园体育综合运动干预的探索研究与实践

从2001年9月开始，深圳市基础教育改革18年来，作为有担当的深圳体育教师，面对儿童青少年身心健康水平日趋严重的下降，龙华中心小学遵循“健康第一、立德树人、体魄强健”的教育理念，进行了综合体育运动干预实施模式研究与实践，形成可以落实、落实、再落实的可操作化方案，改善学校师生的健康水平，为兄弟学校作出示范与引领，为实现儿童青少年健康成长作出了积极的贡献。同时将综合运动干预下的发现式3M行动体育教学方法和对中国少年儿童体质健康影响的实践研究经验，通过美国健康与体育大会和第四届国际华人体育与健康科报会进行国际推广交流。

一、问题的提出

近年来，我国学生体质健康水平下滑、学生意志力薄弱成为一个急需解决的社会问题。缺乏身体活动、久坐行为增加等现代新型的不健康生活方式，影响和危害儿童青少年乃至成年后的身心健康。党中央、国务院对此高度重视，《中共中央国务院关于加强青少年体育增强青少年体质的意见》《国家中

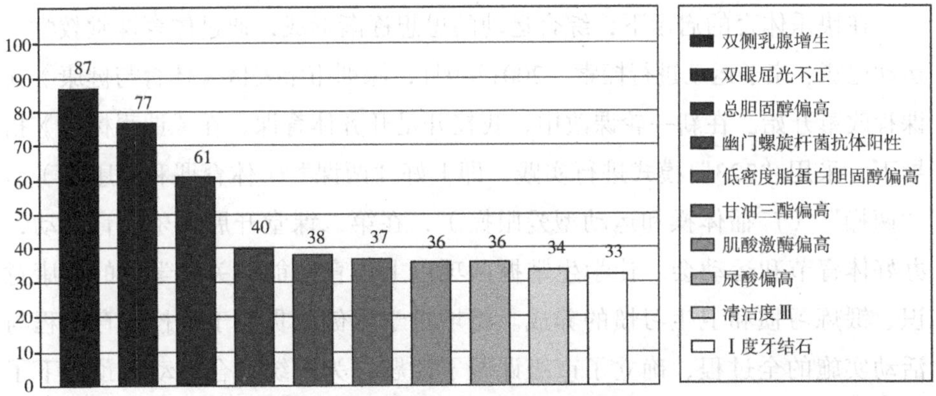

图1　学校教职工体检各项指标柱状图

长期教育改革和发展规划纲要》《“健康中国2030”规划纲要》等国家性政策文件，从顶层设计上强调了“全面深化学校体育改革，促进青少年学生身心健康，体魄强健”的战略意义和发展方向。学校体育承担着青少年学生运动能力培养和健康教育的重任，而学生的体质健康关乎个人幸福和国家、民族的未来。

学校认真组织教职工体检，239人参检，61人总胆固醇偏高，36人尿酸偏高，学生和教职工健康状况堪忧。面对这种情况，探索一条促进学生体育核心素养（运动能力、健康行为、体育品格）提升和改善教职工健康状况的有效途径，并形成一个包含健康促进原则、方法、监控、评价等方面的可操作性实施方案，是一线有担当的体育教师的责任。

二、解决问题的过程与方法

（一）综合运动干预探索历程

学校立足本校实际情况，在国家课程校本化、大密度适宜强度3M体育课、校园足球、家校联动和综合运动干预等课题研究引领下，聘请相关领域的国内外专家进行指导，调动广大家长广泛参与，经过18年的多轮整合校内外资源，校园体育综合运动干预由2001年的“快乐体育”起步，到2007年的“阳光体育”阶段，再到2015年的“综合运动”干预，广大师生和家长健康水平不断提高，学校也先后被评为“深圳市阳光体育先进单位”“广东省健康生活方式示范学校”“广东省健康促进学校”“广东省足球推广学校”“全国篮球特色学校”，并荣获“广东省特色学校（综合运动干预）成果二等奖”。

1.“快乐体育”探索阶段（2001—2006年）

在快乐体育的启示下，综合运动的思想逐渐形成，通过体育课堂教学、运动比赛、亲子运动进行探索。2001年9月，深圳市宝安区《体育与健康》新课程改革开始。在新一轮课改中，我校开足开齐体育课，在《课程标准》指导下，采用“223”模式进行实践，即上好“两课”（体育课和健康课）、“两操”（广播体操和运动型爱眼操），在第二课堂开展快乐体育活动，办好体育节和运动会。让学生掌握两项以上体育技能，关注学生的健康意识、锻炼习惯和卫生习惯的养成。将增进学生健康贯穿于学校体育课程与活动实施的全过程，确立了市级课题子课题，为系统综合运动干预打下了坚实的基础。

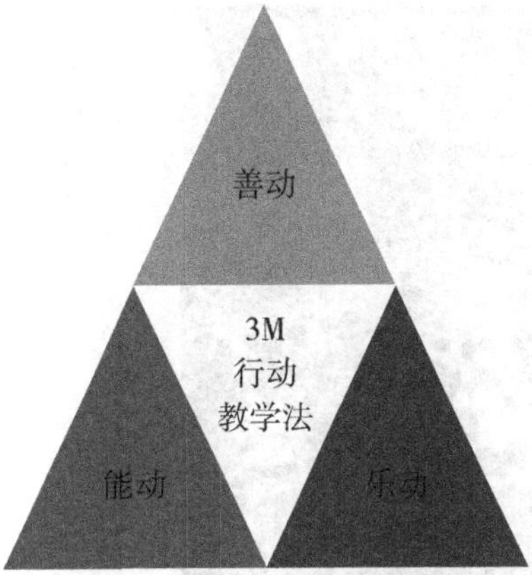

图2　3M行动教学法结构图

此阶段，笔者积极研究探索国家课程校本化，形成了3M行动体育教学方法，带领科组教师引导学生探究合作学习。在2004年5月，通过校、镇和片区选拔，均以第一名成绩参加宝安区和深圳市首届“新课程·新理念”体育教学优质课大赛总决赛，荣获第一名；2005年1月，代表深圳市参加广东省教育厅举办的第二届广东省中小学体育教学比赛荣获特等奖。学生第二课堂活动也开展的丰富多彩，各项比赛频频获奖，笔者也被区派往宝安、龙岗和光明等学校上示范课和讲座，在全市推广快乐体育经验。

2.“阳光体育”探索阶段（2007—2015年）

通过阳光体育运动课题研究进行探索。2007年《中共中央国务院关于加强青少年体育增强青少年体质的意见》发布以来，学校以倡导学生“达标争优、强健体魄”为目标，结合《国家学生体质健康标准》的全面实施，在校园内全面开展师生阳光体育1小时，大力推进阳光体育运动，这一阶段，根据前期的初步的课程与实践，我校采取了“333”模式，大力推进阳光体育活动。“333”模式即“3课”：用广东省《体育》教材和自主开发的《篮球》《乒乓球》教材授课；“3操”：大课间跑操、雨天室内操和运动型爱眼操；“3节”：篮球节、足球节和综合体育节。基本形成了“人人有项目，班班有团队，体育显特色”的“一校一品+社团”的欣喜局面，同时推进家校联动，大力推进阳光体育运动的开展，整体上提高了广大师生和家长的健康水平，并在香港、上海、贵州等地介绍推广经验。期间，学校篮球特色课享有盛誉，尹智同学与易建联携手拍摄以篮球为特色的“深圳一直是前锋”宣传片，享誉全国。

图3　校园篮球节班级篮球联赛啦啦宝贝中场助阵

图4 “校长挑战杯”班级啦啦操联赛

3. 综合体育运动探索与辐射引领全国阶段（2015年至今）

2015年开始综合运动，涉及的各项目分别立项为区、市规划、省教科院课题和全国社科基金（重点）、（重大）课题的子课题，进行系统深化研究。这一阶段，根据十几年的实践情况、学校体育的发展和国家要求，我校在华东师范大学体育与健康学院汪晓赞教授的指导下，深化实施综合运动干预，在KDL体育与健康课程有效教学实施的基础上，课内外体育教育一体化，营造充满活力的校园环境和氛围。将KDL的知之、行之、乐知理念融入“一课两操三会四节五特色”中，打造活力校园。“一课”是指笔者参与开发编写的《KDL体育与健康》课；“两操”是指大课间和运动型爱眼操；“三会”是指综合性校运会、体能挑战大会和文化课堂微运动会；“四节”指“校长挑战杯”阳光体育节（包括全员体能挑战赛、亲子运动挑战赛、教职工运动挑战赛和特殊教育爱心班学生田径比赛、亲子比赛）、篮球节、足球节和心理健康节；“五特色”是指全国篮球特色、省足球特色、市跆拳道特色和区乒乓球特色、围棋特色。同时通过“‘活力五色花’校长挑战杯”活力课堂、活力班级、活力少年、活力园丁、活力家庭等评选，使全校师生、家长的体质健康和智力水平不断提高，实现了“立德树人、体魄强健”的育人目标。研究成果在美国进行国际交流，在无锡、中山、深圳、上海面向全国推广，香港、成都、上海、青岛、苏州、河源、贵州等地的兄弟学校到我校进行交流学习。影响范围越来越大，推广实效性更强。

（二）综合运动干预实践探索举措

综合运动干预就是通过班级课堂《KDL体育与健康》课程的教学实施、学校活力校园的构建（阳光体育活动、文化课中的微运动和教职工运动）、家校联动开展、“校长挑战杯”奖励计划实施和智能监控五个方面提出具体的干预措施，从而实现学校综合运动干预，积极推进健康，使学生养成终身健康行为和习惯。

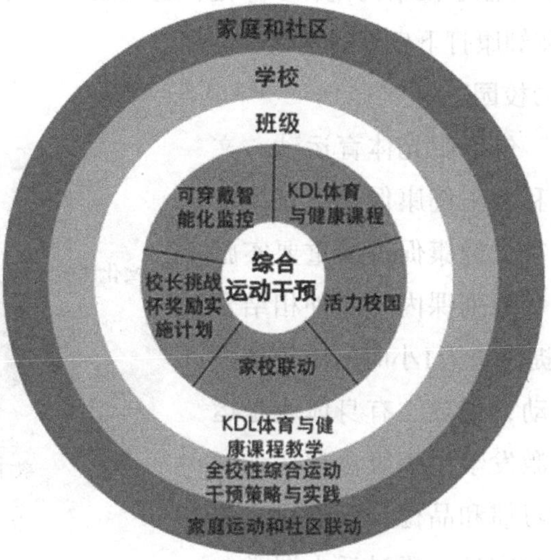

图5　综合运动干预结构图

1. KDL体育与健康课程教学实施

《KDL体育与健康》课程是国家课程标准通过中国学校体育与健康课程模式落地的第一本体育与健康教材。作为编委，笔者边实践边开发了水平一、

图6　邵子洺老师开发的KDL体育与健康课程《静态与动态平衡单元》

图7　KDL篮球课学生做蚂蚁搬家体能游戏

二、三的游泳课程和水平一、二的动态与静态平衡六个单元，我校刘桂香老师开发了身体基本姿态两个单元。同时，用发现式3M行动体育教学法授课，极大地激发了学生的运动兴趣。提高了运动能力、体能和体质健康水平。“3M”即三动：善动、好动和乐动，也就是积极的动、尽量同时动和科学的动。要求运动密度在75%以上，运动心率在140～160次/分钟，每节课10分钟左右的体能练习，方法手段结构化、多样化、趣味性，每周一次用心率带进行智能监控，为身体健康打下良好的基础。

2. 打造“活力校园”

“活力校园”包括阳光体育运动、文化课中的微运动和教工健康促进，是我校学生、教职工和家长健康促进的重要实施策略，我们通过一系列课内与课外相结合的方式，为学生提供每天1小时的中等到大强度校园体育活动，倡导“有身体就是运动员”的理念，激发学生积极参加运动，养成良好的运动习惯和品德。该项目关注了学生、教职工和家长，通过活力课堂、活力少年、活力园丁、活力家长、活力班级等评选，共同营造出了一个所有师生、家长都能参加体育活动的校园氛围。

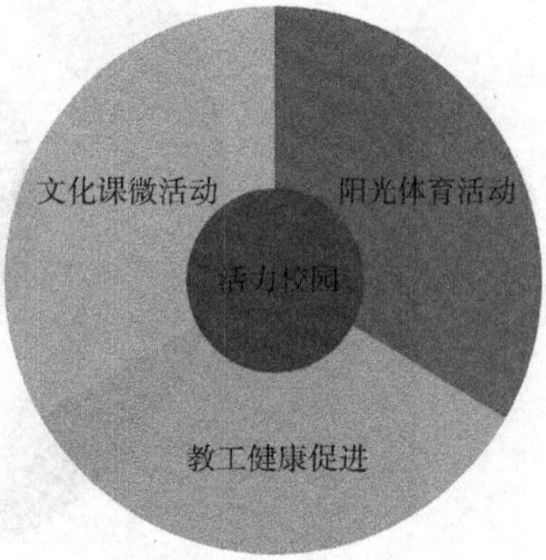

图8　活力校园结构图

（1）开展了丰富多彩的阳光体育活动

我校在现有的活动基础上，结合深圳市“四点半活动”要求，遵循广泛参与、教师指导、负荷适宜、活动多样、形式灵活、反馈及时等原则进行提升和改造，内容有所创新，突出学校特色、除了大课间活动，还开设了篮球、足球、轮滑、乒乓球、健美操、瑜伽、跳绳、武术、跆拳道、体育舞蹈、体育游戏、KDL亲子课堂、足球亲子、营养饮食等20多个体育社团进行体育活动。

（2）引入文化课中的微运动

根据系列位置效应，曲线是u形，在首尾易被记住，中间容易被忘记的现象，我们在语、数、英、科学等室内文化课学习中间进行微运动干预。在微视频的引导下，学生跟随动作和音乐节奏进行有一定运动强度、动作简单、场景模拟真实的3分钟内的律动。通过d2注意力量表测试表明，学生在活动后展现出了更高的注意力。

图9　学生在文化课中的微运动

（3）关注教职工健康促进

实施教职工健康促进不仅能够增进教职工身心健康，还能够为学生树立健康教师的模范榜样，从而激发学生身体活动的积极性和主动性，促进学生整体健康发展。

图10　教职工运动骑毛毛虫比赛

教职工健康促进计划涉及体育活动、户外运动、膳食营养、工作环境、定期健康体检等多方面。其中，每周五为健康锻炼日。单周周五下午参与自己喜欢的运动项目锻炼身体；双周周五下午，工会组织进行以年级组为团队的拓展运动积分赛，学期结束后以累计分数进行排名。每天都进行QQ步行榜排名赛，每晚由指定教师负责在微信群公布前五名，每月累计表彰前10名的教师评为“十佳活力园丁”。还有登山活动、拓展活动、篮球赛、足球赛、乒乓球比赛等，激励参与运动。

3. 推进家校联动开展

第一，充分调动家长资源，组建薪火家长志愿者团队，经过学校培训，指导并帮助学生积极参与各项体育活动，提升少年儿童身心健康水平，还协助学校组织开展各类体育比赛，有足球教学训练资质的家长还走进足球课堂进行教学。

图11　薪火家长义工在体能运动会中做仰卧起坐的裁判

图12　薪火家长义工在体能运动会中做爬行项目的裁判

第二，与社区联动，开展各类课余亲子体育与健康活动。学校利用课余时间组织开展吸引家长与学生共同参与的各类体育与健康活动，主要以趣味性、娱乐性、健身性为主，如趣味体育活动比赛、家庭户外体育活动等。改善社区家庭亲子关系以及孩子、家长的体质健康，发挥家长的模范和引领作用，有效促进和提高青少年儿童身心健康发展。

第三，通过家长学校促进健康。通过家长会、家长学校、社区健康联席会议，定期开展体育与健康培训和体验活动，家长学校组织活动时，从学生的需求、家长的需要出发，丰富授课内容及活动形式，把教育渗透到由家长和学生共同参与的体育与健康活动中去，增加教育的实践性和实际意义。

图13　“校长挑战杯”活力校园足球班级联赛暨亲子足球嘉年华合影

4.“‘活力五色花’校长挑战杯”奖励计划实施

为了提高学生核心素养，立德树人，提供各学科领域更多的挑战机会和层次性的奖评机制，我们制定了“‘活力五色花’校长挑战杯”奖励计划，深受师生家长欢迎。

（1）项目分类

奖励计划共分为“金钥匙阅读”“绿叶子环保”“蓝云朵礼仪”“橙阳光体育”“红马甲志愿”五大实践模块，除了应用于体育与健康，还包括语文、数学、英语、艺术、科学等学科。其中“橙阳光体育”活动是组织师生、家长积极参加每天1小时的阳光体育活动，增强体质，树立终身运动理念。

（2）奖章文化

体育更是育体。我校的校训是“竞进不息、和以致远”。校花是紫荆花，紫荆花的花语是：亲情、兄弟和睦。寓意在龙华中心小学的大家庭里，我们不仅要教会学生运动技能，更要让学生学会团结合作、顽强拼搏。我们设计制作了“‘活力五色花’校长挑战杯”奖章，师生、家长只要积极参加体育与健康活动、经典阅读和诗词大会活动、数学与科技创新活动、艺术与环保等任

图14　学生获得5张荣誉卡

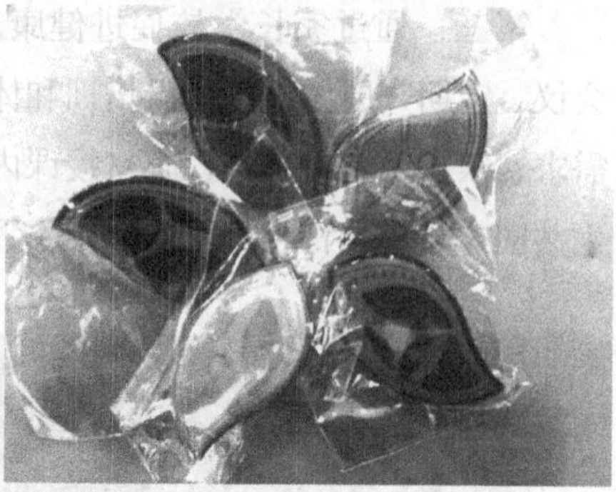

图15　“活力五色花”紫荆花花瓣纪念章

何一个活动，均可获得“校长挑战杯”荣誉卡一张，集齐5张即可获相应活动颜色的五色紫荆花单色花瓣一枚；获得5枚不同单色花奖章可换取一枚银色纪念章，获得两枚银色纪念章者可申请一枚金质紫荆花章。

而且“‘活力五色花’校长挑战杯”《五色花儿开》歌曲，一直在学生中间传唱：

美丽的校园，我的家
处处盛开着五色花，
五彩的花瓣我爱它
金绿蓝橙红装扮我家
……

图16　花仙子合唱团演唱《五色花儿开》

（3）“‘活力五色花’校长挑战杯”之橙阳光体育操作方法

①“校长挑战杯”橙阳光挑战项目

第一，项目设置：主要针对体能和技能项目挑战，如仰卧起坐、1分钟跳绳、坐位体前屈、15米往返跑、50米短跑、跳高、跳远、1分钟集体投篮、3分钟爬行、校园篮球、校园足球、跆拳道、校园冬季跑操、马拉松等项目。

第二，标准制订：基于学校每年学生体质测试的平均水平和发展规律，设计和制订适用于学校学生的体能奖励标准（详见表1、表2、表3）。

以四年级男生参加“校长挑战杯”体能运动会为例，学生在坐位体前屈、仰卧起坐、50米跑和1分钟跳绳的各项挑战赛成绩奖励标准是：前10%的学生为活力冠军，积80分，获得4枚花瓣；前11%～20%的学生为活力精英，积

60分，获得3枚花瓣；前21%～30%的学生为活力达人，积40分，获得2枚花瓣；前31%～40%的学生为活力能手，积20分，获得1枚花瓣。可用花瓣换取奖章。

表1　学生体能挑战测试成绩奖励标准（以四年级男生为例）

奖项	比例	积分	奖章	坐位体前屈（厘米）	仰卧起坐（个）	50米短跑（秒）	1分钟跳绳（个）
活力冠军	前10%	80	4个				
活力精英	前11%～20%	60	3个				
活力达人	前21%～30%	40	2个				
活力能手	前31%～40%	20	1个				

表2　学生体能挑战进步幅度奖励标准（以四年级男生为例）

奖项	比例	积分	奖章	坐位体前屈（厘米）	仰卧起坐（个）	50米短跑（秒）	1分钟跳绳（个）
活力冠军	进步≧30%	80	4个				
活力精英	20%≦进步<30%	60	3个				
活力达人	10%≦进步<20%	40	2个				
活力能手	0%≦进步<10%	20	1个				

表3　学生体能挑战赛总积分奖励标准（以四年级男生为例）

奖项	总积分排名	总分	坐位体前屈（厘米）		仰卧起坐（个）		50米短跑（秒）		1分钟跳绳（个）	
			成绩	幅度	成绩	幅度	成绩	幅度	成绩	幅度
活力冠军	前10%									
活力精英	前11%～20%									
活力达人	前21%～30%									
活力能手	前31%～40%									

注：以上表格中所填数据均为学生的积分值

②奖励性家庭合作项目（家庭作业）

第一，项目设置：笔者开发了“哨子”家庭运动记录手册（家庭作业），参与此项目的各个家庭，根据自身的情况，制订一份家庭锻炼计划，期末写出运动感言。每天学生在手册上签名记录自己的运动情况，每周家长签名确认，每月体育教师打分。家庭作业占期末体育成绩的20%，鼓励家庭有计划地进行锻炼。

图17　学生和妈妈在社区踢足球

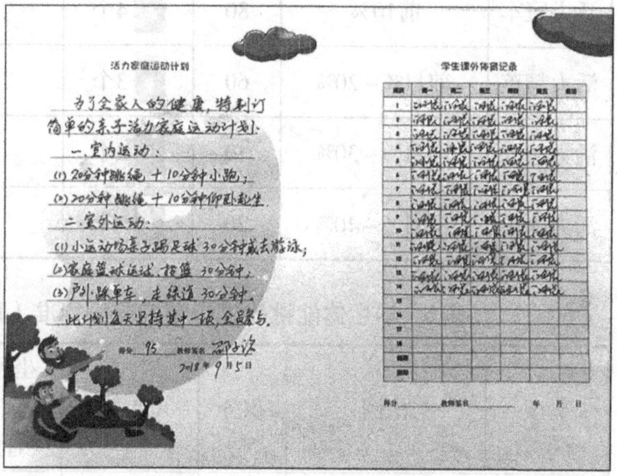

图18　“哨子”体育家庭作业本

第二，奖励标准制订：家庭制订锻炼计划，手抄报和运动感言，每份奖励5个积分，1张卡，评选出15%的作品，每份给予20个积分4张卡。每周运动2次及格得12分；3次良好得16分；4次优秀得18分，5次以上得20分，兑换奖励卡和奖章，积分均将累积到总积分中。

第三，奖励办法：

满月奖：开学初发布“校长挑战杯英雄琅琊榜”召集令。在一个月内的

图19　肖德明校长为获奖学生颁奖

图20　“校长挑战杯”跳高挑战赛

最后一周周五下午，到田径场参加挑战，成绩填写在《课外运动手册》，前八名当场发“校长挑战杯”奖励卡，奖励冠军作为下期擂主接受挑战，是对家庭作业的检验。

图21　学生绘制的海报

百日奖：在一学期结束时奖励挑战成绩优秀和进步的学生，由体育教师根据学生家庭作业各个项目测试的最优成绩和进步幅度，给予相应的奖励。

周岁奖：根据每月积分，在一学年的“校长挑战杯”阳光体育节颁奖仪式上，由校长根据排名亲自颁发相应的证书和奖品。通过不断挑战升级来激励每一位学生主动参与运动的积极性，用最后的总积分来评定获奖等级，如活力少年、活力家长、活力园丁、活力班级、活力家庭等奖项。邀请家长出席参加，同时还奖励最佳家庭锻炼计划、最佳家庭运动心语奖……

③“‘活力五色花’校长挑战杯”实施步骤

开学之初，通过致家长的一封信、班级微信群、学校七彩童音广播站、学生张贴自制海报等，讲解学校“校长挑战杯英雄琅琊榜”项目，动员学生积极报名自主参加，重点宣传其设置的奖励办法、激励机制和进阶标准，并将比赛的结果及时公示。

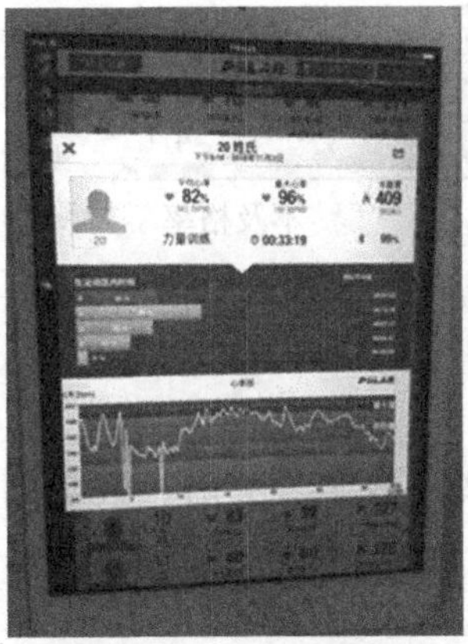
图22　用心率带监控学生体育课上的运动负荷

图23　心率带反馈的学生课堂运动心率曲线

5. 可穿戴运动智能监控

我们在体育教学和大课间抽取60名学生每周佩戴两次心率带，收集和监控学生的能量消耗、心率、运动强度等身体活动水平数据，测试学生心率变化，计算生成运动负荷。

三、成果的主要内容及创新价值

经过长达18年的艰辛跋涉和探索研究实践，通过《KDL体育与健康课程》教学实施、活力校园构建、家校联动开展、“‘活力五色花’校长挑战杯”奖励计划实施、可穿戴智能监控五个方面进行全面积极的综合运动干预实践研究，形成了可操作化实施方案，通过数据显示，学生体质、心理、注意力水平等均取得了很大的变化，形成了积极运动的习惯，为幸福生活打下坚实的基础。

（一）成果的主要内容

1. 学生整体健康、学业和竞技水平逐步提高

（1）学生的体质健康水平逐步提高

如，2017—2018学年比2016—2017学年，学生体质健康测试优秀率提高0.96%，优良率提高6.6%，不及格率下降了1.94%。

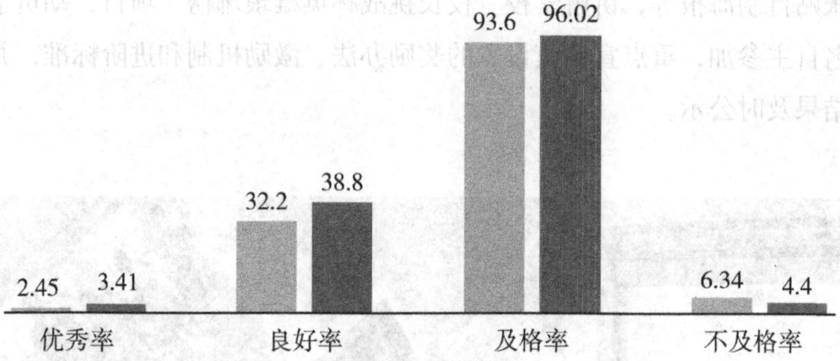

图24　2017—2018学年与2016—2017学年，学生体质健康测试成绩对比柱状图

（2）学生的学业成绩明显提高

如，2017—2018学年比2016—2017学年，语文、数学、英语、科学测试成绩，语文、英语持续明显提高，数学有波动，分析其原因有题目难易度的原因。

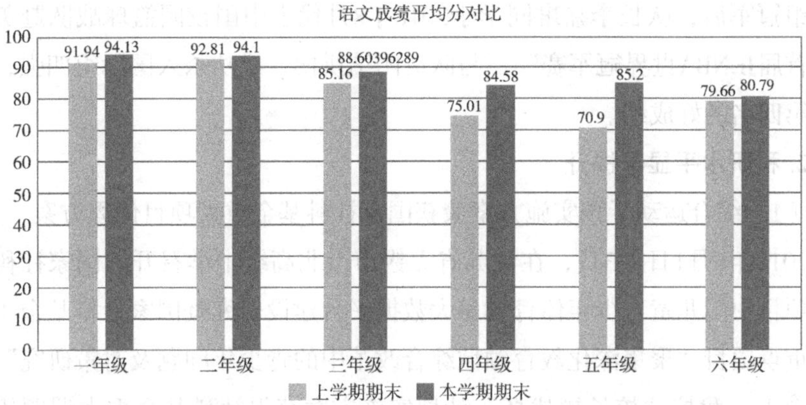

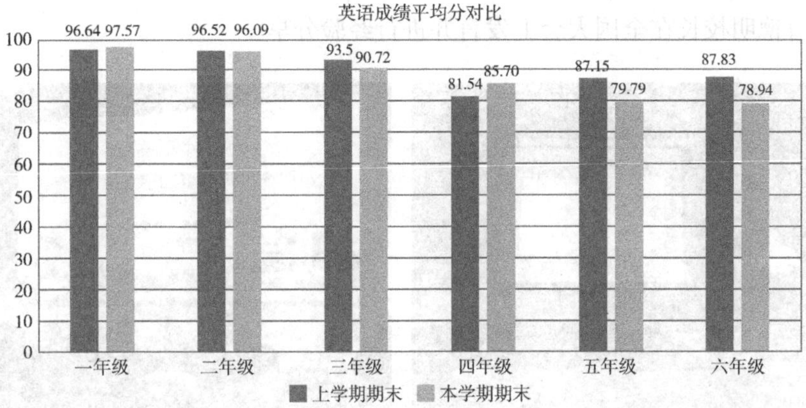

图25　2017—2018学年与2016—2017学年，语文期末测试成绩对比柱状图

（3）竞技水平显著提高

在市、省、全国和国际等比赛中勇于挑战，摘金夺银。跆拳道、乒乓球、篮球均获省前三名。我校继在2016年深圳市“体彩杯”少儿篮球比赛获得

图26　学校龙翔跆拳道队员摘金夺银

图27　李嘉琳同学代表中国校园篮球女队参赛（前排右二）

女子组冠军后，队长李嘉琳同学于2018年8月代表中国校园篮球战队赴美国参加“首届Jr.NBA世界冠军赛”，与队员团结拼搏，成功杀入国际组四强，最后获得第四名的好成绩。

2. 科研水平显著提升

（1）综合运动干预实施方案荣获国家社科基金重大项目优秀方案

2018年6月1日—3日，在江苏省无锡市市北高级中学召开的国家社科基金重大项目中国儿童青少年体育健身大数据平台建设研究暨国家社科基金（教育学）重点项目“聚集深化教育领域综合改革中的青少年问题及对策研究”课题研讨会上，我校“校长挑战杯”计划实施方案获得社科基金重大课题优秀方案，肖德明校长在全国大会上发言并进行经验分享。

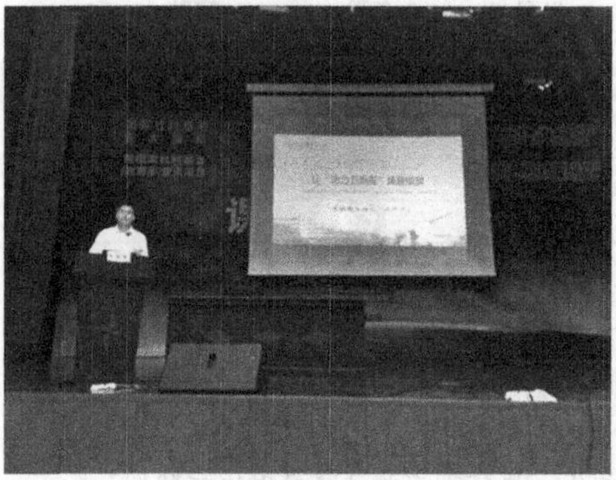

图28　肖德明校长在全国研讨大会上介绍“校长挑战杯”经验

图29　邵子洺老师在全国研讨大会上介绍综合运动干预经验

（2）向全国介绍校园体育运动干预综合经验和上展示课

2019年3月15日—17日，笔者在广东省中山市第一中学召开的国家社科基金重大项目课题研讨会大会上发言，汇报《校园体育综合运动实践与探索》成果，向全国150多所学校介绍经验和上《KDL体育与健康》展示课，深受好评。我校获得体质测试、视频、宣传推广等8项评分总分第一名。

（3）国家社科基金（教育学）重点项目子课题成果获特等奖并在国际研讨会上交流推广

笔者主持了国家社科基金（教育学）重点项目课题子课题，在全国研讨会上进行大会发言，课题实验报告《大密度适宜强度3M体育与健康课对学生体质健康影响的实验研究——以深圳市龙华中心小学为例》获得国家社科基金重点课题子课题实验报告特等奖。经过双盲选，参加2018年3月在美国纳什维尔举行的美国SHAP健康与体育大会和第四届国际华人体育与健康学会科报会墙报展示交流，同时收入《国际华人体育与健康学会2018年会论文集》，并在《体育教学》杂志上发表。学校体育特色综合干预视频在大会上第一个展播，向世界介绍中国经验，同时受到俄亥俄州立大学和北得克萨斯州立大学邀请交流。

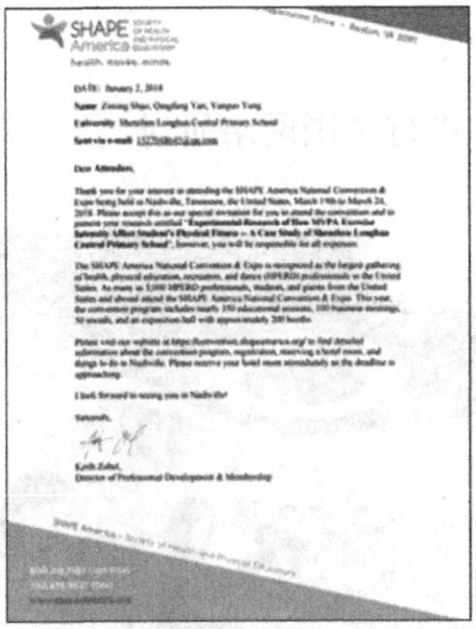

图30　SHAPE大会邀请函

图31　邵子洺老师与美国春田大学刘展教授交流

（4）省校园足球课题、市规划课题先后结题

笔者主持研究的2017年度广东省校园足球教科研专项课题《家校联动发展校园足球实践探索》和市级规划课题等已结题，对聚焦综合运动干预特色，建设家校联动，整合家校社区资源，促进足球发展给予赞赏，通过人人参与足球运动，强健体魄，立德树人，具有重要意义。

图32　《KDL体育与健康课程》

图33　邵子洺老师上KDL课程
静态与动态平衡

第三篇　教而践之

（5）参与《KDL体育与健康课程》开发编写

作为《KDL体育与健康》课程编委，笔者参加了华东师范大学体育与健康学院、长江青年学者汪晓赞教授的研发团队，编写了一至六年级三个水平的游泳课程和水平一、二的静态与动态平衡单元，刘桂香老师编写了水平二、三的身体基本姿态单元。《KDL体育与健康》课程，带动综合运动干预方案的实施，帮助学生在享受快乐、爱上运动的同时，发展基本动作技能，促进了学生身心健康发展。

（6）主持《中国学校体育》“草根争鸣”，进行全国网络研讨

工作室三次应邀面向全国体育教师进行《中国学校体育》杂志“草根争鸣”网络研讨活动，其中2018年11月1日，笔者作为深圳市邵子洺“哨子”体育名师工作室主持人，带领团队教师应邀面向全国13个省市的体育教师线上主持了总第116期话题研讨——“教学实践中如何安排肥胖学生的练习内容”，并通过发帖，表达研讨观点1000多条。其中笔者和团队成员的两篇研讨论文2019年1月在《中国学校体育》发表。

图34　邵子洺老师主持《中国学校体育》“草根争鸣”116期

3. 社会影响力

通过综合运动干预探索，形成了一条促进学生“运动能力、健康行为、体育品格”体育核心素养提升的有效途径，提高了广大师生和家长健康水平，深受社会好评。

（1）市、区田径运动会开幕式展风采

作为全国篮球特色学校，学生人手一球，每周一节篮球校本课。2017年11月，我校五年级300个学

图35　学校篮球特色在龙华区运动会开幕式展示

生代表全校学生参加了龙华区中小学生田径运动会开幕式展演，大型篮球结构化团体表演《超越梦想》获得第一名，并代表龙华区参加2017年深圳市中小学生田径运动会开幕式展演，学生良好的篮球技术及配合，积极向上的精神风貌，震撼全场，深圳电视台和《晶报》《宝安日报》进行了宣传报道，受到社会各界赞誉。

（2）广东省体育音乐融合特色大课间示范展示

2017年5月，“哨子”体育名师工作室联合深圳市高洁名师工作室，在我校举行了广东省综合运动干预活力校园大课间展示示范活动，体育与音乐舞蹈相结合的综合运动活力校园大课间模式推广示范，向全省介绍经验，受到省教育厅调研员张健和省、市、区体育、音乐教研员等领导专家和教师的好评。

图36 体育和高洁的《音乐与舞蹈》课程融合的大课间模式在广东省推广

（3）媒体争相报道“校长挑战杯”阳光体育节

以“健康第一”“只要有身体就是运动员”为理念的“校长挑战杯”阳光体育节暨田径运动会，是对综合运动干预的一次大检验。62个班级（包含一个特教班）的创意与构想，形成了“一班一品”，丰富了校园文化生活，使师生充分享受体育带来的拼搏和快乐，促进师生全面健康发展。深圳电视台和《晶报》对此次活动进行了报道，使健康第一、健康生活的理念深入人心。

图37 学校体育节入场式花絮

（4）培养了学术型教师，促进了教师专业成长

笔者从一名普通体育教师成长为南粤优秀教师、全国优秀教师、广东省“百千万人才”骨干教师培养对象、深圳市名师、龙舞华章人才；团队7名教

师成长为区、市骨干教师，教坛新秀；6名教师获得省、市体育教师基本功大赛一等奖，自主开发课程13项，国内外支教交流17次。

（5）特殊教育儿童健康发展

通过综合运动干预，特殊儿童也有很大的变化，三年来使用《KDL体育与健康》课程进行教学，有的学生已能在凳子上做简单的平衡动作了，感统能力有很大提高，获得深圳市百佳满意项目。

（二）主要创新之处

1. 参与开发了《KDL体育与健康》课程

将国家《体育与健康课程标准》，运用季浏教授的中国体育与健康课程模式，通过《KDL体育与健康》课程很好的落地，在应用情境中（如游戏、竞赛和打篮球、踢足球等）进行表现式评价是本课程的亮点。主要评价学习目标的达成度，多方法、多角度、多元化的评价，重点了解学生是否达到一定的应用水平。

图38　特教班学生上KDL课平衡单元

2. 探索出可借鉴的校园体育综合运动干预方案

通过课程教学实施、活力校园构建、家校联动开展、“校长挑战杯”奖励计划实施和智能监控五个方面提出具体的干预措施，从而实现了综合干预对儿童青少年体育健身相关的理论和实践的改革与创新，研发出积极推进健康中国建设，促进儿童青少年健康（包括特殊儿童）的应用方法和对策。

3. 推进了普特融合，实现了四位一体目标

综合运动干预使教会、勤练和常赛成为常态，让特殊学生（我校是深圳市第一所普通学校开办特教班的学校）与普通学生一起学习，带着喜欢的、终身受益的运动项目和良好的锻炼习惯健康成长，走向社会，走好一生。推动了全校学生学起来、练起来、赛起来，实现习近平总书记提出的学校体育“享受乐趣、增强体质、健全人格、锤炼意志”四位一体目标。

四、效果与反思

（一）效果

（1）通过学校综合运动干预方案的实施，探索了一条学校体育改革发展的有效路径，减少了久坐行为，学生（包括特殊儿童）的健康水平得到提升，视力不良率下降。

（2）普通学生和特殊学生的身体基本运动能力增强，培养了学生的创新思维和合作、抗挫能力，并惠及了一大批学校。

（3）评价体系更加多元化，探索出学校体育要学会、勤练和常赛，综合运动干预和发现式3M行动体育教学，学术影响广泛，实践研究过程成为积极探索的范例。

（二）反思

随着时间更迭，经过18年的实践与探索研究，已形成了比较完善的活力校园体育运动实施模式和发现式3M行动体育教学方法，形成了有效改善体质健康、身体基本运动能力，学业水平、心理健康水平的教育方法。

但随着时代发展，如何完善体育课程，改进教学方法，不断创新综合运动干预的模式，通过学校体育教学、体育运动的开展，运动与心理的调适，更好地提升学生的安全意识、尊重、自律、勇敢、抗挫和与同伴合作等问题，以及与家庭、社区协同联动，共同提高国民身心健康理念和水平都值得我们深入的探索，不断思考与完善。

参考文献：

［1］刘儒德.教育中的心理效应（第2版）［M］.上海：华东师范大学出版社，2012.

［2］季浏.中国健康体育课程模式的思考与构建［J］.北京体育大学学报，2015，38（9）：72–80.

［3］刘晋.对大密度大强度体育课的探索与实践［J］.中国学校体育，2015（12）.

［4］李卫东，汪晓赞.体育课程教学模式［M］.北京：高等教育出版社，2018.

体育与健康课堂纪律管理

体育与健康课中，下面的情景，在你的课堂有吗?

【情景1】

头痛的体育课

记得有一次去兄弟学校听四年级体育课，我看到教案上明明写有“运球—投篮”环节，却没有看到器材——“球”。教师讲解时，学生边说边打闹。教师实在讲不下去了，就想“杀鸡给猴看”，抓了一个闹得最凶的男生，罚他去跑圈，谁知命令刚下，不但没“震住”其他学生，相反很多违反纪律的学生都主动要求也去受罚跑圈，这下体育老师傻眼了，不得不把要跑圈的学生都“揪出来”罚站。当教师做示范时，罚站的学生哭着跑过来告状，说有个同学脱他的裤子，其他同学一听哈哈大笑。当进行“运球接力赛”时，教师跑到十多米外的榆树丛中拿出了四个球，这时很多学生跟过去抢球，在教师的斥责声中很不情愿地回到了队伍……最后在运球比赛中完成了这堂体育课。下课后这位男教师尴尬的跟我说，很抱歉，没上好这节课。每当有人听课时他就头痛，埋怨这些学生都是入城打工者的孩子，素质差，不守纪律，上课时器材都要藏起来，不然就抢了，他们根本不怕是否有人听课，真没办法。

【情景2】

你与学生保持一定距离了吗?

我想起一位和我一起工作过的男青年体育教师，因为他刚走上工作岗位不久，工作热情很高，当时给六年级学生上课，曾告诉过我，他要和学生打成一片，要与与学生零距离接触。教学中他把欢声笑语引入课堂，课后和学生一起交流，一起打球，有时中午请学生吃饭。学生开始有些拘谨，天长日久，学生和他日渐亲密，打打闹闹，不称呼他老师，而直呼其名。曾听到有同学说，“他是我的好朋友，不用怕他。”他听到后，想发火又发不出，即使板着脸孔，学生也照样嘻嘻哈哈。他的话渐渐不灵验了，慢慢地在后半学期失去了号召力。上课时，学生我行我素，吵闹声一片，批评教育时学生丝毫不在乎……我的同事彻底傻眼了。

【情景3】

老师，我的衣服放哪?

这是发生在一年级课堂上的事。阳光明媚的操场上，一年级的小不点正在老师的带领下兴致盎然地做着游戏。渐渐地，孩子们的小脸红了，出汗了。这时孩子们三三两两地把校服脱了下来，大声问：“老师，衣服放哪？”老师随口说：“放边上吧。”孩子们便把衣服扔在塑胶操场上，接着玩游戏。可是明显看出有的孩子心不在焉，过了一会儿，有的孩子走过去把地上的衣服捡起来，围在自己的腰间，又去做游戏了。老师看到围在腰间的衣服影响活动，就停下来，让这些孩子解下衣服放到垫子上，其他孩子听到后也去拣地上的衣服，往垫子上放。一时间，课堂上乱作一团，老师只好停止教学。

【情景4】

老师如何表扬?

一次听二年级体育课，学生积极参与，情绪很高涨，课堂教学进行得很顺利，上课教师一看这场景，也露出了满意的笑容。

接力比赛开始了，老师说：“同学们现在分成四组，如果哪组获得胜利而且纪律好，我就奖励这个组奖牌。”比赛结束后，教师把用纸板做的金、银、铜牌分别挂在各队排头站在首位的学生的脖子上，其他学生都悄悄地议论起来了，有的说：“他那么肥，我们组跑得最慢的就是他，奖牌不应该挂在他脖子上。”有的说：“应该挂在组长的脖子上。”没得到奖牌的组说：“不公平，冠军组的同学起跑踩线了。”就这样争论了四五分钟，在教师再三禁止下才平息了争议，可有的学生高兴，有的学生噘着嘴。

在课程改革中，这一个个经常出现在体育课堂上的熟悉的情景引起了我的反思，我常常想：

纪律是什么？

在二十几年的教学中我总感觉：自己所教的几个班级不一样。这些不一样往往表现在课堂气氛、完成身体练习的积极性、与老师的亲密度等，面对这些不一样，我们怎么办？

我今年教的班级中，有两个班差异特别大。四（8）班学生在课堂上身心投入不如四（7）班高，而下课玩起来却很投入。四（7）班学生课堂上表现极为主动和投入，下课还围着我问这问那："下节课还做游戏吗？我们要不要帮你拿球？什么时候你再给我们摇大绳？你跳双摇是真的输给我了吗？我可以参加篮球队吗？"我一一给予解答、点拨，学生和我融为一体，所以每次给四（7）班上课，我的心情很愉快，学生在我的夸奖鼓励声中，一节课比一节课表现出色。

而四（8）班的学生，是由于学校改扩建教室不够用，政府安排借用本区域学校教室，学生在外校上课，两年后从外校转回的班级，这个班从一上课就表现得很散乱，中间需要不断地提醒，师生的心智不能合一，故而很少会有好的教学效果。

面对这种情况，诱使我对这种差异现象进行研究，以求找到问题症结。

首先，我与四（8）班其他课任教师经常沟通，还去他们的课堂听课，发现除班主任的课略有不同外，其他课依然如此。

经过反复思考，我决定首先从自身找原因，最后我发现：是教师对"什么是纪律"认识不统一，影响学生行为的一致性，表现出来即为无所适从，导致"散乱"现象的产生。

看来，新课程标准如何落地，怎样教育小学生学会遵守课堂纪律，逐渐具备一定的规则意识，首先应该解决教师的教育理念——对纪律的认识和教学设计的认识。

第一种观点教师认为纪律即服从教师。无论发生什么情况，最终以自己的决定来解决问题。教师地位是至高无上的，学生是接受教导的人，必须无条件地服从教师。

例如，教师特别强调："别乱讲了，听我说。""为什么不听老师的话？"学生只有服从，最好的反抗方式就是捣乱，以发泄自己的不满。师生关系对立。

第二种观点教师认为纪律即约束自己。忽略了学生的年龄特点及个性差异，忽略了学生的兴趣要求。课堂中学生缺乏生活实践性和自主性。

这类教师强调的是“你不要……不该……以后要……”显然小学生自我约束能力不强，加上老师的许多“不”很可能会产生厌烦情绪。

第三种观点教师认为纪律即促进健康发展。这类教师会按照学生的想法，把学生放在第一位，从学生的情感出发，从学生的终身发展出发，设计适合学生年龄特点的教学情境，激发学生的兴趣，使学生一上课就体验到学习是快乐的，偶然“违犯纪律”，认为那也是学生成长中必不可少的经历与财富，并帮助他们认识不足，提高自我约束能力，不断地营造一个尊重、平等、和谐、充满人文关怀的氛围，使每个学生在这个氛围中健康地成长。

以上三个观点，相信大家一定和我一样赞同第三个观点。因此，我得出的结论是：纪律就是建立秩序，课堂中应优先考虑纪律。

著名教育学家赫尔巴特说：“如果不坚决而温和地抓住管理的缰绳，任何功课的教学都是不可能的。”实践也表明：体育课堂纪律管理是体育教师为了维持正常的教学秩序，鼓励学生积极配合教师参加学习活动，阻止和处理违纪行为，避免安全事故的手段，保证体育教学质量的先决条件。因此，课堂中应优先考虑纪律。

一、体育课中违纪的表现形式

在体育课进行过程中，有时学生会出现一些违反纪律的现象，这些行为从现象上分为以下两点。

1. 做一些违反课堂要求的事情

如队伍排好后姗姗来迟，没下课就悄悄溜走或上洗手间，不按要求着装，教师讲解示范时学生不注意听讲推挤别人，两眼东张西望或与同学讲话，不听从教师指挥。如【情境1】。

2. 不能完成教师规定的练习任务

从性质上可分为消极行为与中性行为。消极行为即直接干扰体育教学的行为，如故意干扰教师的指导或其他学生的练习等；中性行为即既不进行学习也不干扰体育教学的行为，如教师讲解示范时，有的学生注意力不集中，不注意倾听，无法完成任务。

二、出现违纪现象的主要原因

治病须对症下药，同样，要纠正学生的违纪现象，须认真摸清原因：

（1）安排的教学内容学生不感兴趣，教学内容偏难，学生不易完成；或偏易，学生较易达到，觉得无收获、没意思。

（2）体育教学场地、器材布置、布局不合理，场地器材少，分组少，等待时间长，学生练习互相干扰，受外界环境的干扰等。

（3）教师的讲解不清晰，学生听不清或听不懂，教师示范不规范，处理问题不当，不公正。

（4）学生学习目的不明确，对体育教师有成见；好动、好表现与炫耀自己；怕苦、怕累，与同学不团结等。

三、纠正违纪现象，加强纪律管理的方法

在多年的教学实践中，我体会到，要纠正学生的违纪现象，保证体育教学的顺利进行，须采取有效的措施和方法。

1. 通过头脑风暴，开学第一课就共同建立和执行积极、正向、有序的课堂规则

既然体育课堂纪律是师生共同遵守的课堂行为规范，是对师生双方课堂行为所施加的外部准则和控制，在教学之初，教师就要让学生参与，师生一起建立必要的体育课堂教学秩序。当学生感觉到自己是纪律的制定者时，就变成内在自律了。

要建立积极、有序的课堂规则，首先必须形成正确的舆论导向。尤其是开学上的第一节课，就要告诉学生什么是对的，应该怎么做，做学生的思想的引领者。

我经常对学生们说：

你注意倾听了吗？优秀的孩子是很注意听讲的！（培养学生的倾听能力）

犯错不可怕，勇于承认，改正了就是好孩子。（教学生坦诚，勇于承认错误。其实人最大的敌人是自己，能勇敢面对就是超越）

哭解决不了问题，我们得想想怎么办。（教学生学会冷静，学会解决问题）

老师喜欢的是能够自己管理自己的孩子！

优秀的孩子不需要老师提醒，知道自律！（培养学生的自我管理能力）

每个人都尽一份力，我们团结起来就会成功！（学会付出，学会协作，懂得收获）

好样的！勇敢、不放弃和有进步的孩子都是最棒的！（关注学生差异，鼓励学生进步）

优秀的孩子会欣赏别人，懂得学习，自负的人总爱挑别人的毛病！（学会欣赏别人，宽容别人，教学生如何学习）

发现问题的孩子才是会学习的，才是有创造力的！（教学生学会质疑）

勇敢点！多锻炼，一定会做好！（让学生勇于展现自己）

慢慢地，我发现这些话也从学生的口里迸了出来，不自觉地，学生们被影响着。这样的引导就叫心理暗示。这种正能量的引导，逐渐形成了正确的舆论倒向，当课堂上出现错误时，舆论的压力自然让那些不自律的学生没了市场。

大家还一起通过康奈尔笔记小组讨论制订班规，最后总结出快、静、齐、序、令、安，六个字，在体育课中共同遵守。

2. 注意认真观察与分析学生的行为

体育课中师生基本在室外或场馆活动，空间范围大，课堂纪律，要维持好教师必须了解全体学生的学习与锻炼情况；当学生违反纪律时，教师要及时发现，并迅速作出分析与判断。如：

（1）违纪的程度——违纪行为对整个教学过程的影响程度。

（2）持续时间——违纪行为持续的时间。

（3）频率——违纪行为是偶尔还是经常发生。

（4）原因——发生违纪行为背后的问题。

（5）对他人影响——违纪行为是否干扰了其他学生。

对学生违纪行为要有正确的分析与判断，才能采取正确的方法措施。

3. 及时妥善地处理违纪行为

当学生违纪时，体育教师必须迅速处理，并根据违纪性质，带来的后果、原因等及时处理。

如果一个学生是消极，并未影响其他学生，教师不必立即公开处理，私下里以较为缓和的方式处理较为妥善。

如果一个学生违纪已明显干扰教学，教师就必须马上处理。

总之，在新课程下，处理学生的违纪行为时要尽量换位思考，尊重学生的感受，注意自己的语气，做到公正公平，尽理在不中断教学的情况下正常进行。

以下是我校六（2）班殷忞同学写的一篇作文，从中可以看出教师课堂纪律管理的智慧。

火眼金睛

我的体育老师叫李育生，他总是在胸前挂着一个口哨，虽然看起来很凶，可却有一颗温暖的心，特别是一双眼睛很像孙悟空的火眼金睛。

那天上体育课时，我去晚了，装肚子痛，李老师就让班长带我去校医室看病，校医说我没有什么，回去休息一下就好了，我自己知道本来就没病。回到操场，看见李老师正在领他们跑步。李老师问我好些没，我不想跑，就说肚子还痛，李老师便让我先休息，我便一个人孤零零地坐在花坛边。

大家练完后，李老师走到我身边说："我给你猜个谜，好吗？"我笑了，连说："好，好，好。"因为我可是猜谜高手。

李老师说："有只虫，它前面有一只虫，后面有一只虫，左边有一只虫，右边有一只虫，可它却说它周围没有虫。"我想了老半天都没想出答案，最后我求李老师告诉我，李老师悄悄说："那只虫没说真话。"我当时哈哈大笑，原来答案这么简单。笑过后我的脸红了，觉得我的心事被老师看穿了，也体会了老师的良苦用心。李老师接着说："你如果好些了就跟我们一起玩吧！"我高兴地回到同伴中。我永远都不会忘记他！

从这个事件中，我们不难发现李老师在处理学生违纪行为时所表现出来的智慧。

4. 培养倾听能力，激发运动兴趣

在体育课中，学生的违纪行为大多出现在学生对学习内容不感兴趣、互相干扰或等待练习时间过长的时候。

因此，体育教师要更新观念，将新课程标准通过中国体育与健康课程模式落地，注意根据学习目标合理地选择学习内容、精心设计、认真备课、认真上课，激发学生学习的兴趣，提高练习密度和运动负荷，特别要培养学生的倾听能力，并组织安排好学生学习与练习的队伍，以及间距与方向。

5. 严密课堂组织，提高练习密度

为了提高练习密度，要充分利用场地器材，自主、合理分组，增加学生练习的时间，减少等待时间。

6. 课前沟通，注意课程内容的安排

教师在课前应尽量与学生沟通。只要沟通好，根据学习目标选择学生喜欢的学习内容。如多增加一些趣味运动、游戏、竞赛等。学生上课感兴趣时，他们就会感到快乐，有成功感；教师的赏识，学习才会主动，热情才会持久，注意力才会高度集中，纪律才会好。

7. 提高体育教师自身的素质

体育课中的纪律状况，一般与体育教师的形象，威信以及体育教师处理问题的方法等有密切关系。为了维持纪律和进行有效管理，体育教师要热爱学生，与学生建立融洽关系，树立起真正的威信，这样才能建立和谐的体育课堂气氛。

美国著名儿童心理学家詹姆斯·杜布森的《培育男孩》一书告诉我们：自然造就了男女，编排的并不一样，男孩和女孩在本质上是不同的，这决定着男孩热爱挑战、喜欢取胜、渴望征服等欲望，他们有一种特别的能力，可以把自己不感兴趣的事情完全放在一边，他可以把自己藏起来，让全家人都急得团团转，只是因为他认定全家人都会觉得这样有趣；他在课堂上捣蛋并不是存心无理，只是不知道如何控制自己的嘴巴而已……

美国著名教育心理学家吉诺特博士关于教师的作用和力量这样论述：

在经历了若干年的教师工作之后，我得到一个令人惶恐的结论，教学的成功和失败，“我”是决定性的因素。我个人采用的方法和每天的情绪，是造成学习气氛和情境的主因。身为老师，我具有极大的力量，能够让孩子们活得愉快或悲惨，我可以是制造痛苦的工具，也可能是启发灵感的媒介。我能让人丢脸，也能叫人开心；能伤人，也可以救人。无论在任何情况下，一场危机之恶化或解除，儿童之是否受到感化，全部决定于我。

一个孩子在这个充满竞争的世界上，成熟长大会遇到多少困难，成长期出现的对自我概念的伤害很可能一生都难以抹掉。所以，作为体育教师，多花些时间去倾听、指导、容忍孩子，就像一个雕塑家的成功在于他总能够解读他所雕刻的石头发出的信号，我们要有极大的耐心和敏感，来倾听和辨别那些淘气的孩子给你的信息，这时你给他的规矩、监督和教育才真正有效，你的课堂教学效果才会真正得到保证。

温暖河源行　齐步一二一

5月的广东，温和而不疏淡，热烈而不拘束，在这天空沉静，草木欣然的日子里，我有幸被深圳市教育局选派参加为期三天的“2017年第一期深圳——河源名师支教活动”。

一、一次说走就走的支教

2017年5月19日的傍晚，我接到深圳市教育局基教科李文锦老师从信息平台发布的支教通知，立刻用微信向校长汇报，王讲春校长马上回应，“安排好学校管理工作和课务后积极参加”，他的大力支持，令我非常感动。我深知，想做事、做成事，领导的支持和同事的协助是最重要的。周六和周日带学生去香港交流，把学生平安地交到家长手中后回到家时已夜里10点多了，放下行囊，立刻打开电脑开始备课、做课件，一定要让参加培训的教师有所收获。周一上午安排完学校工作和“六一”儿童节筹备活动后，中午1点多才回家，匆忙吃了个粽子后背上行囊和教具赶往地铁站，到市教育局开会，参加“深圳名师赴河源支教（教师培养项目）”启动仪式。能成此行，尽社会责任的同时锻炼自己，我非常感谢教育局领导的信任、学校的支持、同事的协助和家人的支持。

图1　支教教师出发前与省市领导合影

二、一次温情的目送

5月22日下午，我和30位支教名师集结在深圳市教育局，市教育局师资处黄菊英处长主持了支教启动仪式，仪式上市教育局范坤副书记说：“习近平总书记最关心的是贫困群众，我们帮扶河源教育是义不容辞的义务，河源的老师能坚守在家乡教学，这种教育精神与情怀就值得我们学习！这次去支教要准备充分，精准帮扶，高效完成。”会后，他和魏晓亮科长、德尔根曼科长等领导亲自送我们上车，挥动双手，满面笑容的目送我们出发，这一瞬间永远定格在我的脑海。心想，作为深圳市邵子洺“哨子”体育名师工作室的主持人，一定要展现深圳名师风采，不辱使命！

三、一次热情的接待

图2 深圳市教育局范坤副书记、魏晓亮和德尔根曼科长等领导送行

路上比较顺利。我们到达河源党校后，受到河源市教育局许光主任热情的接待，虽未到盛夏，却热情似火，感恩他和同事细致周到的服务。河源市第一小学的才子吴海华主任两天来全程摄像和多媒体维护，获广东省语文综合素养大赛一等奖的河源市第一小学赖文丽老师除了主持，顾不上午休，每天开车接送。特别是上完示范课和培训后，河源一小的体育老师意犹未尽，他们来到党校住地，和我们畅谈教学、训练、场地建设资源方案，直到深夜，深受感动。郑冬梅老师还在语文培训中开展了面对面建群活动，以便今后线上交流，正像河源市教育局欧阳仕文局长说的：“这是一堂永不下课的培训。”我也计划在工作室教研活动时，向河源的体育老师发出邀请，使互动永远在路上，有起点，没有终点。

四、一次难忘的观摩学习

5月23日—24日，语文、体育学科的4名教师支教活动在河源一小举行。一踏进校门，我就被一副学生的书法作品所震撼：“人在四方，爱国爱乡。”让我一下子感受到了河源一小朴素而真挚的“爱国爱乡文化”。陶行知先生的"爱满天下"一直激励我在教育的路上前行。是的，没有爱，就没有教育！作为爱的使者，在为期两天的活动中，我们以专题讲座、示范课和交流答疑的形式，为河源市语文、体育学科的骨干教师传递新课程理念，提升课堂教学能力，推进课堂教学的改革与创新。

5月23日上午，宝安黄田小学姚建武副校长给河源一小三年级的学生上了一节《女娲补天》的教学示范课，姚副校长以自己独特的教学风格，从教学重难点切入，创设情境引发学生思考、回答、生成，像磁石一样吸引着每一位学生和听课教师。接着，他以"思维方式改变状态下的语文教学"为题，从改变思维方式中的九个方面为河源的骨干教师们呈现了一堂精彩的讲座。

下午，深圳市新洲小学的中国"童心作文"创始人、特级教师郑冬梅老师首先为大家进行了讲座《让童心在情境中绽放》。郑老师的讲座匠心独运，如行云流水，滋养着听课教师的心。她主张学生的作文要写出童真、童趣和美善，还传授秘诀，把文章写好，需当作"情人"来写，并抓住"真、美、情、思"四大要素，让听课教师们深受启发。紧接着又给该校四年级的学生上了一堂童心绽放的写作指导课《下雨了》。在教学过程中，郑老师通过展示雨中图，感受雨中情；引导学生细心观察、思考；口述图中景、事、情，连成一句或说一段话；在音乐中引导学生畅想写作等四个环节，循序渐进地指导学生写出心里话，表达真情，激发了学生的创作热情和兴趣。特别是学生们的表达热情和思维想象都被郑老师巧妙的撩拨起来后，一篇篇传递着真、善、美的童心作文在课堂中生成。学生自豪地读着自己写的文章和同学的精彩点评，将课堂的气氛推向了高潮。郑老师渊博的学识，极具亲和力的师生关系，清晰、精要的语言表达，先进的课程理念都显示出特级教师的教学水平！

两位语文名师的示范课和培训不但使河源的骨干教师获益匪浅，也使同行支教的我深受启发，我会将"思维方式的变革"和"童心作文"的精髓融合到我的体育教学中，促进体育课堂教学的提高。

五、一次难忘的舞台体育示范课

5月23日上午，天公不作美，下起了雨，由于没有室内场馆，场地狭小，来自宝安径贝小学的市教坛新秀刘风龙老师临时将"跑与体能练习"改为在舞台上的"高抬腿跑"，阳光、帅气的刘老师从带领配乐韵律操热身开始，通过前脚掌走、跑，过渡到高抬腿跑，利用塑料管旗杆为教具，让孩子们提膝碰杆，达到抬腿目的，将一个枯燥的动作结合音乐、游戏和专业的示范，激发了学生的运动兴趣和欲望，学练中提高了课堂的密度和强度，达到了锻炼和学会合作的目的。下课后，刘风龙老师结合自身训练经验和带队取得的成果，作了《小学阶段课余田径训练的分享》培训，解答了受训教师提出的各种训练中遇到的疑惑，深受好评。

图3　邵子洺老师上体育示范课

5月23日下午，雨一直下，我先为体育骨干教师作了《构建有效体育课堂》的讲座。我先从一部微电影的叩问：梦想——从心出发；一个微故事带来的启示：持续的力量——责任；一张漫画带来的思考：因材施教，三个方面开始分享。然后介绍了用“行—知—行”模式的3M行动体育教学法，进行不同课型的适度、密度、强度体育教学，达到养成学生终身运动的习惯和习得一种思维方式，从而自己能掌控生活的目的。紧接着，在与学生

图4　邵子洺老师作《构建有效体育课堂》讲座

从未谋面的情况下，开始上四年级体育示范课《跨越式跳高》。我首先通过站姿、走、游戏和拉伸练习与学生连接，由设疑“如何跨过体侧的障碍”引入，鼓励学生思考、尝试，获得新知，展示不同的跨越体侧小体操垫的方法，然后引导不同能力的学生用适宜的方法跨越皮筋，之后在自己习得经验经老师引导的基础上重复练习，100%的学生掌握了跨越式跳高的方法，最后通过自己发明的方式跑过绳梯和推小车进行体能课训练。运动量适中，密度和强度适宜新授课，而且关注差异，传递着“教、学、做合一，体育为生活服务”的理念。

六、一次最美的相遇

俗话说，教育是最美的相遇。这次支教活动，深圳市教育局从六个区派出了语、数、英、音、体、美六个学科的名师、骨干教师到河源支教，我很幸运被选中。作为一名体育教师，已有15年的支教历程了，先后去过贵州丹寨、河源龙川和市内“百校扶百校”我校指定帮扶的一些学校，尽一份社会责任的同时，交到了很多良师益友，促进了我的专业成长。

一个人的温度很微弱，但本次河源支教，我们集结在一起，足以令来自河源五县二区800多名骨干教师感到抱团学习的温暖和爱意。除语文、体育支教在河源一小外，数学、美术、英语、音乐分别在河源二小、三小进行。

来自深圳实验学校的市英语名师周洁，和善、智慧，示范课 *Days of the week* 让孩子如沐春风，讲座《生长的课堂》让培训教师领悟到了课堂生长；盐田外国语学校的徐珣老师是市英语名师，干练、多才多艺，讲座《关注小学英语课堂的有效性》带给了河源教师有效英语课堂的理念与策略。

来自罗湖螺岭外国语实验学校的市数学名师骆奇，阳光、睿智，其示范课《钉子板上的多边形》拓展了师生思维，使学生学会了质疑探究；来自南外二小的市数学名师李彦，一位有温度和智慧的老师，使数学变得更加“好玩儿”；来自翠竹外国语学校的叶梅，爱生如子，德艺双馨，当知道全班60人只有40个学生来上课时，毅然把留在外面教室的学生全部带到课堂，她说：“爱心支教就要从平等对待每一位学生开始，有模仿才有创造。”来自南山外国语学校的市音乐名师叶莉，极具魅力和灵动，以自身良好的音乐素养和高超的专业技能，带领学生和老师徜徉在音乐的世界，享受音乐带来的快乐；来自宝安建安小学的市美术名师邓瑛，为了制作教具一夜未眠，《纸碟怪脸》课堂上，还给了孩子自由，挖掘出了孩子的创造力；来自龙岗梧桐学校的市级美术名师刘丽，美丽淡雅中透出芬芳，《线的魅力》课堂因为生成而精彩。这些同行的名师和河源的骨干教师，各美其美、美美与共，人生中因支教与他们相遇、相识、相知，相互学习，相互支持，畅谈学生，畅谈教育，这是我人生中最大的财富和幸福。

本次支教圆满完成任务，不辱使命。余秋雨先生曾说：“你的过去，我来不及参与，你的未来我奉陪到底。”对于需要我们的人，不管是亲人还是朋友，都要鼓励着他（她）、帮扶着他（她）、温暖着他（她），你和他（她）的脚步共踏着，齐步一二一……

感谢深圳市教育局给我的这次自我学习、提炼反思和成长的机会！感谢王讲春校长、同事和家人对我支教的支持！送人玫瑰，手有余香，作为一名优秀党员志愿者和深圳名师，我会和河源教师一起共同学习，取长补短，相互温暖，调整呼吸节奏，共同跃起步伐，为同一片蓝天下的学生的幸福成长助力！

图5　师生致谢

“齐步走”和“散步走”

当小豪告诉我他被深圳高级中学录取的好消息时，我高兴的一个中午没有休息，键盘的嗒嗒声在指尖流淌，激发了我要写点东西表达教育思想的欲望，题目就用体育术语：“齐步走”与“散步走”。

共性德育追求“齐步走”，个性德育追求“散步走”。我认为，理性的德育应当是时而“齐步走”，时而“散步走”，以追求共性与个性的统一。“齐步走”解决共性问题，“散步走”解决个性问题。

学生的个性，有优点也有缺点。尺有所短，寸有所长，我们的德育，就要扬长避短或扬长补短。

记得小豪二年级刚到学校读书时，经常下地走动，或钻到桌子下推翻桌子，或在排队时拉同学裤子，闹的老师上不了课。但当我跟班主任了解到他喜欢打篮球，并为班级篮球赛获得运球接力赛第二名立下汗马功劳时，我就请体育老师张老师做他的德育导师，教他打篮球，后来去贵州丹寨进行“手拉手”师生、家长支教时，他结对了一个和爷爷相依为命的留守学生。由于亲历了大山农村的艰苦，他变得不再浪费了，还把积攒的钱给贵州帮扶的同学买文具、书本和过年的新衣。后来还参加了学校的雏鹰行进打击乐团，并赴香港参加国际比赛，获得紫荆花大奖。现在由于特长突出，考上了深圳高级中学鼓乐特长生。

陶行知在《晓庄三岁敬告同志书》一文中写道：“我们试到一个花园去看一看：万紫千红，各有它的美丽；那构成花园的伟观的成分正是各种花木的大不同处。将这些大不同的花草分别栽种，使它们各得其所，及时发荣滋长，现出一片和谐的气象，令人一进门便感觉到生命的节奏：这便是大同之效。晓庄不是别的，只是一个‘人园’，和花园有相类的意义。我们愿意在这里面的人都能各得其所，现出各人本来之美，以构成晓庄之美。如果要找一个人中模范教一切人都学成和他一样，无异于教桃花、榴花拜荷花做模范。我们当教师的实在需要园丁的智慧。”

学生是发展中的人，学生在发展中会出现个性差异，既给德育工作提出挑战，也为德育创新提供了广阔的探索空间。

因此，我们的德育就要因“个性和差异”而施教。学生的个性和差异就像世上没有完全相同的两片树叶一样，也不能“教桃花、榴花拜荷花做模范”，应让学生各造其极，时而“齐步走”，时而“散步走”，现出各人本来之美，以构建龙华中心小学和美校园之美。

跳山羊

为了减少安全事故，现在大部分学校已取消了跳山羊、跳箱和单杠、爬杆等危险体育项目，但我深深地知道，这些项目对孩子的抗挫折、勇敢品质的锻炼是任何学科和项目都代替不了的。

作为学生生命中的导师，我从未取消这些课程，在做好安全保护措施的基础上，本学期继续执教了水平二《跳山羊》的教学。第一，学习山羊分腿腾跃的辅助练习，重点：起跳、助跑、顶肩动作。第二，学习了山羊分腿腾跃的动作要领。自我保护知识：避免冲撞的自我保护。首先，避免向前摔倒的自我保护示范，然后离跳箱10米左右，让学生在助跑线外两侧平行于跳箱站成两排。第三，在完整练习前，强调跳马练习时要勇敢、果断，在上板瞬间不能犹豫，否则容易受伤。

我在总结时告诉学生会出现两种非正常情况：一种是，上板前突然停下不敢过造成冲撞；另一种是，由于害怕过山羊时两手抓住山羊不放造成顶肩不充分，落地出现前倒。解决这两种情况的方法，一是从跳板侧方跑过；二是两臂紧抱胸前起缓冲作用。避免向前摔倒的方法，一是四肢同时落地；二是顺势前滚。

在学生了解自我保护的前提下，让学生先和同伴一起合作练习跳跃弓形弯曲脊背，然后再跳山羊。互相帮助，体验保护与自我保护，并在教师辅助下跳山羊的练习。相信，做好安全保护，跳山羊教学一定会受到学生欢迎。

（深圳市龙华区龙华中心小学　李育生）

了不起的小先生

“铃、铃、铃……”上课铃声响了，我把学生带到乒乓球教室站好队。当看到放在乒乓球台筐里的乒乓球拍、乒乓球等器材后，有的学生便开始小声嘀咕：“我不会啊！”“我就是打不好，怎么办？”“唉！”两位女学生发出“痛苦”的声音。而男生却发出了兴奋的“耶”！明显的两边倒，怎么上这节课？

静下心来后，我想起了陶行知先生的生活教育思想和“小先生制”，即学即传，即传即联。对，有办法了。我说：“同学们，别看它小，它可是我国的国球，能架起世界人民友谊的桥梁，我们中国和美国建立友好关系就靠它了。”随后让学生进行自由颠球，这时我发现很多女生还是站着不动，只是为了应付老师站在一起拿着球拍空打。这时，我急中生智，在进行自由颠球后开始提问：“同学们，你们知道为什么我们国家有很多的乒乓球冠军？”学生答：“他们平时练得认真。”“有教练教。”……我提高声音说：“不错，你们说的都很对，那你们知道这些冠军背后都有着一些什么人？”“还有啊？”学生们呈现出迷惑神态。这时我说：“每一个成功的运动员身后都有无数个陪练。教练是教会运动员动作，而陪练就是要陪运动员练习技术动作。这两个人物都是很重要的啊！今天哪位同学学会了，我就选他做陪练小先生，也就是小老师。”

“刚刚我们自由练习的时候老师发现我们班的女生不是很愿意练习，而我们班的男生似乎都会打球，我们男生都来做女生的陪练怎样？”“好！”男生们异口同声地回答。这时我鼓励起女生来：“大家可要好好学，可不能让男生小瞧了。让他们好好做我们的教练、陪练，教会我们技术、改进我们的技术，争取超越他们。”“好！”女生也是异口同声地回答。

学生的兴趣提高了，这时再给他们分组，进行练习。对学生在练习中的表现，进行夸奖与鼓励：“你真行！”“真好！”“真不错！”“手的动作在改进一下就更好了。”“再试试看，好吗？”最后这个班的女生竟然也都喜欢上了乒乓球，而且通过polar表检测，学生的练习密度达到了65%，平均心率达到了135次/分。

“老师，老师，我想参加学校乒乓球训练队。”课后很多女生都找到我，要报名参加校乒乓球队，练好技术，强身健体，不但给学校争光，还想通过乒乓球比赛结交更多朋友。

（深圳市龙华区龙华中心小学　康笑）

一杯奶茶的“诱惑”

2015年的夏天，完成了十六年学业的我正式进入社会，成为一名大家经常说的“毕业就意味着失业”的青年。

在正式进入社会工作之前，由于我读的是体育学院，实习就被安排在了一所小学里面。从一名学生转变为一名实习教师，这个过程可以说有点梦幻，准确来说是有点措手不及。

刚到学校报到的那天，有一种熟悉但又陌生的感觉，毕竟我也经历过小学阶段，但是这次重返小学却是以一名教师的身份。当我在学校里面见到学生，学生对我说“老师好”的时候，那一刻我是目光呆滞的，我从没想过这一天的到来会是那么快。

很快，我便进入了工作状态，首先备课、写教案等教学工作有序地进行着。时间飞逝，我的第一节课到来了，是一节五年级的体育课，我按照小时候上体育课时老师的模式来了一遍，“集合”“立正”“稍息”“立正”“向右看齐”“向前看”。看着眼前的学生跟着我的口令一遍遍地做，仿佛看到我小时候上课的影子。这一节课的内容是50米快速跑以及立定跳远。当我以为这一切都按照我的设想进行时，突然有学生说，“老师，我跑不了。”“老师，我脚痛。”……我听到了各种理由，我只有让他们休息。一节课时间过去了，课后我在想：我小时候上体育课的时候有这样子请假吗？应该是一听到上体育课就兴奋，什么病痛都忘得一干二净了。是学生现在不喜欢上体育课吗？还是怕辛苦，又或是真的不舒服呢？

正当我百思不得其解时，小学时教我打篮球的宋老师让我和他一起训练校男篮队。他把五年级以下的梯队交给我负责，我看了看即将要教的队员，有瘦有胖，有高有矮，心想：没关系，我能带好他们。时间一天天地过去，我把我在学校学到的东西都传授给他们，学生们刚开始都很积极认真，随着时间的推移，我发现他们的积极性在降低，专注程度在降低，好像对篮球已经不感兴趣了。此时的我感觉很无奈，想到我以前就是因为对篮球的热爱才走上了体育这条路的，难道现在的篮球就不吸引人了？小时候周末也去学校训练，老师会不定时的给我发点糖果、冰棍等等，对了，我需要点奖励来刺激学生，提高他们对篮球的兴趣。第二天，我便跟学生宣布，每天训练后会评比当天表现最好的一名队员，发一张卡片，卡片上面有我的签名，集齐五张就可以过来找我兑换一杯奶茶。当我把这句话说完的时候，队员们欢呼雀跃，一下子积极性就上来了。

后来，我想：要想驴勤快地磨玉米粒，也要放根胡萝卜在它面前，何况我们的学生都是有思想的，不能一味地要求他们做事，需要适当地给些奖励，通过奖励来激励学生，体验成功，激发他们对学习的积极性。

一杯奶茶的“诱惑”不只对学生的积极性有影响，对我日后的教师职业发展也起了积极的思考和正确的引导。

（深圳市龙华区龙华中心小学　赖启晟）

走进孩子的世界，教育世界的孩子

燕子去了，有再来的时候；杨柳枯了，有再青的时候；而岁月却是如流水一样一去不复返了。多年来为人师表，在讲坛上不断地演绎着自己的教育教学故事，许多都已随着时日的流逝而渐渐淡忘，可也有一些就如同树根一样深深地扎在了我的心里，虽不曾惊天动地，但仍历历在目，感悟至深。

去年9月份，学校安排我担任校女子篮球队教练，这是我人生中第一次任教女篮，心里既激动又忐忑不安，不知道自己能否胜任。校女篮队有着优良的传统，曾经有过十几年不败的战绩，可是由于学校改扩建等原因，这几年一直低迷，成绩不佳，后来一想，自己有多年任教男队的经验作为基础，只要付出，必有回报，想必应该没有问题！这样，我的心情才慢慢平复下来。

第一天的训练还算好，估计是我和队员们初次见面互不了解，队员们也没有表现出什么异常，也许是我的训练强度不大，整个训练过程都很顺利。时间是最好的验证。

好景不长，一周后有一天到了训练时间，我还是按照正常的时间准时到达训练场地，奇怪的是，平时她们都会陆陆续续从教学楼下来到训练场集合，可今天高年级的队员一个都没有下来，就只来了几个低年级梯队的队员。我马上问小队员："那些高年级的都干什么去了？"其中有个队员偷偷和我说："老师，她们都说好了不来训练，约好了一放学就回家了，还有的同学躲起来了，去玩去了。"我一听，马上火冒三丈，这还了得，这不是罢训吗？这才在小学阶段就这样无组织无纪律，有了这样的坏习惯，那以后怎么办？我决定一定要把事情查清楚。第二天一早，我去班里找了这些没参训的队员谈话，结果统一口径，全部瞒着家长说了各种家里的理由请假，我真是被气得火气直冒。我想，从正面突破肯定是不行了，我就装着相信了她们，但是我还是严厉地警示她们下不为例。后期的训练虽然没有再次出现罢训这样的情况，但是训练处于消极状态。眼看市级篮球赛逼近，我心里面特别着急，这样下去肯定不行，我后来通过建立微信群和打电话家访，和这些队员的家长取得了联系，首先我阐述了参加篮球训练的好处，然后把最近的情况向家长们汇报，争取得到家长们的支持，特别是把前几天队员集体罢训的事情说明了一下，然后我也向家长们了解了一下队员的课余时间安排和性格、品行等，做到对症下药。通过沟通后我和家长达成共识，共同督促队员养成守时、不怕苦、不怕困难等良好的行为和品质，慢慢地引导队员从错误的认识观转变过来。果然功夫不负有心人，成效出来了，队员们都有所改变，而且我的训练时间和训练量马上得到了保证。

一天、一周、一个月，时间在飞快流逝，真恨不得再多停留一个月。到了比赛的时间，孩子们进步很快，加上梯队老师和家长的大力协作，通过艰辛地努力，终于取得了2017年深圳市“体彩杯”少儿篮球赛冠军，站在了最高领奖台。我和队员们用汗水和智慧赢得了对手、裁判和现场观众、家长的尊重。

通过这个案例，让我明白了不管是平时的教学还是训练，不仅需要时间上的磨炼，还需要积极的态度和适度的强度、密度以及新颖的方法、科学的手段，也就是用邵子洺老师的“3M”行动体育教学法教学，还需要做学生的朋友，从学生的角度出发，走进学生的世界，了解学生，引导学生的思维，达到“健康第一，人格完善”，体育为人的生活服务的目的。

（深圳市龙华区龙华中心小学　刘海）

欢呼声中的“换课”

“老师，您怎么来了，数学老师不是说要和您换课吗？”“是吗，我没接到通知啊。”“什么时候他们爱上数学课了？”我正想着，数学老师进来说，她外出学习要换一节课，学生要求换形体课。我刚走出教室，教室里就响起欢呼声，学生什么时候开始那么抗拒形体课？这欢呼声深深地打击了我。

我反思形体课上对学生的纪律要求比较高；课堂教学模式趣味性低、教学方法单一，每次都是练站姿、坐姿，学动作、练动作，换位思考，如果我是学生也不愿意上这样的课。经过多次的学习、尝试、反思，针对小学生爱动、爱表现、善模仿、自控能力差等特点，我尝试以下教学方法，效果明显好转。

以前上课时我先让学生统一练5分钟站姿、坐姿，现在改成上一节课站姿最漂亮、纪律最好的4个学生，课堂前5分钟由他们来当观察员，有权力让站姿端正的同学坐下来，但坐下来的同学还是要以正确的坐姿坐好。这样站姿、坐姿都练了，而且学生努力去做好，效果达到了。

在教学过程中让学生坐着学手臂动作（但还是要保持正确的坐姿），或者让手代替脚去体会动作，然后再站起来去尝试动作，接着再统一练习（一组练习，一组唱歌，不同方向的练、站着练、坐着练、跟着视频练、自己练），练习几遍后让学生一边放松一边跟着音乐唱歌，最后通过分组比赛来激发他们的积极性（每次比赛只要求几个点，如姿态、手臂动作、表情、歌声等等）；课后分小组，让小组长带动组员在原有动作的基础上来编排队形，每节课都抽一两个小组来展示自己组的创意，让每个学生都能从课堂中找到自己的闪光点和想学的东西。一个学期过去了，学生的积极性明显提高，课堂上不时有学生们欢快的歌声和灿烂的笑容，课后许多学生会来询问队形、动作、造型，学生的兴趣高了，厌烦上形体课的学生慢慢少了。课堂给他们带来了自信、表现自我的机会，同样课堂也给我带来了乐趣和享受。

（深圳市龙华区龙华中心小学　刘桂香）

胖也“美”

曾经听一同事说起：一身材高大的孩子在体重测试中，同学们看到他体重时，开始嘲笑他，于是他回答：“体重是我的弱点，身高是我的亮点。”

接手铅球训练已经10多年，大部分训练队的学生都比同龄的学生要高大一些。这一届，来了一位特殊的学生——体重相当于同龄学生两倍的小Y，考虑到这样的学生内心有着强烈的自卑感，外表却又表现的自尊心极强，于是我就特别留意她。对于这样的学生来说，最重要的是首先要让她摆正心态，尽快树立起信心，勇敢地昂起头来向前看。

沉默时，我自己也在省悟：初为人师的我不是也有过临场时的恐惧和冷场时手足无措的尴尬吗？然而是自信战胜了这一切。有时候，一次小小的成功能够激活一个人巨大的自信，可一次难忘的失败也往往可以摧毁一个人仅有的一点自信。眼前的这个女孩难道会陷入后一种情形吗？不，绝不能。

记得来训练队的第一天，我简短地跟她讲了要求，要尽快融入田径训练队，与队里的同学尽可能多接触，安下心来，用心去学习、训练。可是每次训练，特别是早上训练时，她总是找各种理由，待在教室不下来，平时跟队里的同学很少说话。

多次训练课，总找不到她的人影，就算来训练了，也不敢做动作。一天下午，训练时间到了，我在教室门口找到她，她向我请假，说她肚子疼不能去训练了，我问过情况后问她能不能坚持，她说不能，于是我就同意她回家休息了，但我觉得这里面有问题。第二天下午放学后，我把她留在办公室，想与她进行一次沟通，但她却一言不发，成了我一个人的独角戏。我也只好自己唱下去，大意是：既然留下来继续学习，就要端正态度，把自己当作训练队中的一员，遵守队里的纪律，与大家一道共同学习，共同进步，不该把自己拒之门外，独来独往，与集体步调不合拍。但很明显，效果不好。

第三天早上训练时，小Y没有到场，我立即让学生去教室叫她，找她的学生回来告诉我，她不肯来训练。于是我有些生气，没有等训练完，就悄悄来到班级，果然她跟两名同学在一起说话聊天。我站在教室门口把小Y叫了出来，让她跟我一道回办公室。我一边走一边想，怎么处理这件事，原则性的问题绝对不能让步，但绝对不能着急，不能伤了她的自尊心。于是到办公室后，我对她说："今天的事情是不允许的，尤其是我专门让同学来叫你，你仍然不来训练，这是绝对不允许的，一个集体不能没有纪律约束，既然属于这个队的学生就应该参加训练活动，不能自由散漫，自己想怎样就怎样，今天的情况请你给我一个合理的解释，希望这件事情我们能够处理好，我也不愿意因为此事请你家长到校来协助处理，当然我也觉得没有这个必要，你应该有能力为自己的所作所为负责。"她沉默了很久，对我说她想先去上课，下午放学时再告诉我。我考虑再三，决定留给她一点思考的时间，同意了她的要求。

下午放学后，她主动在楼梯上叫住我，随我一起到办公室，对我讲了她自己的想法，说其实是因为太胖了，队里的同学都笑话她，所以不想去训练。针对这种情况，我简单讲了一下对她采取的一系列措施："就是因为胖，你更应该训练，减肥后你就是大美女了，再拿个区冠军回来，让他们看看你是很有实力的。胖只要是健康的就是美。不能因为胖削弱人的自信。你看到没，瘦有病字旁，胖只是肉多而已，这就是自信。你参加训练以来，进步了很多，老师当着大家的面，让大家向你学习，让你做示范，及时肯定你的进步。校运会期间，你为班级拿了一个冠军，老师在班上特意表扬你，你知道老师这么做为了什么？老师知道你太胖，内心深处总觉得自己低人一等，自卑感强，不愿意与同学交往，所以老师处处想帮你迅速树起威信来，能让大家看得起你，包括老师在内也是一样，都对你寄予很大的期望，你说老师这样做是为了什么？作为你来说，你应该怎么做才能跟老师配合好，拿出自己的好成绩给大家看，让大家知道你是有能力的，真正做到昂起头来，向前看。"这段话打动了她，她很认真地点了点头，说："老师，我知道了，我以后不会这样了。"随后几天，她的表现有了明显变化，训练也积极了很多。

在这件事情中，对于胖孩子来说，他们较一般学生更加缺乏自信，无论是在学习上还是在各种活动上，要想彻底改变，只有从思想上入手，放下包袱，树立信心，从而昂起头来向前看，这样才能激发他的潜能，自内而外改变自己，真正成为一名合格的学生。

心理学研究表明：自信心是一个人在不断地成功体验中慢慢建立起来

的。这需要一个漫长的过程，是一个长期的、艰巨的任务，这就要求我们在教育教学过程中，要尽可能多地为学生创造获得成功的机会，并且善于捕捉每个学生微小的进步，给予及时的表扬鼓励。一次次成功，一次次鼓励，就是一次次地把“我是成功者”的信息输入学生的脑中，学生内心也就会一次又一次地认为自己属于成功者，成功的自我意象就会形成。在这期间，老师对他的期望、看法和一个眼神、一个动作可能都会对他的自信心的培养起着极为重要的作用。就像案例中几次极为不起眼的表扬与鼓励，对学生产生了极大的影响。

通过这个案例使我明白，在教育学生的过程中，教师的一言一行，一举一动可能产生极为重要的影响。作为体育教师，我觉得在教学和训练中要做到五个方面：

第一，善于观察，发现学生的闪光点并及时给予放大，力求在学生的心里形成正面的影响。

第二，通过活动，为学生创造成功的机会，使他们能有成功的体验，才能不断树立起“我能行”的潜意识，这对学生未来的发展极为重要。

第三，给予学生适当的期望，充分利用心理学上的“皮革马得翁”效应。

第四，引导学生正确地认识自我、评价自我。既要看到自己的缺点，同时也要看到自己的优势所在，才能在成长过程中慢慢树立起自信心。

第五，对于自己的成功与失败，能有一个正确的积极的归因。如成功时学生把原因归结为内部的因素，如能力强，努力的结果，就会增强或保持自身的自信心；归结为外部的因素，如任务难度低，运气好就不会增加自信心。如失败时，学生把原因归结为可控的因素，如努力不够或教学质量差就会保持原有的自信心；归结为不可控的因素，如能力低或任务难度大就会降低自信心。

（深圳市龙华区龙华中心小学　何芳君）

天线宝宝

助听器——是一个小型扩音器，把原本听不到的声音加以扩大，再利用听障者的残余听力，使声音能送到大脑听觉中枢，而感觉到声音，主要由传声器、放大器、耳机、电源和音量调控五部分组成。助听器按传导方式分为气导助听器和骨导助听器；按使用方式分类为盒式、眼镜式、发夹式、耳背式、耳内式、耳道式、深耳道式助听器。

记得2016年9月1日开学的这一天，也是我来到龙华中心小学任教的第二年，我被安排任教二年级的体育课。第一周，按常规教学都要准备开学的第一课（室内课），而我准备的是体育课的安全知识和课堂常规。我提前准备教案资料，课堂上细致地指导学生，发生安全事故时及时告知并处理，跟预期一样，把备课中的安全常识和防护知识都交给了学生。

周三上午第三节，我在上课铃响之前来到了二（2）班，一个学生突然进入了我的视野，他身上背着个小盒子，一条细线连接到耳朵后面。我纳闷了：上课还能戴耳机？这位学生在课堂上也很调皮，老师批评他时总是慢半拍才做出反应，一开始我总以为他在跟老师对抗，学习态度也不好，经过几番教育才有所改正。

第二周，是时候让学生见识一下我们学校新建的“蓝色海洋”的跑道了。上课铃响后，我进入二（2）班，还是那个戴着助听器学生，被同学们称作天线宝宝的男孩最先进入我的视野。听口令：女同学先出去半臂距离到走廊排队成一列纵队。女同学排好队伍后，当我让男同学出去排队时男孩站了起来说：“老师我的这个没电了。”一开始我很惊讶。但班长马上站起来说：“老师，小涛的助听器没电了，我要带他去班主任那里换电池。”这时我终于知道这名学生叫小涛，耳朵上带的是助听器。

下课了，我马上找到小涛的班主任，从她的口中我了解到，小涛因听力障碍，直到四五岁才开口讲话，戴上助听器，才能较为流畅地与人交流。他很幸运，家庭教育很成功，父母并没有因为他身体的原因而溺爱他，反而不断地强化他自强自立的意识，克服他的自卑心理，所以他能坦然面对真实的生活。然而也形成了他的暴脾气，上体育课喜欢打架，骂同学。记得有一次上体育课，在50米快速跑的过程中，小涛的助听器突然掉了，问题也来了，他突然间跑错了道次，由于他当时的速度比其他同学都慢，跑过终点的同学都停了下来，他没想到其他同学都停了，突然间就撞了上去并摔倒在地上，当我还没有问他状况的时候，他一拳就打在了跟他撞上的一个同学的眼睛上。我马上跑过去拉开了他，被打的那位学生就一直在原地哭。这时我还没有意识到他的助听器掉了，一直在训导他，但他没听我说，一直向前走，我马上火了，一把拉住他，让他站在边上，估计他看到了我生气的样子也愣住了，课后我才发现他的助听器一直没带上。我也意识到这一系列事情发生的原因，是他听不到我说的话，我向他表达了歉意，他一点都没介意，还是像啥事都没发生一样亲近我，两眼清澈地望着我，他的眼神融化了我的内心，使我感到师者的幸福，在以后的课堂中，我也全力关注到每个学生。

直到现在快一年了，这个“天线宝宝”一直是我最关注的学生，也许助听器会陪伴他一辈子，但是不管将来如何，只要在我的课堂上，我就会一直关怀他，相信其他老师也会一样。

（深圳市龙华区龙华中心小学　叶炜锋）

我们一起成长

足球，作为一种运动项目，以其难以抗拒的魅力，吸引着越来越多的孩子们为它呐喊，为它哭泣，为它欣喜，甚至为它疯狂。于此，当你走进龙华中心小学，校园足球的文化气息弥漫每个角落，足球在这里寄托着他们的梦想与追求。

不断激发孩子奔跑的热情。一天下午上课，绿茵场上一如既往地奔跑着孩子们踢足球的身影，孩子们尽兴地玩着足球。这时，我看到一个长得瘦小的孩子，他总是喜欢站在场边看别人踢，即便是再冷的天，他冻得直发抖也不会上场踢球。我过去捂住他的两只小手，蹲下来对他说："你跑去踢着一次球我就表扬你！"等了一会儿，他兴高采烈地跑过来告诉我他踢着球了，我瞪大了眼睛，惊讶的赞赏了他。马上他又转身去追球了，虽一节课没踢到几次，但他不冷了，踢到球的兴奋劲不亚于考试得了100分。如今，一年过去了，他还加入了我们的校足球队。

培养孩子坚强的意志。五年级的李子墨是个胖乎乎的男孩，经常守门。每当我要射门时，他都很紧张。进了几个球后，我就问他："如果你怕了，我就少进几个球。"可他不服气，后来踢着踢着，他走到我身边便要跟我摔跤，我答应了他。他不怕与比他强壮的身体接触，敢于提出一些想法，心情一定很愉悦和放松。我告诉他："把身体练得棒棒的，将来一定能把老师摔倒。""嗯！"他答应着，带着满眶热血又去抢球了。不服输，跌倒了再站起来，良好的意志品质决定着成败。

我是球星我作主。这次我是守门员，三年级来球队的李佳鹏同学一脚大力射门，球直接踢到了横梁上，吓了我一跳，真是好悬。正庆幸之时，他乐悠悠地走了过来，说："老师，我怕踢到你，就射到柱子上了。"我微笑着对他说："就是球星，也不能想踢到柱子就能踢到的。"其实我心里乐得不行。孩子天真无邪话语里透露出的是球星梦。很多时候，我会故意让孩子运球过了我，让孩子断去了我正运的足球，射进我守住的球门，其实我是想告诉孩子们，球星没有什么了不起的，我们每一名球员，都是我们学校的小球星。我们大家玩在一起，不知不觉增进了彼此的球技，不断让自己进步成长。

我是球星我的梦。在我的足球课堂上，我遇见过这样一些学生，在近一段时间里，他经常与我谈起梅西、C罗、球王贝利……有的孩子还谈论起了他们的足球梦想，他们通过绘画描绘出他们心目中的足球，他们通过摄影捕捉校园足球每一个精彩瞬间，他们不再像往日里那般羞涩，足球成了他们短短的小学六年校园生活不可缺少的一部分。

每年三四月，我校都会组织五人制“校长杯”校园足球班级联赛。班主任是教练，懂行的老师是助理教练，体育教师担任裁判。红、绿两套服装对比鲜明，不时有红黄牌亮出。比赛之激烈，团队之凝聚，学生对足球兴趣空前高涨。让足球运动植根于每一个孩子的心中。

（深圳市龙华区龙华中心小学　龚银杰）

特殊的干预

王宇，男，6岁，不随意运动型四肢瘫，伴随智力低下、癫痫以及视觉、听觉、言语、摄食等障碍。坐姿向后倒，行动不便，出行只能坐轮椅。四肢肌张力异常，但不能随意运动。

根据专业医生和教育工作者的判断，认为宇宇需要进行有针对性的按摩、悬吊辅助运动等康复训练，帮助其改善四肢肌张力异常过高的问题。依据医生建议我给王宇制订了特殊训练计划。

训练措施有物理治疗、按摩、Bobath疗法、Brunnstrom疗法。每周安排1~2次的课程，康复训练场以学校为主，家庭为辅。辅助设施有站立架、床等。

实施内容与方法：

训练方案主要包括基本活动能力训练、运动康复训练、日常生活活动训练。

一、基本活动能力训练

主要采用康复治疗和物理疗法，兼用按摩辅助进行训练，通过NPT技术对宇宇的肌张力有所减缓。病损症状为肌张力升高型，表现为整体躯干、四肢紧张型，特别是下肢紧张有力。针对其四肢做一系列的按摩和NPT技术。

二、运动康复训练

（1）下肢屈曲动作的训练：仰卧，屈曲髋、膝关节，将患足保持在背屈、外翻位，并将其脚掌放于床面；另一只手扶持患侧膝关节外侧，维持髋部处于内收体位，完成髋、膝关节屈曲动作。

（2）髋伸展位时膝屈曲动作：仰卧位，患肢自膝部以下垂于床边，髋关节伸展，保持踝关节背屈、外翻位。在训练时，要注意避免出现伸肌痉挛，因此，应在不引起伸肌痉挛的条件下，逐渐扩大伸膝范围，同时应注意保持足背屈、外翻位。

（3）髋内收、外展的控制：仰卧位，患侧屈膝屈曲，足放在床面，进行主动的髋关节内收运动，从膝部内侧、外侧方给予一定的辅助力量或阻力，此训练有利于站立。

（4）伸展躯干的训练：此训练也是一种被动活动肩胛带的方法。仰卧位，一侧上肢高举过头，训练师一只手持其手，另一只手扶其肩，让其做翻身动作，即从仰卧位到俯卧位，整个过程中注意用力牵拉运动一侧的上肢，使其躯干处于被动牵拉状态。

（5）上下肢的抗痉挛：使患侧上肢处于外展、外旋，伸肘，前臂旋后，伸腕或指、拇指外展的位置，可对抗上肢的屈曲痉挛模式；使患侧下肢轻度屈髋、屈膝，内收、内旋下肢，背屈踝、趾，可对抗下肢的伸肌痉挛模式。

在对孩子进行训练之前要进行评估，依据孩子现状制订训练计划，并依据进度定期修正计划，对训练情况随时进行详细记录。训练要坚持不懈、持之以恒，循序渐进做各项能力训练。

（深圳市龙华区龙华中心小学　陈世龙）

你哪里不舒服吗？

今年暑假，我和妻子驾车带孩子回老家。路上，突然听到后排妻子的抽泣声，我问她怎么了，她说在看学校布置的暑期电影《叫我第一名》，里面的剧情感动得让她流泪，也让她想起自己曾教过的一个四年级学生，是和影片中的小男孩患同样病的一个学生，现在才知道这种病叫妥瑞氏症。

晚上休息时，我看了这部影片。影片里一个叫布莱德的小男孩会在紧张的时候，无法控制地扭动脖子和发出奇怪的声音，而这种怪异的行为，更是让他从小不被周围的人理解，在学校里老师经常批评他，同学们更是对他冷嘲热讽，就连他的父亲也对他失望和不理解，和母亲离了婚，只有母亲不离不弃，一直坚持鼓励他勇敢面对，并通过到图书馆查阅，告诉孩子得的病叫先天性妥瑞氏症。面对这个不能理解他的世界，布莱德一直在痛苦的旋涡里挣扎，直到在一次全校大会上，校长在众人面前巧妙地让大家了解了布莱德的真实情况，让他有了成为一名关爱学生的教师的坚定梦想，即使因为这个病症让布莱德在追寻教师梦想的道路上遭到众人怀疑，屡屡受挫，但他始终坚持着自己的这份梦想，不抛弃梦想，不放弃信念，默默地努力。而他曾经曲折的人生道路在他的坚持下也开始慢慢好转……

看着这部电影，使我想起了那个妻子说上课会不时发出尖叫的学生，我也同样教过他——六（4）班一个瘦瘦高高的小男孩俊伟……

记得第一次给六（4）班上体育课时，我首先作了自我介绍，提出了上课要求，在整理队伍时，队伍里传来两声尖叫声，引起了学生的哄笑。在我记忆中，面对我这样一个身材魁伟的体育教师，还没有学生敢"公然挑衅"的，我没讲话，用眼睛在队伍中扫视了一遍，笑声马上停止了，但还是不时传来几声尖叫声。我马上布置学生分组进行队列练习，随后把尖叫的男生叫到榕树下，问他："靓仔，你哪里不舒服吗？"他怯怯地说："我不是故意的，我妈见我有时尖叫就打我，我还是控制不了，她带我去看过医生，医生也不知我得了什么病，说可能神经有问题。”我说：“那你喜欢上体育课吗？”他说：“最喜欢了，我们班主任说我是班级足球赛最优秀啦啦队员，我的立定跳远2米多，在班级排第二名。”望着他自豪的眼神，我拍了拍他的肩膀，说：“好样的，小伙子！”在接下来的体育课上我尽量多提供分组练习和竞赛机会，他一直很默契的配合，尖叫声也没那么频繁了，同学们也都接纳他。他感觉到了我的尊重和在乎，渐渐地我们成了好朋友，他很努力地参与锻炼。我一直想和俊伟的妈妈聊聊，不要因为尖叫而打他，很遗憾，一直都没有去做。

看了这个影片之后，我觉得要马上付诸行动，虽然俊伟已经上了初一了，离开了学校，但我要打电话告诉他和家人一起看看这部影片，告诉他妈妈不要使用暴力，要关心接纳孩子，让孩子学习布莱德身上所展现的积极主动、不放弃的精神与仔细、尽责的态度，用一种绝对阳光和全面接受的心态去面对人生的任何挫折，而不拒绝、逃避和消极，实现自己的梦想。俊伟的妈妈在电话里再三感谢，答应不再因为他无故尖叫而打他。

其实，我们每个人都可以实现自己的梦想，只要你坚持，只要你愿意。

（深圳市龙华区龙华中心小学　宋昔峰）

做对的事情

我的从教生涯中，经历了一个刻骨铭心的故事，故事的主人公是一个令人心疼的，两岁时全身烫伤，如今是全国冠军的阳光少年。

这个故事的结果，也是我教育工作的经历中给我触动最大，让我更坚定初心的一件事。它让我深刻地体会到：老师真的会是学生灵魂的工程师，我们不能轻易放弃每一个学生。

故事的主人翁是一个男孩，在他两岁那年的冬天，在深圳的父母忙着工作就把他托付给外婆带回四川老家。然而第二天，却传来孩子被开水烫伤的消息。最让人心疼的是，外婆因不合理的处理而导致孩子遭受更严重的伤害（外婆把穿着棉袄、棉裤的孩子，从开水桶里抱起，直接放冷水缸里，因此热气散去的时间变得更长，导致孩子身体90%的面积烫伤，但是万幸的是脸部没有伤到，上天给他留下了天真的笑容）。

在我认识这个孩子时，他已经上四年级了，而那一年也是我工作的第二年。课堂中他站在队伍的最边上，而且总是离同学两米开外。然而，印象里从第一次上课开始，那一双炯炯有神的大眼睛总是盯着我看，一听到跑步俩字，眼睛里更是泛着光芒，而且难掩欢喜之情。然而，当我认真打量他时才发现，原来同学们远离他，是因为他脖子以下都被烫伤过，所暴露在外的手臂、腿部的皮肤好像陈年橘子皮一般极丑无比，甚至让人心生恐怖。

图1　我的学生——阳光男孩翁

课后经打听，方知道这个学生经历过什么。此后每次看见他，我都有意地告诉自己这个学生可能更需要关爱，虽然我帮不了他什么但是我可以接受他、教他融入同学的圈子当中，这是作为教师的一份义务。渐渐地，我也不再害怕他靠近我、跟我说话，反而更喜欢看他那忽闪忽闪的大眼睛，还有爱笑的小脸蛋，久而久之，我从这学生的眼里能感觉到一股特殊的灵气，而且展露出较高的运动天赋。虽然好动，但每次跟我说话时都会安静下来，一句一句地表达，离开时不忘跟我说完再见，再转身，非常有礼貌。

这是我对这学生最开始的接触，也并没有想过自己会对他有多少影响。

那段时间里，正值学校田径队招新，他认认真真地站在我面前，眨着大眼睛，带着恳求的语气说："谢老师，我喜欢跑步，可不可以让我也参加跑步呀？"作为一名刚满9岁的学生，能如此诚恳地表达自己的意愿，我很惊讶，又怎么忍心拒绝呢？我顶着同学们害怕他、排斥他的压力，依然同意他留下，因为我知道运动也许会让他更阳光、更自信。

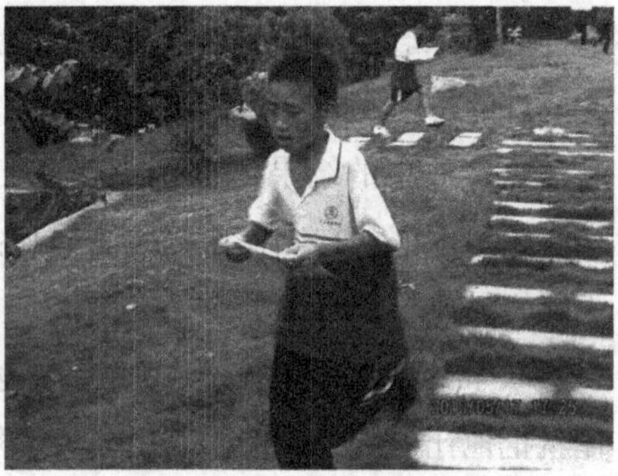

图2　翁在定向越野比赛中

随后，我问了他两个问题：

"你为什么要参加跑步？"

"因为我喜欢跑步，跑步时我会觉得很开心。"

"参加我们的训练可能会很累、很辛苦，怎么办？"

"我不怕！"

他很清晰地知道自己喜欢什么，如今看来，这种懂事的学生是多么难得。但是他的话让刚踏入教坛才一年的我，并没有太放在心上。

2009年开始，在他小小的年纪里，宽广的运动场、漫长的跑道已成了他撒欢和奠定自信的地方。每天早上5：30起床，5：45准时出现在操场上，每天先自觉地跑10圈再进行其他的练习，从没有抱怨过苦和累。在他的影响下，班里也有三个男生主动加入进来，并且成为他

图3　我和翁在市定向越野锦标赛上的合影

的好伙伴。

春夏秋冬，风雨不改，也许是因为喜欢而不知道何为累吧。在他六年级那年，已经远远超过了自己的同伴，训练场上他开始追赶着高中生的跑步节奏，他的速度和耐力也逐渐接近高年级的学生。此时，他那积极的态度、刻苦训练、爱笑的脸蛋，逐渐被身边人所接受，小伙伴以及高年级的学生也开始跟他打成一片，同伴们也毫不在意他身上的伤痕，他自己也毫不怯场。

2011年夏天，他小学毕业，我也因为个人原因离开了那所学校。没想到的是第二年他便说服了父母，通过各种关系来到了我新工作的学校就读，并且再次请求加入我们的训练队。当我再次见到他的时候，他已经是一个阳光帅气的小伙子了。开学第二天他交给我一封信，信里记录着他第一次跟我对话时的心情，以及几年来我对他的点滴肯定和鼓励。他说：“您是第一个每天都会表扬的老师，您总是笑着跟我说话，所以我要继续努力参加训练，以后也像老师一样拿金牌……”

他的坚持和追随让我惊讶，也让我感动。曾经自己只是做了一件作为老师应该做的事情——没有远离这位满身伤痕的小朋友，没想到让一个小心灵有如此大的感触。我很感激当时年轻的自己没有做错事，在当下让我再次遇见他，这使我觉得真正有了一份义务和责任，帮助他走向阳光，走向精彩。

随后的两年里，他跟着我们走南闯北，参加各种定向越野的训练和比赛，甚至两次出国参加比赛。

他除了参加定向越野项目以外，中长跑也是他的强项。2015年还代表深圳参加省运会的800米比赛，获得男子乙组第三名并且达到二级运动员标准。广东省内初中生达到中长跑二级运动员标准是极少见的，这也源于他自己的努力和积累。

图4　翁在全国定向越野比赛中荣获冠军

中考前，他以优异的体育成绩和文化成绩，被某高中提前录取。运动，能让人快乐，运动还让一个生活在灰暗天空下的少年，逐渐拨开阴云，成长为一个阳光少年。

他初中毕业那年，他的父母非常激动地对我说：“感谢您给我的孩子那么多的机会，是运动塑造了他开朗、活泼的个性，他终于能跟正常的孩子一起交流、学习了。”

如今他是一名高三的学生了，已有国内某大学向他抛出橄榄枝。衷心希望他在未来，继续坚持自己的梦想，一路阳光灿烂。

回想起我们一起走过的那6年，他一直在不断成长、进步。学生的家长说我成就了他的孩子，然而，事实上作为教师的我也一直在受他的影响，他同时也在成就着我，使我重新认识自己——作为一线的教育工作者，更应该坚持“做对的事情，因为它比把事情做对更重要、更有意义”！

一批批的孩子
靠近我们又离开了我们
我们却依然站在原地
像等待着什么
也许我们需要做的
只是一个微笑
一份肯定
相迎
相送
……

（深圳市公明实验中学　谢玉芬）

4

第四篇

学而研之

名师送培　感悟体育

2016年12月7日—8日，在深圳市龙华区教育科学研究管理中心和深圳市教育局邵子洺“哨子”体育名师工作室的精心组织下，在深圳市龙华中心小学进行了龙华区骨干教师的“名师送培”体育教研活动。

图1　李育生老师上实验课《50米加速跑》

图2　宋昔峰老师常态课《50米加速跑》准备活动

图3　工作室国内指导专家李鸿江教授指导课堂教学并与王讲春校长交流

12月7日上午，在龙华中心小学田径场进行了同课异构：《50米快速跑》，由龙华中心小学两位经验丰富的教师授课，李育生老师执教适宜密度课，宋昔峰老师执教常态课，活动的内容是：运用可穿戴技术解决适度密度负荷体育课对学生体质健康的影响。参加活动的有曾任首都体育学院院长、书记、北京体育大学博士生导师、"国培计划"首席专家李鸿江教授，区学科带头人、区教科研中心体育教研员隋海林和主管"三名工程"的刘洪翔、张文华老师，龙华中心小学王讲春校长，古惠玲副校长，深圳市"哨子"体育名师工作室主持人邵子洺老师及工作室的全体成员和龙华区体育骨干教师，期间进行了教学探讨和利用polar表对学生上课密度及负荷进行监测，以及从不同的层面对传统教学模式与大密度课模式进行了对比。李教授、王校长和隋海林老师的点评，结合实际，指明了方向和新的思路，受益匪浅。

图4　工作室主持人邵子洺老师作讲座

图5　工作室国内指导专家李鸿江教授作讲座

2016年12月7日下午，在龙华中心小学一楼小剧场进行了深度研讨，会议由区教研员隋海林老师主持，邵子洺老师介绍了本学期名师工作室的工作后，进行了《运用可穿戴技术解决适度密度负荷体育课对学生体质健康的影响》的讲座；接着李鸿江教授作了《感悟体育——体育与人的全面发展》的讲座，从体育的发展史、东西方文化、青少年体质健康状况、日本体育课程及教学模式等方面把体育作为素质教育的切入点和突破口，进而上升到民族复兴的高度，使体育教师的理念上有了很大改变，感悟到体育人应担当的重任。第二天，李教授又深入体育课堂，对青年体育教师进行深入指导，并鼓励工作室成员说，这是他遇见的最积极团结奉献的团队！他的敬业精神、人格魅力也给一线体育教师留下深刻影响。

图6　工作室成员与国内指导专家李鸿江教授和龙华区教研员隋海林老师合影

专家引领指方向　名师教研促成长

2017年6月15日，为提高工作室成员的教学科研能力，深圳市邵子洺‘哨子’体育名师工作室联合深圳市刘永利体育教科研专家工作室，开展了“体育教学改革中如何进行有效的教育科学研究”研讨会活动。工作室国内指导专家、华东师范大学体育与健康学院书记汪晓赞教授带着哺乳的孩子莅临工作室指导，深圳市教育科学研究院刘晋教授、深圳市体育教研员黄镇敏老师、盐田区体育教研员刘永利教授、工作室主持人邵子洺主任及龙华中心小学王讲春校长和来自深圳市9个区各个学校的35名体育骨干教师齐聚一堂，参与了本次教学研讨活动。

图1　邵子洺老师给汪晓赞书记（左）颁发工作室国内指导专家聘书

本次活动主要围绕工作室成员所在的深圳市各基地学校承担的全国社科基金教育学重点课题的课堂教学实验研究进行了培训和分析探讨。

图2　汪晓赞书记从综合运动的五个方面进行培训

图3　汪晓赞书记培训

图4　深圳市盐田区体育教研员刘永利教授发言

上午9：00，研讨会在龙华中心小学厚德楼三楼会议室进行，邵子洺老师主持会议。首先，刘永利教授总结了教科研专家工作室的前期工作和“五尽”

教学法在大密度适宜强度课程的实施，让每个学生都积极参与、体验、认真练习。随后，来自深圳市刘永利体育教研专家工作室的成员对自己的工作及课题开展作了简要汇报，并把在工作和课题中遇到的问题进行交流探讨。刘永利教授讲道：“我们聚在一起，把遇到的问题提出来，大家一起探讨、一起解决，才能达到‘资源’共享，为教学服务。”最后，深圳市教科院刘晋教授和黄镇敏老师强调，应该丢弃碎片式教学和“三无”课堂（无汗、无战、无对抗），把结构化的知识在课堂中以组合的方式展现出来，构建健康的体育课程模式，让学生在每节课学习的技战术得以应用。

图5　深圳市教育科学研究院刘晋教授发言

图6　深圳市体育教研员黄镇敏老师发言

下午，参加研讨会的全体教师观摩了刘永利教授的大密度适宜强度足球课例，然后探讨如何进行有效的教育科学研究。研讨分三个环节进行：第一个环节，观摩刘永利教授的足球课例，让我们更直观、清晰地了解什么是大密度适宜强度体育课。第二个环节，长江青年学者、华东师范大学汪晓赞书记从

图7　龙华中心小学王讲春校长发言

课程教学、活力校园、多元联动、校长挑战杯、运动智能测管系统开发等方面阐述如何进行有效的教育科学研究，为学生的健康服务。汪晓赞说道：“我们作为一线教师，教学是强项，所以我们应从教学中选取一小点，再汇聚在一起，通过研究探讨、集思广益，又反馈到教学中，得益于学生。”第三个环节，邵子洺主任介绍了一年来主持汪晓赞教授国家社科基金（教育学）重点课题子课题《大密度适宜强度体育课对学生体质健康影响的实验研究》的实验研究过程，刘桂香等工作室成员也提出了如何分析数据、不同课型的体育课的练习密度设计等问题。

最后，龙华中心小学王讲春校长对汪晓赞书记及刘永利教授、邵子洺主任等体育人的工作态度、孜孜不倦的科研精神给予了极大的肯定，希望在他们的引领和指导下，青年体育教师能脚踏实地、一步一个脚印，让学生成为懂运动文化、有运动技术、能参与运动比赛的新时代青少年。

教学与训练相长、与科研相长，相信在“深圳市邵子洺‘哨子’体育名师工作室”和“深圳市刘永利体育教研专家工作室”两个团队的共同带领下，工作室一线体育骨干教师们一定会成为一名真正的研究型的教师，为学生的健康成长助力。

图8　工作室成员与专家领导合影

“校长挑战杯”奖励计划实施成果国际研讨大会推广

晴日暖风生麦气，绿阴幽草胜花时。“2019年国际体育课程与教学大会”在华东师范大学体育与健康学院隆重举行，此次大会由华东师范大学体育与健康学院主办，上海高校“立德树人”人文社会科学重点研究基地体育教育教学研究基地、青少年体育教育研究上海市社会科学创新研究基地、华东师范大学青少年运动促进健康研究院协办。

图1　汪晓赞书记主持并作主旨报告

图2　大会在雄壮的中华人民共和国国歌声中拉开序幕

大会开幕式由华东师范大学体育与健康学院党委书记汪晓赞主持，在雄壮的中华人民共和国国歌声中拉开序幕，华东师范大学党委书记童世骏，华东师范大学体育与健康学院院长季浏和来自美国、法国、阿根廷、爱尔兰、澳大利亚、新西兰、巴西、保加利亚、北马其顿共和国、南非、土耳其、西班牙等国家和地区的600多名体育教育工作者以及华东师范大学体育与健康学院的全体研究生和部分本科生出席本次开幕式。龙华中心小学第二党支部书记、学生发展中心主任、深圳市“哨子”体育名师工作室主持人、龙华区体育学科带头人工作室主持人邵子洺老师应邀参加了此次盛会。

图3　来自13个国家和地区的600多名体育教育工作者参加大会

邵子洺老师的论文 *An Experimental Study on the Impact of “ ‘Energetic Five-Color Flower’ Principal Challenge Cup Reward Program” on Students' Physical Health——Taking Longhua Central Primary School, Shenzhen as an Example* 通过大会组委会选拔入选本次大会，在大会做墙报展示，邵老师在茶歇时段作为KDL编委，展示了KDL基本移动技能微课《划龙舟》，与来自世界各国的专家学者、教授和一线教师交流，来自美国普渡大学的学生志愿者刘丁悦为邵老师进行了现场翻译，华东师范大学体育与健康学院硕士生、博士生志愿者也给予

图4　大会主旨报告

了极大的帮助，将深圳龙华学校综合运动干预方案中的“校长挑战杯”奖励计划实施成果在国际研讨大会上推广，深受国内外学者好评。

图5　邵子洺老师展示KDL基本移动技能微课《划龙舟》

图6　大会墙报交流中

图7　美国普渡大学的学生志愿者刘丁悦现场翻译

图8　邵子洺老师与美国印第安纳大学教授合影

图9　邵子洺老师与美国北得克萨斯州立大学顾湘丽教授合影

图10　邵子洺老师与季浏院长合影

图11　邵子洺老师与汪晓赞书记合影

图12　邵子洺老师与美国密歇根大学的汤姆斯·汤普林副院长合影

图13　华东师范大学体育与健康学院的志愿者与专家学者合影

龙华中心小学在肖德明校长和邱如松副校长的带领下，被评为全国青少年篮球特色学校、全国青少年足球特色学校以来，在龙华区积极教育推动下，作为华东师范大学体育与健康学院汪晓赞教授的国家社科基金重大课题子课题单位，积极实施季浏教授的中国健康体育课程模式和汪晓赞教授主编的KDL课程，使新课程标准落地，学生人人参与足球、篮球班级联赛、啦啦操、跆拳道、轮滑、乒乓球等体育活动，通过综合运动干预和“校长挑战杯”奖励计划的实施，极大地激发了学生和家长的积极性，落实了“立德树人”，培养了学生的核心素养，提高了学生的体质健康水平和学业水平，学生意志品质和精神面貌也有了极大的改善。

大密度适宜强度体育课的实施策略

“通过体育教育教学解决中国学生身心健康问题的关键是：每一堂体育课给予学生持续运动的时间应占一堂课总时间的（运动密度）75%以上，不管是运动技能的学习还是体能的练习都要保证学生达到适宜的运动负荷（运动强度应在125～160次/分钟），每一堂课的运动技能学习时间保证在20分钟左右，专门的体能练习时间10分钟左右，运动技能的学习以活动和比赛为主。”这是长江学者季浏教授2015年9月在《中国健康体育课程模式的思考与构建》一文中提出的。这一观点，引起了的热议和讨论。刘晋教授也通过亲自上体育课来诠释季浏教授的观点，在其观点引导下，深圳市教育科研专家刘永利工作室针对如何改变目前体育课仍然存在的集合多、站队久、练得少、讲得多、排队多、等候长、器材少、空练多、内容少、兴趣小、示范少、错误多的现象，提出了“五尽式”教学方式，即尽快让学生动起来，尽可能让学生同时都在动，尽量让学生多动，尽早给学生纠错多指导，尽情让学生快乐开心的动。这样的体育课能让学生自觉、主动、积极地参与学习，感受到运动的快乐并有所收获，课堂教学氛围活跃。

基于此，针对大密度适宜强度体育课的实施策略的话题，由来自深圳市教育科研专家工作室主持人刘永利教授带领大家展开讨论。其中本次研讨的五个子话题：请谈谈您对大密度适宜强度体育课的理解？不同课型的体育课是否都能做到大密度适宜强度，为什么？在大密度适宜强度体育课中如何有效地进行技术动作的教学？大密度适宜强度体育课中教师如何把控课堂的气氛？结合课例，请您谈谈大密度适宜强度体育课应如何设计？分别由工作室五位骨干成员刘慧芳、蒋卫、邵子洺、孟磊和刘钰主持，深圳市教育科学研究院原深圳市体育教研员、教育部“国培计划”专家、二级教授刘晋也参加了本次研讨活动，还有来自江苏、山东、广东、安徽、浙江、湖北、甘肃、辽宁、内蒙古、吉林、陕西、黑龙江12个省（自治区）的体育教师参与了该话题的论坛网络教研活动，达成如下共识。

一、通过体育与健康课程模式解决学生体质健康水平下滑问题

体育课练习密度和强度在《义务教育体育与健康课程标准（2011年版）》（以下简称《课标》）中已有要求，提高体育课的练习密度和强度已成为“国家意志”。“全面发展体能与健身能力”的下位目标是“在运动项目练习中是高灵敏性、速度、力量、心肺耐力和健康能力”。体育教师在教学中应主要结合运动项目的学习和练习发展学生的上述体质，提高学生的健身能力，即应重点提高与运动项目有关的体能。每节课可以利用10分钟左右的时间进行专门性的体能练习［《义务教育体育与健康课程标准（2011年版）解读》117—119页］。“每节课体能练习10分钟”成为中小学体育教学改革能否真正成功的突破点。

深圳市辖各区在刘晋教授的带领下率先进行体育与健康课程大密度适宜强度体育课模式的尝试，是《课标》与体育与健康教学实施之间的中介。通过实验发现，大密度适宜强度体育课有助于落实《课标》的精神和理念，针对急需解决的学生的体质健康水平持续下滑、在教学实践中体育教师授课没有密度“意识”、很多体育课练习密度达不到7%，以及学生爱运动却不愿意上体育课等问题都迎刃而解。比如，40分钟的课，学生活动时间30分钟，运动密度就是75%，其实学生活动时间还可以再提高，只要教师教学设计得当，教师精讲学生多练，讲解示范最好是边讲解边示范，学生练习过程中教师巡回指导，不要全部停下来进行正误比较，不同学生遇到的问题是不一样的，理论上讲40个学生可能会有40个不同层次的问题，教师精准、有针对性的指导，效果会更好。教师要减少集合整队、集体纠错，在一节课中让学生停下来集中讲话时间可以不超过3分钟，尽可能让学生多练习。传统的体育课教学模式比较难达到这样的密度，深圳市从2012年开始进行实践探索，结果表明，不管是小学、初中还是高中都是可以达到的。

二、根据学生身心发展规律，用“五尽”教学方式科学调控大密度和适宜强度体育课

大密度体育课需要合理的队形安排、对主教材内容有效递进地教学手段、符合学情的游戏配合等；适宜强度体育课必须根据学生发展需求，科学调控，在课堂教学中加强心率监控。一般使用有氧运动靶心率计算公式

（220-年龄）×（65%～85%）。根据靶心率公式计算，得出有氧运动的运动强度分级。

我们提出了“五尽式”体育教学方式进行大密度适宜强度体育课教学：

（1）尽快让学生运动起来——简单介绍或不介绍教学内容，直接进入准备活动、游戏等，教学过程以教师示范为主，精讲、少讲。

（2）尽可能让学生同时都在运动——准备活动、游戏、主教材的内容尽可能选择让全体学生同时都能参与的趣味性内容。

（3）尽量让学生多运动——主要学习内容则要给学生足够多的练习时间，使之充分体会动作要领，不中断或少中断。

（4）尽早给学生纠错，多指导——教师在练习的学生中巡回与观察，及时发现并纠正错误动作，不断用语言激励，给每一个学生指导。

（5）让学生尽兴，快乐开心的运动——主教材内容及其教法的选择要针对不同年龄（学段）学生的身心特点，趣味性要强，使之有兴趣，主动不倦怠的参与。

从而，在体育活动中让学生能够充分感受到运动的快乐；自觉、主动地投入学习；课堂教学氛围活跃；教学内容与相关课程知识或生活经验相结合；给予想象的动态空间，引导积极参与并有所收获。

三、大密度适宜强度课以学生为主体，教师来指导

体育课堂是学生的课堂，学生是学习的主体，体育教师是辅助者、引导者和指导者。教师把课堂还给学生，教师精讲，学生多练，运动密度、练习密度提高，课堂效率就自然提高了，学生体质必然提高。目前，我们所看到的体育课仍然存在的现象包括以下几点。

1. 集队多、站队久、练得少、讲得多

经常看到学生刚练得热火朝天，忽然一声哨响，集合—站队—讲解—纠错，左讲右讲，生怕学生听不懂，不理解，时间用去三五分钟，学生再开始接着练习，还没进入状态，哨声又响了，继续集合—站队—讲解—纠错，又是三五分钟，循环往复，学生不断地整队集合。5～10分钟内只练习了1分钟左右，其余时间都去哪了？都在站队听讲。有的教师一节课甚至要集中八九次，教学流程不畅通。

2. 排队多、等候长、器材少、空练多

学生在做练习的时候，经常自然而然地站成四路纵队，被分成4个组进行

练习，于是每个学生开始排队轮流依次进行。统计数据表明，在一组100秒的轮流练习中，每个学生练习了10秒，若重复三组轮流练习，300秒中每个学生实际练习30秒。最常见的就是在组织教学比赛时，特别是等待练习的人数多时更加明显，距离长，队伍长，多数人站在那儿看，喊着“加油、加油”，只有每组第一排的4个少数人在练习，练习的距离又短，15米左右，运动量小。其余时间都去哪了？都在排队等候。再加上所用的器材少，甚至学生在没有器材的状态下进行空跑、空练。

3. 内容少、兴趣小、示范少、错误多

目前，体育课中体育教师经常教的是徒手操、广播操、简单的队列练习和自己最擅长的项目内容，自己不会或者不擅长的内容基本不会涉及，而且为了省事，尽可能的少布置场地和少拿器材，因此对于学生而言，学习的内容就相对更少，导致感兴趣的学生就少。教师示范动作次数不足，学生不能做出正确的动作，何况那些注意力不集中和没有看到的学生，只好模仿周围同学所做的动作，因此动作姿态万千，错误百出。

其实，我们忽略了一个现象，学生的模仿能力非常强，而对概念、技术原理的认知能力相对较差，如果没有一定的条件刺激，很难能感知技术的原理，尤其是小学生，不论教师讲解多少遍，都不如模仿练习效果好。有些教师的语言表达能力又一般，讲解过多反倒让学生不明白。所以应该先示范后讲解，甚至可以不讲解，完全是模仿练习，尤其是低年级学生。这就要求教师将正确的、标准的、优美的示范动作展现给学生，给学生建立正确的技术表象，在练习过程中给予指导，再加以适合和适当的讲解，让学生在练中学、在练中去感知技术原理，在练中接受教师的点拨、启发、引导和帮助，从而达到掌握运动技术，提高运动技能的目标。

因此，如何以学生为主体，给学生更多的练习时间的问题就摆在了我们的面前。

四、通过练习密度的研究，不断提高体育课的教学效果

体育课中学生的练习时间通常是用练习密度来体现的。练习密度是指一个学生在课堂上参与各项练习的时间总和占全课总时间的比例。在体育课程教学中，课堂的练习密度，是评价课堂教学质量的一项重要指标。课堂教学时间的有效利用是体育课练习密度的核心要素。

班级体育课教学是一百多年前由基督教青年会在中国开办学校引入的，在近130年中，体育课教学组织方式基本没有多大变化，和人们的交通、通信、医学等行业的进步相比，是非常落后和保守的。体育教育教学在一些地方仍延续着师徒相传的落后守旧，一成不变的格局，一些教师从开始任教后，教学模式基本不变，直到退休，代代相传，百年不变。其中最大的问题就是没有密度“意识”，很多体育课练习密度达不到7%，强度更无从谈起，这样的体育课怎能不导致学生体质下降呢？过去，由于国家没有体育课练习密度和强度的标准，体育教师参考的是60多年前从苏联引进的体育理论，这种思维长期影响着对体育课的评价，也是造成影响体育课质量评估的原因之一。国内很多师范大学的教授反对提高练习密度，培养的学生也没有密度意识，毕业后，进入中小学当体育教师的结果可想而知。因此，迫切希望国家尽快出台体育课密度和强度的相关标准。①

通过练习密度的研究，可检查每节课中存在的问题，提出改进措施，不断提高体育课的教学效果。在体育课上尽可能从加强学生练习这一环节出发，着重课堂练习密度，以便使学生有更多机会实践，更有效地掌握运动技能，增强体质，完成学习目标。

不同年龄段的学生，体育课的练习密度和强度通过教学设计都可以达到理想水平，关键要看设计者是否有密度意识，是否能设计好每一个教学环节，如，设计好热身活动和静态拉伸的衔接，明确每一个练习的时间、次数、组数；在基本部分，讲解示范、完整示范和分解示范、示范位置和队形、动作要领要做到精讲、规范、准确。在教学过程中，对每一个练习的内容、时间、练习次数精心设计，科学优化场地布置与组织实施，逐渐提高体育课的练习密度和强度。

五、练习密度对进行体育教学改革有着重要意义

练习密度是评定体育教学特别是运动教学质量的重要指标，作为评定锻炼效果的指标，对进行体育教学改革有着重要意义。例如，大连市制定的体育课质量评定标准中，评定健身的效果，要求“全课练习密度在25%～45%，基本部分练习密度20%以上”；北京体育学院1987年出版的《几个国家学校体育

① 刘晋.对大密度大强度体育课的探索与实践［J］.中国学校体育，2015（12）.

的比较》一书，也是用“全课练习密度25%～45%”作为反映增强学生体质实效的运动负荷适宜指标之一。[②]

赖天德先生在《中国学校体育》2015年第12期卷首语《为什么体育课的练习密度又成了教研的热点》中谈到，体育课的练习密度，由于课的教学目标不同、教材内容不同、课的类型不同、教学对象不同、场地器材不同，安排起来也不尽相同。

1. 如何根据教材内容的不同性质安排练习密度

一般来说，以无氧运动为主的教材内容，练习密度不能安排过大；而以有氧运动为主的教材内容，练习密度可安排大一些。同样的道理，在发展学生的体能素质时，也要根据不同素质的特点来安排练习密度。

2. 如何根据体育课的不同类型来安排练习密度

一般来说，新授课，由于教的是新教材，教师的讲解、示范和发现与纠正学生错误动作所占用的时间必然要多一些，因而学生的练习密度就相对要小一些；复习课，出于学生对所学的内容已基本了解或初步掌握，主要是复习巩固和提高的问题，因而练习密度就可以安排大一些；考核课，由于教师要对学生逐一进行考核评分，每个学生考核的时间较短，等候的时间较长，如果不采取必要的补救措施，练习密度必然较小。

3. 如何根据教学对象承受运动负荷的不同能力来安排练习密度

一般来说，对低年级的学生与体弱多病的学生，练习密度要安排小一些，而对高年级的学生和体质较好的学生练习密度可安排大一些。

在上述三种情况下，到底如何结合各种相关因素，掌控好这个“大一些”与“小一些”的度？还值得我们在教学实践与教研活动中进一步深入探讨。

希望本次研讨能够给大家以启示，我们并不权威，只是希望全国的体育教师能够心往一处想，劲往一处使。最终的目的是让我们的体育课有效、有用、实用，让我们的学生真正的喜欢体育课，身心健康发展，体育教师才真正有位！

（深圳市龙华区龙华中心小学　邵子洺
根据《中国学校体育》“草根争鸣”第102期整理）

② 杨文轩,陈琦.体育原理导论［M］.北京：北京体育大学出版社，1996.

“3M”行动体育教学法在体育与健康课堂教学的运用

长期以来，一线体育教师在教学中一直沿用竞技运动教法，教学重点、难点刻意强调单个动作的规范性，学生在有限的教学时数内，只能简单的掌握几个单个分解的技术动作，而且重复率极高。结果造成学生的实际运用操作能力较差，在竞争激烈的比赛或团队项目竞赛中无所适从，导致喜欢体育运动但不喜欢上体育课，体质水平下降。当今形势下，传统无汗的体育课已不能适应当今教学形式的发展需要，用3M行动体育教学法设计体育教学，提高学生的健身能力，即“应重点提高与运动项目有关的体能。每节课可以利用10分钟左右的时间进行专门性的体能练习”［《义务教育体育与健康课程标准（2011年版）解读》117—119页］。提高体育课的练习密度和适宜强度，提高青少年体质健康水平已迫在眉睫。

一、“3M”行动体育教学设计

1. 指导思想

《国家中长期教育改革与发展规划纲要（2010—2020年）》明确提出：“加强体育，牢固树立健康第一的思想，确保学生体育课程和课余体育活动时间，提高体育教学质量，加强心理健康教育，促进学生身心健康、体魄强健、意志坚强。”基于此，课程设计理念、理论依据、学习目标设置、学习内容选择、学习评价的运用等各个环节均要围绕增进学生健康来设计和实施。同时，建立一种激发学生兴趣和参与度，致力于为终身体育服务的行动教学观，以学生学会运动技能，掌握基本原理和方法，培养实际运用能力为目标，采用“积极地动、尽量地动、科学地动”“三动”（“3M”）行动体育教学法提高课堂的运动练习密度，通过“你来试一试”运动体验——和同伴一起掌握运动技能提高体能，还能创编更多的动作进行比赛应用的学习步骤，按照动作的迁移性规律精选教材，提高效率，在引导启发学生合理使用动作、适应自然生活环境的基础上，注重动作的规范性。

2.“3M”行动体育教学的特点

“3M”行动体育教学的特点就是将行动和认知活动有机结合，注重运动能力、健康行为和体育品德的培养，融合生成，相互发展。“3M”行动体育教学以积极地动（激发兴趣，乐于参与，运动密度75%以上）、尽量地动（教师精讲多练）和科学地动（遵循身心发展规律）为指导思想，教材理论联系实际，层次分明，生动活泼，同时采用可穿戴技术干预每节课的运动负荷，把有效运动靶心率控制在有效区间，“三动”（“3M”）的方式激发认知活动的开展，认知活动又使实践运用加强。

世界卫生组织在《关于身体活动有益健康的全球建议》中指出：“5～17岁儿童青少年应每天累计至少60分钟（1小时）中等到高强度身体活动；大于60分钟（1小时）的身体活动可以提供更多的健康效益；大多数日常身体活动应该是有氧活动，同时，每周至少应进行3次高强度身体活动，包括强壮肌肉和骨骼的活动等。”这里面提到的每周至少进行3次高强度身体活动，就是靶心率的上线，建议采用渐进的方式增加体育课的强度，最终达到有效运动量。学生不同年龄段的有氧运动的靶心率在130次～180次之间，低于靶心率的下线的平均心率，对学生的心肺机能的锻炼价值就不大，高于靶心率的上线就成了无氧运动。一般使用有氧运动靶心率计算公式：（220-年龄）×65%～85%。根据靶心率公式计算，可以得出不同年龄学生的有效运动心率区间，如，水平二中四年级10岁的学生，有氧运动靶心率是（220-10）×65%～85%=136.5～178.5，10岁学生的有效运动心率区间就是136次/分～178次/分，没达到这个范围的身体练习，心肺机能的锻炼价值就不大。因此，在设计大密度适宜强度体育课时，要将运动各环节控制在有效运动心率区间。

3.“3M”行动体育教学设计的内在结构（见表1）

陶行知先生说：“行是知之使，知是行之成。”说明行动和“做”的重要性。知识的产生不是一成不变的，是遇到新的行动困难时，旧知识的效用体现在为困境的解决提供一个假设，假设的成立看行动的效果可否解决困境。“3M”行动体育教学结构有益于关注到运动能力、健康行为和体育品德三大核心素养的形成，以提高学生体质健康水平。

表1 "3M"行动体育教学模式的内在结构

因素	内容
教学思想	注重学习环境，学生学会自主、合作和创造性学习，提升运动能力，养成健康行为和体育品德，终身受益
教学目标	了解运动知识，激发兴趣，掌握运动技能，提高运动能力，终身运用
教学程序	引导自学行动—认知生成—指导实践应用
教学评价	方法：学生自评—学生互评—教师鼓励评价
	标准：时效性和规范性相结合

4."3M"行动体育教学的实施

采用"3M"行动教学设计大密度、适宜强度教学，授课内容分别按正常授课计划进行，每学期最少上不低于48节课，在75%左右的大密度课堂中精讲多练，引导学生积极地动、尽量地动、科学地动，在8~10分钟体能练习中安排不同部位练习，抓好学生上肢、下肢、腹肌和背肌等核心部位的力量耐力练习，使学生在2分钟内不间断的练习并坚持完成动作，促进学生体能平衡、协调发展。如，每个项目按学年计划、学期计划、单元计划和课时教学计划进行，每节课以40分钟为例，学生活动时间30分钟，运动密度就是75%，只要教师教学设计得当，教师精讲，学生多练，75%的运动密度是容易达到的。深圳市从2012年开始进行这样的探索，不管是小学、初中还是高中都是可以达到的。

（1）准备部分（7分钟），活动、热身、拉伸可以在规定场地内原地或同时进行。这部分的密度和心率较高。

（2）基本部分（30分钟），学生结构化运动技能学练（大约20分钟左右）、体能练习（10分钟），这30分钟要精讲多练，75%密度，平均心率140–160次/分，最高心率往往出现在体能练习这一时间段。用季浏教授的中国健康体育课程模式教学，学生的体育学练才会更有效。例如，以快速跑为例，快速跑项目强度较大，一直进行快速跑是不现实的，我们可以适当控制强度，保证大密度，在快速跑到终点后可以采用慢跑的方式返回，保证大密度的实现。

（3）结束部分（3分钟），放松活动的配乐静态拉伸，拉伸中同时进行评价。这部分运动密度高，但平均心率低。

笔者经过一年的教学实验，进行了实验前后的体质健康测试数据分析，测试结果显示，除身高、体重变化不显著，其他各项健康指标显著增强。

二、“3M”行动体育教学体现了学生主体性和乐观性格

在教师的启发下，学生在游戏组合或竞赛情境中逐渐加深了对运动规律的理解，使不同基础、不同层次的学生找到了自我发展的目标，掌握了自学、自练的方式方法，具备了发现问题、解决问题和自我评价的能力。学生不再是为教师而学，不再为考试而练。“3M”行动体育教学充分调动了学生的积极性和主动参与性，学生在学习过程中掌握了学习的方法，满足了学生的求知欲望，体验了自我成功的喜悦和互帮互助、积极乐观的性格。

三、“3M”行动体育教学激发了运动兴趣和强健了体魄

在大密度适宜强度体育课教学中，学生由于采用“3M”行动体育教学进行，场面感觉有点乱，是因为学生先探索尝试后的技术形式立即通过具体动作表现出来，不像其他课程一样，探索后的结果表现一般是比较静态的形式，也正因为如此，“3M”行动体育教学在促进学生心理健康方面，具有其他课程不可比拟的优越性。因为，在这样的环境中，学生可以按照自己的意愿创造性的练习、运动，心理上没有压力，而且教师鼓励学生相互观摩学习、合作学习，在这个过程中，情感可以充分表达，经过长此以往的磨炼，学生提升了人际交往能力、主动探索的主体意识和终身运动能力，不但培养了学生的运动能力和适应自然生活环境的能力，而且激发了学生的主动学习兴趣，改变体态，体魄强健。

四、“3M”行动体育教学增强了适用性和健康行为

在教学中，由于突出了运动能力和适用性，学生更深刻地理解不同动作的技术特征，对空间、移动的认识，以及健康的认识。通过感知，自我尝试，练习掌握的知识，获取新知识，然后运用新知识和技能去解决生活实践中的健康新问题，这个过程经过反复尝试才能完成，培养学生的运动意识，增强了适用性，形成了健康行为。

“3M”行动教学体育课提高了体育课教学效果和学生的锻炼能力。如果体育教师都能按季浏教授的体育与健康课程模式，运动技能的学习以活动和比赛为主；刘晋教授的“让学生逐步适应75%密度，在运动中心率达到140～160次/分钟的平均心率的运动强度”和刘永利教授的“五尽”教学法，以及笔者的引进“3D”行动体育教学，认真地上体育课，学生体质状况就会逐步得到改善，身心健康水平一定会快速提高。

大密度适宜强度3M体育课对学生体质健康影响的实验研究

——以深圳市龙华中心小学为例

《中共中央国务院关于加强青少年体育增强青少年体质的意见》《国家中长期教育改革和发展规划纲要》《“健康中国2030”规划纲要》等国家政策性文件，都以顶层设计的高度始终强调“全面深化学校体育改革，促进青少年学生身心健康，体魄强健”的战略意义和发展方向。学校体育承担着青少年学生运动能力培养和健康教育的重任，而学生的体质健康关乎个人幸福和国家、民族的未来。那么，探索一条促进学生“运动能力、健康行为、体育品格”的体育核心素养提升的有效途径，并形成一个包含学生健康促进原则、方法、监控、评价等方面的可操作性实施方案，是广大体育教育和科研工作者的当务之急。因此，本研究深耕体育与健康课堂教学的关键阵地，运用“中国健康体育课程模式”在常规体育与健康课程中，进行“75%运动密度，140～160次/分钟心率，20分钟技能学习和10分钟的体能练习”的游戏结构化教学运动干预实验研究，旨在通过该课程模型，用3M教学法探讨大密度、适宜强度体育课对学生体质健康水平的影响。

一、研究对象和方法

（一）研究对象

本研究以深圳市龙华区龙华中心小学四年级的两个同质班作为实验对象，其中选取四（1）班为实验班，四（4）班为对照班，详见表1。

表1　研究对象人数统计表

实验对象	人数	男生	女生
四（1）实验班	54	32	22
四（4）对照班	54	32	22
合计	108	64	44

（二）研究方法

1. 文献资料法

在中国知网、中国期刊全文数据库等中，以“运动强度”“运动密度”“体质健康”等为关键词搜索文献资料，重点对2008年以来体育与健康课堂教学密度、强度与学生体质健康相关的文献资料进行分析、整理，作为本研究的理论支撑。

2. 实验法

实验班以“中国健康体育课程模式”进行田径、球类等结构化的3M课程教学，对照班以传统的体育与健康模式同样进行田径、球类的授课，均为全年36周108节课，通过为期一学年的实验，探索课程模式的效果。

3. 数理统计法

运用IBM SPSS Statistics23.0和Excel2007对实验前、后测数据进行整理和统计分析。

二、研究步骤

（一）制定方案

1. 目标

通过在体育课中采用“中国健康体育课程模式”大密度适宜强度的3M教学法授课，来培养学生的运动习惯，改善学生的体质健康水平。

2 .设计

根据四年级均衡分班和未干预前的体质健康数据对比结果，随机选择同质的四（1）班为实验班，四（4）班为对照班，选取两个同质的体育教师进行一年的体育课干预实验，实验干预在学生不知晓的情况下进行。每个月上一节同课异构研讨课，完成一份案例和反思。

3. 方案

（1）实验教师通过集体备课，采用“三人风暴法”，即三人共同设计，头脑风暴，两人同课异构，运用“中国健康体育课程模式”，设计108节“75%运动密度，140～160次/分钟心率，20分钟技能学习和10分钟的体能练习”的游戏结构化教学计划进行全年授课干预。

（2）每周上3节40分钟体育课，用PolarH10运动智能监测心率带进行1次监控，收集数据，调整课堂运动负荷。

（3）对照班教师设计和教授相同课时和内容的常规体育课。其他大课间活动、“四点半”阳光体育活动、活力校园、亲子嘉年华等体育活动正常开展。

（4）对参与实验的教师进行培训后，根据《国家学生体质健康标准》，对四年级学生7个体质健康项目，身高、体重、肺活量、50米短跑、坐位体前屈、1分钟跳绳和仰卧起坐进行前测数据收集，数据收集在2016年9月份开学第一周进行，然后从第二周开始到2017年6月（除寒假1个月），进行36周108节课的教学实验干预。每学期中段，请总课题组专家亲临指导，并汇报前期成果。于2017年6月进行后测和数据分析、撰写结题报告、论文发表等工作。

（二）确定变量和控制无关变量

1. 确定变量

选取班级变量为自变量进行实验设计，班级变量分实验班与对照班两个水平。选取《国家学生体质健康标准》中身高、体重、肺活量、50米短跑、1分钟跳绳、坐位体前屈、仰卧起坐七项指标成绩作为因变量。

2. 无关变量控制

选取深圳市龙华中心小学四年级两个同质班级进行实验，实验教师按培训设计和要求进行有序的教学和干预活动，但不告知被测试学生正在进行干预实验。

（三）实验实施

1. 实验前测与数据收集

实验前，由第三方测试实验班和对照班各54名学生的身高、体重、肺活量、50米短跑、坐位体前屈、1分钟跳绳和仰卧起坐数据。

2. 实施干预

实验班依据《中国健康体育课程模式》设计全年108节体育科，制订每周3节，每节课40分钟的体育授课计划，每周两次给20名学生佩戴PolarH10智能监测心率带，监控检测学生的运动密度和强度，并采用3M体育教学法，让学生积极地动（激发兴趣，乐于参与）、尽量地动（尽量让学生在课堂的四分之三的时间多动，快乐开心的动）和科学地动（遵循身心发展规律，促进学生运动密度和运动负荷的达成）。

对照班以传统体育课授课模式制订与实验班相同的授课计划，给20名学生佩戴PolarH10运动智能监测心率带监控。

3. 实验后测及数据收集

实验后，同样由第三方测试实验班和对照班各54名学生的身高、体重、肺活量、50米短跑、坐位体前屈、1分钟跳绳和仰卧起坐数据。

三、研究结果与分析

（一）实验前，实验班和对照班学生体质健康水平不存在显著性差异

独立样本*T*检验结果表明，实验前，实验班和对照班的学生在身高（*T*=0.353，*P*>0.05）、体重（*T*=0.498，*P*>0.05）、肺活量（*T*=–0.022，*P*>0.05）、50米跑（*T*=0.114，*P*>0.05）、坐位体前屈（*T*=–0.258，*P*>0.05）、1分钟跳绳（*T*=–0.062，*P*>0.05）、仰卧起坐（*T*=–0.051，*P*>0.05）七个指标上均不具有显著性差异（详见表2）。两个班实验前体质健康处于同一水平。

表2　实验前四年级实验班与对照班体质健康数据分析表

	是否实验	N	均值	标准差	*T*值	*P*值
身高	实验班	54	136.54	5.733	0.353	0.725
	对照班	54	136.18	4.982		
体重	实验班	54	33.72	7.429	0.498	0.620
	对照班	54	33.07	6.198		
肺活量	实验班	54	1878.09	334.709	–0.022	0.982
	对照班	54	1879.48	311.400		
50米短跑	实验班	54	9.89	0.753	0.114	0.910
	对照班	54	9.87	0.770		
坐位体前屈	实验班	54	7.24	6.398	–0.258	0.797
	对照班	54	7.54	5.913		
1分钟跳绳	实验班	54	92.74	30.141	–0.062	0.951
	对照班	54	93.09	29.082		
仰卧起坐	实验班	54	35.70	6.338	–0.051	0.959
	对照班	54	35.76	4.879		

*P<0.05；**P<0.01

（二）实验后，实验班和对照班学生体质健康水平呈现显著差异，实验班五项指标好于对照班

独立样本T检验结果发现，四年级实验班和对照班的学生在肺活量（T=3.820，P<0.05）、坐位体前屈（T=2.319，P<0.05）两个项目上均呈现显著性差异；在50米短跑（T=−2.351，P<0.05）、1分钟跳绳（T=6.283，P<0.05）、仰卧起坐（T=3.726，P<0.05）三个项目上均呈现高度显著性差异（详见表3），实验班各项成绩均好于对照班。究其原因，由于实验干预期间，实验班教师在体育课上通过3M教学法，以游戏和竞赛手段，分组合作进行练习，辅以小组“琅琊榜”打擂的方式，大大激发学生的课堂积极性。为了取得好成绩，同学们互相帮助、互相促进、互相比拼。而教师通过智能设备监控，适时掌握教学不同阶段学生的身体反应，合理调整运动强度，保证学生运动安全。大密度游戏结构化教学与智能设备监控的结合，较好地实现了学生在课堂上积极地动、尽量地动、科学地动，极大地调动了学生运动练习的主动性和积极性。而由于实验干预时间为一年，时间较短，因此两个班在身高和体重两个项目上不具有差异性。

表3　实验后四年级实验班与对照班体质健康数据分析表

	是否实验	N	均值	标准差	T值	P值
身高	实验班	54	138.38	5.930	1.474	0.143
	对照班	54	136.83	4.906		
体重	实验班	54	34.73	5.685	−0.168	0.867
	对照班	54	34.92	5.645		
肺活量	实验班	54	2256.06	303.255	3.820	0.000
	对照班	54	2052.41	247.952		
50米短跑	实验班	54	9.30	0.525	−2.351	0.021
	对照班	54	9.63	0.873		
坐位体前屈	实验班	54	9.88	5.057	2.319	0.022
	对照班	54	7.56	5.321		
1分钟跳绳	实验班	54	127.33	25.962	6.283	0.000
	对照班	54	95.31	26.986		
仰卧起坐	实验班	54	38.74	4.687	3.726	0.000
	对照班	54	35.56	4.183		

*P<0.05；**P<0.01

四、结论与建议

（一）结论

（1）基于“中国健康体育课程模式”的大密度、适宜强度3M体育教学法能对学生的多项体质健康指标产生良好影响，有效提升学生的体质健康水平。

（2）大密度游戏结构化体育教学过程中使用运动智能设备进行运动强度的监控，有助于实现学生在体育课堂中积极地动、尽量地动、科学地动，让学生乐动、好动、善动，促进他们终身体育习惯的养成。

（二）建议

（1）教师在实施大密度教学法时应多以游戏、竞赛的形式进行分组合作练习，尽量少调动队形，同时一定要适时关注运动智能设备的监控结果，及时控制运动强度，以帮助学生健康、快乐成长。

（2）教师在教学过程中根据运动智能设备监控反馈情况适时调整运动强度时，可向学生传递相关知识，让学生在乐动、好动的同时，逐步具备善动的能力，为终身体育打下良好基础。

（3）学生体质健康非学校一家之责，必须家校联动方可有力推进。学校可通过家访、家长会、家长学校培训等形式积极联系家长，告知学生体质健康情况，引起家长重视。对超重、肥胖和偏瘦的学生，拟订家庭锻炼计划和健康食谱，通过父母带动和学校体育教学、“四点半”活动、大课间时段一起进行干预。

参考文献：

［1］季浏.中国健康体育课程模式的思考与构建［J］.北京体育大学学报，2015，38（9）：72-80.

［2］刘晋.对大密度大强度体育课的探索与实践［J］.中国学校体育，2015（12）.

注：本文系国家社科基金（教育学）重点项目（ALA150010）聚焦深化教育领域综合改革中的青少年体育问题及对策研究的子课题研究成果。

改善肥胖学生体质的方法与策略

学校体育承担着儿童青少年学生运动能力培养和健康教育的重任，而学生的身心健康关系到个人幸福和国家、民族的未来。近年来学生体质健康水平下降，肥胖和近视率上升，学生性格孤僻，糖尿病低龄化，已形成严重的社会问题，笔者任课的四年级学生每班50人，均有4至5名肥胖学生，肥胖率近10%。改善肥胖学生的体质迫在眉睫。

一、肥胖学生的表现及成因

（一）肥胖学生的表现

（1）不爱参与体育活动，特别是田径项目中一些快速跑、耐久跑等。

（2）对体育课的兴趣不高，主动参与活动的表现欲望不强，表现懒散，纪律观念不强，缺乏拼搏进取精神，上课不积极。

（3）对体育测试成绩的关注度不高，表现为对评价等级无所谓。

（4）管不住嘴，吃东西无节制，缺乏健康科学的饮食知识，对自己缺乏正确的认识。

在恶性循环中有的肥胖学生变成了问题学生，有的进入社会找不到价值感和自尊，糖尿病、心脑血管病等疾病缠身，幸福生活无从谈起，影响身心健康发展。

（二）肥胖学生的成因

肥胖分外因性和内因性肥胖，外因性肥胖是由于长期饮食无节制、少运动，能量失衡等多种因素造成的；内因性肥胖是由身体内激素分泌紊乱以及代谢紊乱造成的。父母有一方肥胖的，子女肥胖的可能性有32%～34%；父母双方均为肥胖的，子女肥胖的发生率上升为50%～60%；另一方面，72%的胖孩子，父母中至少一人也有肥胖，而且目前已经找到了多种与肥胖有关的遗传基因。还有随着人们生活水平的提高，饮食过量，缺乏体育锻炼，久坐行为等导致肥胖的学生逐渐增多。

二、教学实践中对待肥胖学生的举措

（一）实施内容

研讨中大家认为，基于保护学生的自尊心和课程目标的达成，一般都通过三方面来安排肥胖学生的练习内容，取得了可喜成效。

1. 差异教学，降低目标

课前对学生的情况有一个详细的了解，在教学或者练习的时候对学生进行差异教学。对于肥胖学生一般不提过高的要求，只要求他们掌握一些基本的动作或设置一个他们通过努力也能达成的目标，让他们看到希望。

2. 增强趣味性，降低考核标准

教学内容多以游戏竞赛为主，在考核的时候不按照教学目标搞“一刀切”，对于部分肥胖的学生多进行过程性评价。这样一部分在课堂练习很努力的学生也能够取得优异的成绩，并且会对他们给予表扬和鼓励，增强他们的自信心。

3. 进行思想教育，科学安排内容

讲解肥胖会带来疾病，会缩短寿命，敲响警钟，并且通过丰富多彩的游戏竞赛活动养成运动习惯。

4. 增加体育项目，提高身体素质

考虑到肥胖学生的负重较大，所以尽量避免急停、高跳的项目，可适当安排游泳、小力量的反复练习，把力量练习变成耐力练习。在这个过程中，让他们强化意志品质，与肥胖作持久的斗争，争取减肥。

（二）具体策略

首先，做好思想教育，明白肥胖带来的危害，要树立学生积极参加锻炼的自信心。其次，在教学中，做到简单化、趣味化和科学化，在跑和跳的项目练习中降低练习难度和标准，但要增加练习次数根据体能的差异安排练习内容。以运动游戏化为主，关注任务的完成、活动的过程和采取有效的教学方法和多元的过程性评价标准等。最后，通过学校、家庭、社会共同干预等措施，全力改善肥胖儿童的健康问题。

1. 精备课、立常规

精心备课并和学生共同建立课堂常规。备课不但备教材，还要备学生，挖掘肥胖学生身上的闪光点，鼓励团队成员积极接纳每一位肥胖同学。通过游戏化、趣味化练习内容，以小组合作的学习方式在运动中积极竞争。例如，旋风跑酷队（以心率计成绩，只要达到等级心率即可得分）、巨人篮球队（挖掘肥胖学生作为大中锋的进攻和防守优势）、猎豹足球队（发现比赛中肥胖学生对抗有优势）、银球乒乓队（鼓动宣传肥胖学生推挡、扣杀力大、凶猛等特点），引导他们朝着显示自己才能的方向发展，建立自信。宋昔峰老师就通过培养肥胖学生对篮球的兴趣，历时5年，使2位肥胖学生成功减肥，并找到自信，获得成功与快乐。其中一人作为后卫，在全国、省、市青少年篮球比赛中获得冠军，还被选为奥运会深圳站火炬接力助跑手；另一名作为主力中锋获得市运会少儿篮球比赛第三名。

2. 强意识、建档案

强化学生、家长、教师的健康意识，普及健康的生长发育知识，懂得肥胖带来心脑血管等疾病的危害，懂得在不同敏感期通过体育锻炼，可以延长寿命，提高生命质量，将每天锻炼1小时落到实处。例如，通过家庭和个人行为问卷调查、d2测试、TGMD-3儿童身体基本能力测试、15米耐力体能测试等方法，结合每课小结谈体会、每周总结谈分享和每月展示促激励等措施，指导小组长记录肥胖学生在内的所有学生的身体和心理变化、家庭运动及饮食习惯，然后一个月进行一次对比，鼓励进步，促进坚持。

3. 选教材、施教法

要帮助肥胖学生减肥，增强体质，重在激发他们的运动兴趣，提高自控能力，掌握适量运动和健康饮食的方法。笔者选择了贯彻中国体育与健康课程模式，集趣味化和结构化于一体的《KDL体育与健康》教材进行教学。教学内容多以游戏和竞赛为主，引导学生在玩乐中培养运动兴趣，锻炼身体，使肥胖学生爱上体育课和运动，通过3M积极体育教学法：乐动——让学生积极地动（以运动游戏，激发兴趣，乐于参与）、能动——尽量地动（尽量让学生在课堂的四分之三的时间多动、开心地动）、善动——科学地动（遵循身心发展规律，促进学生运动密度和运动负荷的达成，并监控心率，确保安全），培养懂运动文化、有运动能力和热衷于运动的学生。

4. 重过程、善评价

教学中渗透“健康第一”“健康中国”等积极教育理念，适时培养学生的爱国主义精神、团队合作意识，以及勇敢顽强、积极向上的意志品质，同时采用多元智能化评价手段。比如，肥胖学生参与耐力跑的过程中，不以同等距离最短时间到达为最终评价，而是让所有学生佩戴心率带，只要心率达到160次/分即为优秀、150次/分即为良好、140次/分即为合格，避免了学生偷懒、畏难情绪，激励完成，同时根据学生在活动中的参与态度、完成技术要点和质量，进行均衡评价。

5. 见家长、话健康

对肥胖学生除了在体育课中进行鼓励，安排完成力所能及的活动之外，家长的支持也很重要。许多的所谓家族病，其实是生活习惯、饮食习惯造成的，鼓励家长配合，以身作则。学校可以通过家长学校健康培训、家长会和家访等手段，对家长进行运动与健康教育，指导家长改变家庭生活方式和健康饮食习惯，提高整个家庭的健康理念和行为，促进学生生理、心理健康的改善和体魄强健，为孩子的未来共同努力。

6. 晒作业、展活力

笔者研发了《"哨子"体育家庭运动记录本》，记录学生家庭的运动过程，家长和孩子共同制订活力家庭运动计划，小组长统计每天运动成绩并公布，家长在微信群每天发布运动和饮食视频，互相交流好的经验和成果，体育教师根据学生家庭运动情况打分，以最多20分计入期末考试成绩。根据最后测评，评比活力家庭、活力父母和活力少年，激励家庭健康环境和文化的长期保持。

7. 挑战杯、互激励

积极贯彻积极教育的理念，通过开展"校长挑战杯"活力校园活动，体能挑战大赛，球类、跑、跳、投和冬季长跑、校园马拉松等项目，以及饮食配餐烹饪赛和家庭亲子比赛等，以学校、家庭和社会等积极教育综合干预的方式，将肥胖学生按跆拳道比赛的级别分组，用擂台赛的形式升级比赛，不断挑战自己，让学生树立信心，克服自身困难。

总之，要培养学生健康，体育教师一定要健康，言传身教，从提高肥胖学生健康体质开始，把"健康第一"的理念，把"健康中国"的理念，在我们的体育教学和课外体育活动中很好地落实和践行。同时体育教师要善于观察引导，找准肥胖形成的原因，发现肥胖学生的兴趣点和潜能，以此为突破口，激发肥胖学生积极参与运动、合理膳食，养成良好的生活方式，达到未来健康、有尊严和幸福生活的目标。

形体课教学基本做法初探

一、前言

形体课是我校1996年就开设的特色体育课程，为了达到培养学生良好的形象和体格，养成学生良好的坐、立、行习惯，锻炼学生依靠形体的动作来塑造完美形象、培养良好的思想品质这一目的，学校根据《义务教育体育与健康课程标准》（2011年版）的解读和国家教委审定的《艺术体操》《体育舞蹈》和《健美》等教科书，经过调研与筛选，坚持以“健康第一”为指导思想，以“以学生发展为中心”“激发学生的运动兴趣”“尊重差异”等为课程理念，遵循学生身心发展规律的原则，开发了具有本校特色的形体课校本教材，科学地设计了适合小学生锻炼的形体课教学计划、教学内容和有利于促进学生主动学习、教师关注学生学习过程的评价方式。

二、研究对象与方法

（一）研究对象

任教的两个班级，一（1）为实验班，一（2）为对照班，每班30名学生。

（二）研究方法

1. 文献资料法

从网络、图书馆和数据库查阅大量与形体课相关的资料，复习了体育统计，学习了软件应用等相关知识，为本研究提供系统性知识和保障。

2. 问卷调查法

设计调查表，对两个班的学生进行调查，发出调查表60份，回收60份，回收率为100%，其中59份有效，有效率98%。

3. 数据处理法

根据计划，开展具体的实践，收集开展形体课程后，学生发展变化的各类定性、定量资料，并对研究过程中的案例、测试数据、资料、教育教学方法、措施等进行归纳提炼，最后撰写论文。

4. 实验法

（1）针对男生与女生分开上课的需要，选择适合男、女生的不同的训练内容

男生各种跳跃动作、平衡动作和提高身体素质的力量与线形练习多些，而女生乐感强，协调性和柔韧性的训练多些。由于小学一、二年级的学生正处在生长、发育的时期，我根据学生四肢、躯干和力量较弱的特点设计了地面上的坐姿、卧姿训练，收到了显著效果，在不承担自身体重的情况下增加了四肢和躯干的力量，为以后进行站立式动作训练打下了坚实的基础。

（2）为了激发学生上好形体课和参加形体训练的积极性和兴趣，养成良好的课堂纪律习惯，开学的第一节就要给学生上引导课

兴趣是最好的老师，学生的学习兴趣直接影响着学生的学习行为和效果，学生良好的纪律是课堂高效的保证。首先，让学生以头脑风暴的形式展开讨论，共同制定了形体课的课堂纪律和上课的常规要求，然后按场地排队，给学生按性别和身高编排队形，如教室门口两路纵队，到场地后做准备活动的六列体操队形，为了便于观察变为三角队形等，然后教师展示一段做正确优美的示范动作，同时，还通过观看中小学形体训练和舞蹈的录像，来激发学生的学习热情和学习兴趣，通过赏识、鼓励和肯定来表扬学生，赞美学生的表现，使学生看到自己的闪光点，遵守课堂纪律，有序积极地学习掌握动作，锻炼体魄，形成良好的体态、朝气活泼的精神面貌，从而打造高效的形体课课堂。

（3）在教学方法和手段的运用上，采用完整法和分解法相互补充，互相渗透的教学方法

教学方法不同于教学手段，两者既有区别又有联系，教学方法离不开教学手段的实施。在学习简单动作时采用完整法，它的优点是可以完整地再现动作，使学生对所学动作能以完整形式来进行练习。形体课教学首先从站、立、行姿态开始练习，如“手位、脚位”训练，用完整法既省时又省力。但是在学习难度大些的动作时，低年级的小学生接受能力差一些，要采用分解法。例如，“擦地、划圈组合练习，分成先进行脚地擦地、划圈练习，然后手臂再由二位手变七位手，最后变六位手”这样分步练习后再综合练习，并保持各个环节的完整性。这样取得的效果比完整法好，但如果分解不好就容易导致拖延教学进程。所以，最好还是把完整法与分解法紧密联系在一起，使之互相补充、

互相渗透。

在教学手段上，一般采用模仿教学加自主创编动作展示，让学生观看老师的示范动作进行练习后，体会动作的节奏、美感和肢体动作，熟练掌握后，自己根据学习的理解、音乐节奏创编不同于老师教的动作，老师创造机会给学生展示，增强学生的自信心和积极性。有时还根据需要看挂图或五分钟左右的录像视频，使学生通过观察与思考，建立正确的动作形象，了解各个动作的细节和整个动作过程。学生通过正确而优美的示范动作和舞蹈表演的观看，会产生模仿与创作的愿望和引起兴趣，为能按照要求进行模仿练习和创作，理解动作，加深印象，强化记忆，打下良好的基础。

（4）在教学时，对示范的位置、方向及学生的队形要进行统筹考虑

① 为了力求新颖、简洁、便于观察，一般在准备部分多采用“棋盘式”队形（如图1所示）。

它既规范又便于集中。教师站在前面做“镜面”示范，学生在教师的带领下做地面热身活动和复习简单的形体动作。但这种队形也有它的不足，就是站在后排的学生观察示范动作效果不好，基于这种情况，一般可以让学生隔排错位站位，然后教师在前面示范后，下口令让全体学生向后转，后排变前排，教师到后面再示范，直到全体学生掌握动作要领为止。

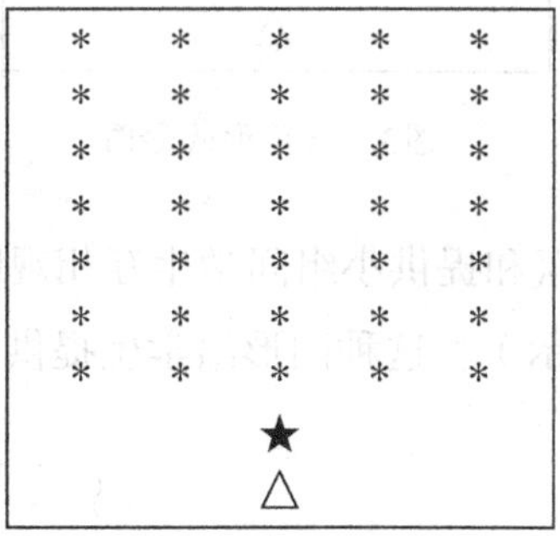

图1　“棋盘式”队形图

② 在新授课当中，教师有时也根据动作不同采用列队式队形（如图2所示），这样便于讲解，学生观看示范动作也更清楚。在方位上先做正面示范，再做侧面示范，最后做背面示范，让学生观察清楚、记牢，然后再带领学生开始学习，使学生能从不同的侧面了解掌握动作姿势及重点难点，也便于互相观摩。为培养学生团结、互助的团队精神而设计的分组竞赛练习，也大多采用这种队形。

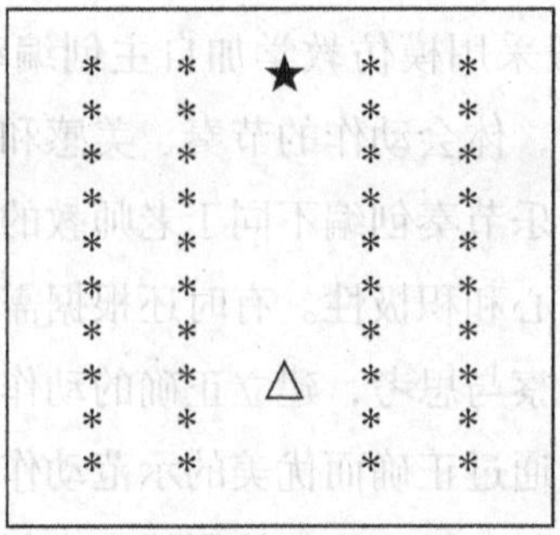

图2　列队式队形图

③ 教师在纠正学生错误动作时还可以采用三角形队形（如图3所示）。这种队列更便于观察学生的动作。

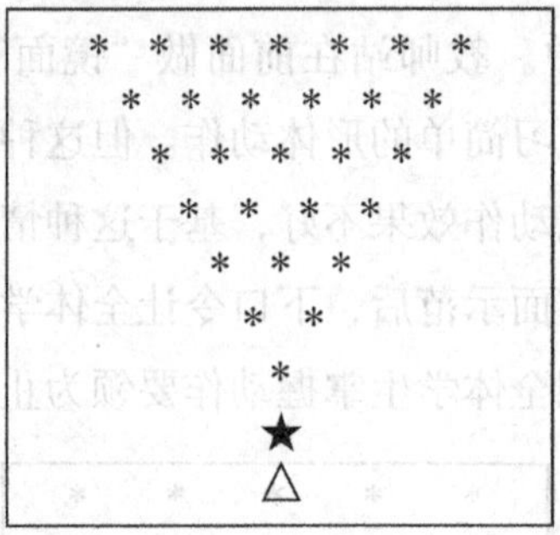

图3　三角形队形图

④ 为了活跃课堂气氛和提供小组间学生互相观摩的机会，教师可以安排圆圈行进队形（如图4所示）。这种图形给学生提供了互相观摩和眼神交流的机会。

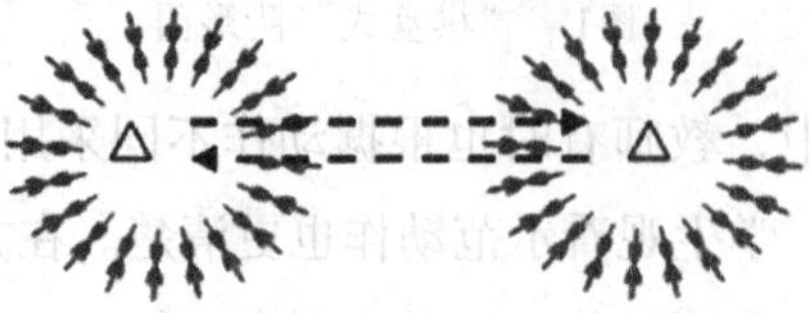

图4　圆圈队形图

⑤根据训练内容和场地有时可以安排并队分队形（如图5所示），如“足尖步、登山步”的教学就可采用这种队形，能提高教学效果。但一节课队形调

动最多不能超过三个，以免耽搁时间，减少学生练习时间，影响教学效果。

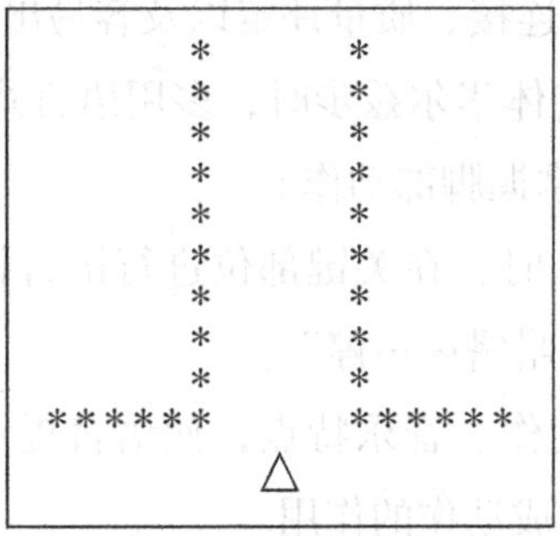

图5 并队分队形图

（5）在编排动作组合时，力求做到难度小，既有上下肢活动，又有躯干活动，达到全面锻炼的目的

小学低年级的学生活泼好动，领悟力差些，如“划圈”组合训练中后划圈时，重心落在主力腿上，动力腿既要掌握好平衡，又要两手柔软地做出优美的波浪动作。例如，我在第一次教授二（3）班“划圈”动作时，虽然学生认真听讲，尽力模仿，但还是有90%的学生完成不了动作，学生反映动作难度大，“顾了脚，顾不了手”，不能完整地做好动作。针对这种情况，我将手部动作直接由七位手变六位手，这样在第二次上课时，学生都掌握了动作要领，而且姿势优美。由于动作难度缩小了，学生把主要精力放在了重、难点上，及时进入了成套动作组合练习，达到了预期训练目的。

（6）针对低年级学生空间感较差，要帮助学生反复体会正确动作的肌肉感觉

小学生做动作时肌肉的本体感觉不清楚，所以在纠正错误动作时，要帮助学生反复体会正确动作的肌肉感觉。例如，在腿后划圈，六位手时，容易产生屈膝、勾脚的毛病。这时候，要让他们在体会做正确姿态时的肌肉感觉，逐步改正错误。

① 有时根据需要也可以自制一些道具来帮助学生练习。例如，在训练学生并步双脚跳时，为了避免学生两膝打开，两腿不直，可以自制一些学生喜欢的不同颜色、形状的纸板，让每个学生夹在两膝之间练习，来改正两膝靠不紧的错误动作。

② 有时也让学生养成照镜子做动作的习惯。因为通过照镜子能最直观、最迅速地得到反馈，是学习、纠正错误动作的有效手段。

（7）在语言提示上，力求做到准确、恰当、简练

① 在动作的节奏、连接、质量评定以及容易出错的地方，要及早提醒学生注意。例如，在学习转体华尔兹步时，多用语言式口令："左2、3，右2、3，转2、3"，帮助学生掌握脚部动作。

② 在组合动作训练时，在关键部位进行语言提示，提醒学生注意。例如，"1—2波浪，跳跳、嗒嗒……停"。

③ 教师还要根据动作、音乐特点，使语言提示抑扬顿挫，节奏轻重得当，起到间接帮助学生完成动作的作用。

④ 在动作较易出错的地方，要及早提示，如"膝盖""脚尖""抬头"，及时提醒学生按正确的要求完成动作。

（8）形体课要录制健康明朗、学生喜欢的音乐伴奏

在音乐录制方面，力求完整、节奏感强。音乐在形体训练中能激发学生的练习热情。二者相互表现、水乳交融，当身体动作与音乐的风格完全吻合时，可以提醒、帮助学生较好地完成动作。

在使用分解法教学时，不宜用音乐；初练组合动作时也不宜用音乐；当学生把基本动作都掌握后，就可以用音乐。配乐时，一般先让学生听一遍，用击掌、踏脚的形式分辨音乐的节拍，然后再配合动作练习。

选择音乐时，尽量选小学生音乐课中较为熟悉的乐曲及钢琴曲，适合不同的动作特点，效果会好。例如，勾绷脚用节奏较鲜明的音乐，小跳动作用轻快、活泼的音乐，足尖步用节奏稍快、乐曲轻松的音乐，尽量使音乐与动作配合得准确、默契，融于一体。

（9）总结评价时，尽量与学生的距离近些，以便使学生听清老师讲话

针对小学生注意力不易集中的特点，特别是下课前的小结评价时，采用缩短与学生间的距离的做法，紧靠在前排学生的前面，多用赏识、鼓励性语言，同时用双手轻抚在前排学生的肩上，眼睛盯住后排的学生讲话，使前排的学生也觉得兼顾着他们，这样后排及前排的学生都会注意听讲。

（10）提前做好安全工作，时刻进行安全教育

① 上课前提出安全要求，讲清安全预防措施。比如，为身体不适合不能参加剧烈体育运动的学生安排见习。

② 进行安全检查，避免出现安全事故。比如，学生头饰要摘下，口袋里不能装尖锐物品，鞋带系好，场地卫生打扫干净，不能有小硬物等，而且要注

意学生做动作用力间距，不能因为动作空间不够，碰、打伤其他同学。摔倒后要抱头滚翻，不要用手撑地等。

③ 遵守纪律，不打闹，避免打闹撞击到墙壁上的镜子，以免打破割伤学生。

三、结果与分析

1. 实验结果

实验前，两个班的成绩没有显著差异，情况基本相同。经过一个学期的实验与摸索，从表中可以看出，实验后，两个班的成绩有显著差别，实验班成绩高于对照班。实验班有83.3%的学生非常喜欢上形体课，13.3%的学生喜欢，96.7%的学生喜欢这种教学模式和方法；对照班有26.7%的学生非常喜欢上形体课，40%的学生喜欢，67%的学生喜欢上体育课式形体课。

表1　实验班与对照班60名小学生对形体课教学做法的选择表

班值	非常喜欢（人数）	比例（%）	喜欢（人数）	比例（%）	不喜欢（人数）	比例（%）	结果
实验班	25	83.3	4	13.3	1	3.33	喜欢占96.7%
对照班	8	26.7	12	40	10	33.3	喜欢占67%

2. 分析

小学低年级学生模仿力强，易吸收新鲜事物，注意力不容易集中，按以往体育课模式上课，激发不起学生兴趣和学习锻炼欲望。因此，通过优美的示范、直观的视频、动听的音乐、变换的花样队形、吸引注意力的舞蹈等具体做法，激发了学生学习形体课的好奇心和欲望，乐此不疲地参与其中，培养了学生的倾听习惯、自信和优美的体态，以及团队精神，提高了身心健康水平和综合素养。因此，在形体课教学中，要认真研究形体课的教学规律，用新颖、独特、学生易于接受的方法进行教学，使学生乐于上形体课，为学生的坐、立、行姿态以及健康成长和美好气质的形成奠定坚实的基础。

四、结论与建议

1. 结论

（1）优美的示范、节奏明快的音乐、直观的视频、变换的队形等基本做法，能激发学生的学习兴趣和锻炼欲望。

（2）形体课教学的基本做法深受学生喜爱，构建了高效课堂，提高了身心健康水平。

（3）为学生的坐、立、行姿态以及强健体魄、美好气质的形成和幸福生活奠定坚实的基础。

2. 建议

（1）用新颖、独特、学生喜爱、易于接受的方法进行教学。

（2）建议上级教育主管部门将形体课列入小学必修课程，使学生养成良好的身体形态和提高健康水平，为生活服务。

参考文献：

[1] 杨文轩，季浏.体育与健康课程标准（2011年版）[S].北京：高等教育出版社，2012.

[2] 杨晓美.形体运动[M].北京：人民体育出版社，1999.

两则教学设计：KDL体育与健康课

“基本移动技能”教学设计

一、指导思想

以学生发展为中心，以“健康第一”为指导思想，基于《义务教育体育与健康课程标准（2011年）》和季浏教授的中国体育与健康课程模式，以探究性课程为主，以身体基本动作技能的学习与发展规律及水平——学生身心发展特点，打破传统体育课堂教学内容构建，以结构化主题情境教学，激发学生的学习兴趣。通过教师的启发、引导，拓展组织形式和方法，使学生在玩耍中进行体育与健康学习，解决日常生活与运动实践中的问题，通过学科中的融合，落实立德树人的根本任务，提升学生核心素养，为终身体育奠定基础。

二、教材分析

基本移动技能是身体运动基础，活动内容在小学课程中深受学生的喜爱，它能很好地帮助学生提高协调、平衡、灵敏等身体素质及能力，特别是平衡和各种跑、跳、侧滑步等，可以提高学生的基本运动能力和感统能力，通过重心、路线、顺时针、逆时针旋转融合数学知识，同时在身体练习中通过汽车驾驶游戏，与生活结合，掌握交通规则，提高交通安全意识。

三、学情分析

二年级学生有一些基本移动技能基础，但在知识的理解、技术的掌握和学习的方法、兴趣上存在着一定的差异。为此，在教学中需关注学生的个体差异与不同需求，确保每一个学生均衡发展。将有创意的不同中心和不停移动路线的走、跑、跳、侧滑步以及平衡练习融入交通游戏中，对于小学生来说很新鲜，也是非常喜欢学习的教材。在教学中主要激发学生的学习欲望，培养学生的空间位置感和平衡，在体验体育运动的乐趣的同时，提高身体基本移动技能和平衡能力。

四、教学流程

（1）红绿灯。

（2）洗刷刷检查。

（3）中山自驾游深圳花仙谷。

（4）两人、三人、四人一组练习。

（5）课课练。

（6）汽车保养。

五、安全隐患

本次课存在的最大安全隐患就是跑跳中相撞，可能造成碰伤。为了将安全隐患降到最小，在课前准备、课堂教学过程中，认真做到以下几点：

（1）检查场地器材，避免尖硬等物体造成对身体的伤害。

（2）保持安全距离，充分做好准备活动，各关节做充分的拉伸和伸展。

（3）在引导中，讲清细则和要求。

（4）在练习结束后带领学生做身心调整，拉伸并放松肌肉和关节，为下次学习做好准备。

六、教案

基本移动技能教案

年级：小学二年级 课程：基本移动技能单元1课 学生人数：48（女生人数：20 男生人数：20） 教师：邵子洺 时间：2019年3月17日

学习目标	1. 认知目标：学生知道基本运动技能的基础知识，并能说出名称。 2. 技能目标：初步掌握走、跑、跳、跨步走、侧滑步等动作和方法。 3. 情感目标：遵守规则、尊重同伴，获得快乐的运动体验。	场地器材	篮球场1个、塑胶圆盘41个
重点	上体挺直，脚轻巧落地。		
难点	走、跑、跳、侧滑步，动作连贯。		

续 表

教学流程	1. 红绿灯；2. 洗刷刷检查；3. 中山自驾游深圳花仙谷；4.两人、三人、四人一组练习；5. 汽车保养。				
课程结构	负荷		教学内容	教学做法	组织与队形
	时间	次数			
激趣导学	7分钟	1次	一、课堂常规 二、游戏：红绿灯 三、检修汽车：洗刷刷热身	1.检查不带危险物品。 2.红绿灯游戏：红灯停，不同点支撑；绿灯不同形式走、跑；黄灯四肢触地、后脚交替蹬地，调动学生的积极性。 3.放音乐，教师领做热身操，学生在教师带领下一起完成。 要求：注意倾听，跟随教师做，建立安全空间意识。	组织：半圆形站位 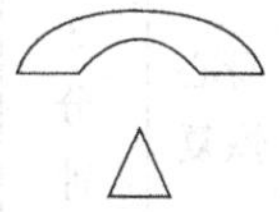
增趣促学	20分钟	3~4次 6~8次	四、深圳自驾游 1.中山一中出发 2.学校门口斑马线 3.高速路 4.前方修路 5.雨刷器 6.加油站 7.出发 8.进入山路 9.道路狭窄 10.到达花仙谷	1.教师语言提示带领，学生慢跑（城市道路限速30千米/小时）。 2.礼让行人和斑马线（各种走，高、中、低重心、脚跟走）。 3.出城行驶在高速路上，双行道（两人一组跑）。 4.在修路，需要跨过路坑（跨步走）。 5.下雨了，做开合跳，使用雨刷器刷雨。 6.汽车没油了，进入加油站原地休息，做拉伸，听教师讲解，教师提出要求。不遵守交通规则的学生到交警队接受罚款和罚分处理（四角攻擂：第一个单脚跳；第二个侧滑步；第三个跨步走；第四个马步跑；每处做10次，向前5次，向后5次） 7.跑跳步，三行道（三人一组，直、曲线和折线跑）。 8.路途颠簸（马步跑）。 9.道路狭窄（侧滑步）。 10.停住（静态平衡、四点平衡）。	1.学生安全站位，每人一个圆盘，分别站在圆盘后面跟着教师引导进行游戏和动作练习。 ★★ ★★ ★★ ★★ ★★ ★★ △ 2.认真做好保护与帮助，保持安全距离，防止碰伤。

续表

增趣促学	10分钟	1次	五、赛车手 1.赛车手（爬行） 2.检修（蹬车轮） 3.打气（跪卧撑） 4.洗车（卷腹）	1.创设情境，讲解四角攻擂游戏规则。 2.组织比赛，看哪组先做完（各20次为胜）。 3.学生评价、教师讲评。 团结协作，争取好成绩，遵守规则，诚信认真。	两头起 蹬车轮 跪卧撑 卷腹
身心恢复	3分钟	3次	六.检修 1.放松、评价 2.宣布下课 3.安排学生收器材 4.师生道别	教师带领学生在音乐中进行放松操。 在优美的旋律、快乐的气氛中跟着教师全身心听音乐，充分、全面的放松与评价。	★★★★★★★★ ★★★★★★★★ ★★★★★★★★ ☆★★★★★★★ △
易犯错误预防纠正：没有低头团身，抱腿不及时，可采用标志物进行辅助帮助练习					
预计心率曲线	心率带监测心率图	预计练习密度	练习密度：75% 平均心率：148次/分钟	安全隐患	1.衣裤口袋中不要放硬物（课前提示）。 2.场地平整，没有尖锐的物体，如小石头等（课前检查）。
学与教的课后反思	本课教学是以二年级学生为教学对象设计的一节主题式情境教学KDL课，以中国学校体育与健康课程模式进行授课，目标基本达成。但是本课将爬行作为车辆行驶状态，而本次授课对象是未成年人，没充分考虑好学情，完成动作较难，运动量较大，学生自己经常进加油站休息，导致一些规则要求没有全部配合执行，今后需总结经验，不断改进。				

“篮球左右手变向运球”教学设计

一、指导思想

以学生发展为中心，以“健康第一”为指导思想，基于《义务教育体育与健康课程标准（2011年）》和季浏教授的中国体育与健康课程模式，以探究性课程为主，以篮球基本动作技能的学习与身体发展规律及水平二学生身心发展特点，打破传统体育课堂教学内容构建，以“3M”行动体育结构化主题情境教学，激发学生的学习兴趣。通过教师的启发、引导，拓展组织形式和方法，用游戏、竞赛的方式使学生在玩耍中进行学练，落实立德树人的根本任务，提升学生核心素养，为培养学生终身运动习惯奠定基础。

二、教材分析

篮球活动内容在小学课程中深受学生的喜爱，它能很好地帮助学生提高操控、协调、平衡、灵敏、合作等身体素质及能力，特别是平衡和各种跑、侧滑步、爬行、控球等，可以提高学生的基本运动能力和操控能力，通过重心、路线、顺时针、逆时针旋转融合数学知识，在身体练习中通过游戏，与生活结合，掌握安全空间和交通规则，提高安全意识。

三、学情分析

四年级学生有一些篮球技能基础，但在知识的理解、技术的掌握和学习的方法、兴趣上存在着一定的差异。为此，教学中需关注学生的个体差异与不同需求，确保每一个学生均衡发展。将有创意的走、跑、跳、侧滑步和平衡练习融入游戏中，结构化运球、投低篮、认识篮球场等对于小学生来说很新鲜，也是非常喜欢学习的教材，在教学中通过游戏和竞赛激发学生的学习欲望，培养学生的空间位置感、球感和团队精神。

四、教学流程

（1）直升机降落—红绿灯。

（2）配乐律动—奋力作战。

（3）运球认识篮球场。

（4）左右手变向运球。

（5）运球搬家。

（6）投篮体能练习。

（7）拉伸放松。

五、教学重点、难点

（1）重点：抬头、屈膝、指根运球。

（2）难点：从右向左运球时，向左转体，快速向左前换右腿。

六、安全隐患

为了将安全隐患降到最小，在课前准备、课堂教学过程中，认真做到以下几点：

（1）检查场地器材及服装，避免尖硬物体造成对身体的伤害。

（2）通过“直升机”保持安全距离，通过律动充分做好准备活动，各关节做充分的拉伸和伸展。

（3）在引导中，讲清细则和要求，建立班规（两脚夹球）。

（4）在练习结束后带领学生做身心调整，为下次学习做好准备。

七、教案

篮球教案

年级：小学四年级 课程：左右手变向运球单元1课 学生人数：50（女生人数：20 男生人数：30） 教师：邵子洺 时间：2019年4月23日

<table>
<tr><td>学习目标</td><td colspan="3">1.认知目标：学生知道篮球场地、左右手变向运球、交通安全基础知识。
2.技能目标：掌握左右手变向运球动作，运用运球技术。
3.情感目标：遵守规则、尊重同伴、团结合作，获得快乐的运动体验。</td><td>场地器材</td><td>篮球场1个、篮球50个、呼啦圈10个、音响和穿戴设备1套</td></tr>
<tr><td>重点难点</td><td colspan="5">抬头、屈膝、指根运球。
从右向左运球时，向左转体，快速向左前换右腿（反动作相反）。</td></tr>
<tr><td>教学流程</td><td colspan="5">1.直升机降落—红绿灯；2.配乐律动—奋力作战；3.运球认识篮球场；4.左右手变向运球；5.投篮体能练习；6.拉伸放松。</td></tr>
<tr><td rowspan="2">课程结构</td><td colspan="2">负荷</td><td rowspan="2">教学内容</td><td rowspan="2">教学做法</td><td rowspan="2">组织与队形</td></tr>
<tr><td>时间</td><td>次数</td></tr>
<tr><td>激趣导学</td><td>7分钟</td><td>1次</td><td>一、课堂常规
二、游戏
1.直升机降落（安全空间）。
2.红绿灯：认识球场。
三、热身：配乐律动</td><td>1.安排见习生，不带危险物品。
2.红绿灯游戏：红灯停，不同点支撑；绿灯各种跑、滑步；黄灯四肢触地、后脚加油交替蹬地，调动学生的积极性。
3.学生和教师一起律动热身（奋力作战）。
要求：注意倾听，师生同做，建立安全空间意识。</td><td>组织：半圆形面对教师自主安全站位
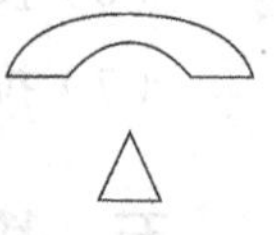</td></tr>
</table>

续 表

增趣促学	20分钟	3~4次 6~8次	四、学习：左右手变向运球 1.游戏：运球认识篮球场。 2.游戏：叫数运球。 3.左右手变向运球 学习要领：用指根运球；屈膝；球在体侧；抬头。 4.游戏：找朋友 在集体空间中走路运球，抬头；转身护球；控球变向时球要低；快速转身；迅速向前迈腿。 5.挑战：投低篮 小组合作投低篮挑战竞赛。	1.教师语言提示引领：比赛时如何让球动起来？今天我们就来学习左右手变向运球。 指令：老师说“出发”时，你们要走到前面的呼啦圈内迅速拿球并返回原处，把球放在双脚中间。 听教师指令按照篮球场上的线迅速运球站位。 2.教师说“数字”时，学生右手运球顺时针跑，围绕本组一圈后回到自己的原位，然后换左手运球逆时针跑。 3.听教师指令：报数换手原地运球，原地惯用手运球10次，换手运球，左右手运球10次。换手变向抬头；转身护球。 4.在集体空间当中走路运球，换手变向。 教师给出“开始”口令时，学生用惯用手运球至一个同学对面处（防守者），体前运球变向、右手运球换为左手运球，然后持续练习找下一个同学，挑战一下在不丢球的情况下，能运球到多少个同学处。 5.五人一组，挑战1分钟内投低篮（呼啦圈）次数。 提示：鸭子嘴、鸭脖子	1.学生安全站位，每人一个圆盘，分别站在圆盘后面跟着教师引导，进行游戏和动作练习，空星不站人。 ★★★★★★★★ ★★★★★★★★ ★★★★★★★★ ★★★★★★★★ ★★★★★★★★ ☆☆☆☆☆☆☆☆ △ 2.认真做好保护与帮助，保持安全距离，防止碰伤。 ★★ ★★★ ★ ★★ ★★ ★★ ★ △ ★★ ★★ ★★ ★★★ ★★★ ★★★ ★★
	10分钟	1次	五、体能：投篮赛 比赛打平，投篮决胜负（小篮球规则）	1.创设情境与讲解竞赛游戏规则。 2.组织比赛，看哪组获胜。 3.学生评价，教师讲评。 团结协作，争取好成绩，遵守规则，诚信认真。	1.爬行。 2.拍苍蝇。 3.蚂蚁搬家。 4.平板支撑。

续表

身心恢复	3分钟	1次	六、挑战：运球滚动 1.放松、评价。 2.宣布下课。 3.安排学生收器材。 4.师生道别。	1.教师带领学生在音乐中进行拉伸放松。 2.鼓励学生讲一个正确运球的学习要领和如何避免球被抢去。 3.态度等多元化评价。	★★★★★★★★ ★★★★★★★★ ★★★★★★★★ ☆★★★★★★★ △ 享受、拉伸、宁静
易犯错误预防纠正：低头、直膝、手心运球、变向时球较高					
预计心率曲线	心率带监测心率图	预计练习密度	练习密度：75% 平均心率：145次/分钟	安全隐患	1.衣裤口袋中不要放硬物（课前提示）。 2.场地平整，没有尖锐的物体，如小石头等（课前检查）。
课后反思					

这样的课，才能增进学生的健康

2015年9月30日上午，我有幸在盐田区庚子首义中山纪念学校观摩了刘永利老师执教的《软式飞盘》课例，觉得这样的课，才能增进学生的健康水平。这节课教学目标设置合理，教学内容选择适宜，教学程序清晰，方法灵活有效，运动负荷适度，教学效果显著，体现了三维目标的落实，很好地贯彻了新课标精神，提高了学生的体质健康。我觉得可以用以下三个字来概括刘老师的课，那就是“汗”“会”“乐”。

一、体现了一个“汗”字

这节课是一节有技术内容、知识含量的课，从学生“踢瓶子”到飞盘的多种飞行方式的学练，以及最后的顶飞盘平衡游戏，都具备一定的运动负荷，符合小学生的年龄特点，经过监测，在40分钟的课中，学生活动33分钟，练习密度为82%，平均心律145次/分，对学生的心肺功能提高具有极大的意义。我们都知道，人体的超量恢复，在合理安排运动量的前提下，量、强度越大，超量恢复就越大。体育课毕竟是一门以身体练习为主要手段的课程，没有一定的量和运动负荷的课时达不到身体锻炼的目的。整节课，师生大汗淋漓，正是一定量和强度的适度体现。

二、体现了一个“会”字

从刘老师的教学设计、主教材学习中适宜的创新、良好的教学技巧、场地器材布置、一物多用、因材施教，到每个孩子参与锻炼，大密度练习等等，都可以看出本课对软式飞盘技能学习的关注。刘老师采用分散练习和自选同伴练习的组织形式，引导学生来自主尝试、探究学习抛飞盘动作，体现了“自主”“合作”“探究”的学习方式，并通过运动技能的掌握、学练，促成了其他情感、知识目标的达成，使学生很好地掌握了软式飞盘的运动技能技巧。

三、体现了一个“乐”字

刘永利老师幽默风趣，“五尽”教学法深受学生喜爱。课程的内容选择和方法的运用都十分关注学生的运动兴趣和参与。爱因斯坦说过：“兴趣是最好的老师。”本课通过“踢瓶子”游戏引入，教师的参与互动、器材的选择，都大大地激发了学生的学习兴趣，调动了每个学生参与学习的积极性，课堂气氛异常活跃，使每个学生都体验了体育学习和成功的乐趣，而且身体真正得到了锻炼，而不是制造简单的热闹场面。实践证明，作秀和密度低的课是没有生命力的，是经不起历史检验的。

纵观全课，我认为刘老师向我们展示了他扎实的基本功、爱生情和体育教育专家情怀，以及真实有效的情感培养。这真是一节接地气，有学习和推广价值，能增进学生健康的好课。

但教学是一门遗憾的艺术，任何一节课都有值得推敲的地方，我觉得以下两点值得商榷：

（1）如果加入抛接方式和远度、准度的竞赛，可能会更加调动学生的兴趣和参与度。

（2）静力拉伸时适度加点轻音乐可能效果更佳。

为一大事来　做一大事去

最早接触伟大的人民教育家陶行知先生的生活教育思想是上大学时，但对我最有触动的还是去我区行知小学交流。一进校门，就被教学楼墙上的两行大字"人生天地间，各自有禀赋，为一大事来，做一大事去"所震撼，行知先生的至理名言不但关系了一个人的世界观、人生观和价值观，还道出一个人的多元化发展问题：如何关注一个孩子的差异性发展？怎样因材施教？真的值得我们做教师的深深思考。

真正学"陶"、践"陶"是从2013年开始，温自力副校长、李晓桃副主任暑假到贵州参加德育培训班学习后，将行知思想播种人汤翠英教授引荐到我校。汤老师千里迢迢五次来我校播"陶"，使行知教育思想在我校生根生长，全校师生、家长在王讲春校长的带领下学"陶"、践"陶"，使我们对陶行知先生的教育思想有了更深的感悟，汤老师说，作为教师，就要用爱心和智慧善待、呵护、教育每一个孩子，将陶行知思想、儿童观融入教育教学中。

例如，《做个"才""情"兼备的体育教师》中二（1）班小江同学的案例。根据这种情况，王校长让我们德育处带领班主任探索出一种有效的"特殊"学生的转化方法，并让我在一周后的学校班主任会议上就"特殊"学生转化作发言。

这个任务当时难坏了体育教师出身、没做过班主任的我。我绞尽脑汁、请教有经验的班主任和级组长后，写了一篇发言稿，题目是："'待优生'转化的有效方法。"但当时读高中的女儿周末回家，饭桌上的谈话给我泼了一盆冷水。她说："妈，如果是我，你说我是待优生，转化我，我可不愿接受，因为在你眼里我已刻上不优秀的印子，贴上了标签我更会跟你对着干。如果你换一种方式，在肯定我的情况下，完善我薄弱的方面，我会接受的。"受这种启发，我经过思考，将"全才培养计划"的想法与同事进行了交流，得到领导、同事的支持后，我们开始尝试实施"全才培养计划"。

下面，是我们实施“全才培养计划”的过程。

一、统计各班“全才”学生情况

“全才”学生也具有强烈的自尊心，一样需要保护。我们首先给班主任下发了《龙华中心小学“全才”学生情况统计表》，让班主任将本班的“全才”学生上报德育处。从各年级上报统计出的数据来看，全校2098名学生中，共有“全才学生”102人，男生86人，女生16人。其中有学习成绩差的学生，调皮捣蛋、顶撞老师的学生，不完成作业的学生，翻同学书包、拿别人东西的学生，特殊残疾随班就读的学生，成绩差的学生，迷恋上网的学生，然后根据这些情况进行筛选，最终确定了有医生证明精神类残疾或脑瘫、智障、行为偏差的24个“全才”学生。

二、了解“全才”学生产生的原因并分类

这24个学生“全才”问题产生的原因是多方面的：第一，有自身原因，表现为接受能力差、学习方法欠缺、缺乏毅力、懒惰、学习内在动力不足；第二，有家庭原因，表现为父母过分骄纵或过于严厉，以及单亲家庭、留守儿童从老家到我校就读等；第三，也有课业原因，作业多、考试多，负担重，使孩子丧失了学习的激情。

我们将这24个急需转化的“全才”学生，分为特殊疾病、学习障碍和行为障碍三大类，根据学生兴趣与教师专业分给了德育辅导教师，其他“全才”学生暂作为班级内转化的对象。

三、“全才”学生的转化措施

1. 通过问卷调查，锁定已知的“全才”学生

（1）各班主任告诉全班学生，学校要进行一个“培养德智体美劳全面发展人才”的活动，然后下发问卷调查表，从问卷中了解每个学生的性格特点、行为习惯、学习情况和兴趣爱好，从中“锁定”我们要转化的24个“全才”学生，也就是“全才培养”的对象，以保护学生的自尊心，打消“全才”学生的多疑和逆反心理。

（2）根据筛选的24个“全才”学生的兴趣，挑选有此项特长、责任心和爱心的教师作为他们的导师。陶行知先生的《拆表的故事》告诉我们，兴趣和

好奇心是孩子最好的老师。所谓，“亲其师，才信其道”，这些“德育辅导教师”不但有培养学生兴趣，排除学生心理健康成长中的障碍的能力，还要有引导学生正确的世界观、人生观、价值观和生活目标的能力。从培养学生的兴趣、特长，到引导学生要成为一个“全才”，不但要有特长，其他方面也要完善，以此发散到学习、行为上来，帮助学生形成良好的学习和行为习惯，解决学业上的困难，形成良好的道德品质。

（3）根据“全才”学生的特长、爱好分组。比如，篮球组、足球组、田径组、绘画组、网络组、无任何兴趣爱好组等。其中每组特派几个成绩好、习惯好、性格好的学生与“全才”学生共同进行“全才”培养，即可互帮互助，还可以免除“全才”学生的多疑，认为学校、老师把他们划定为“后进生、差生、特殊生”，破罐子破摔，不利于转化工作的进行。同时，推选最“特殊”的学生作为组长，大家共同给自己的团队起队名，按时在辅导教师的指导下活动，定时训练和比赛，从中发现优点，及时鼓励，及时与家长反馈，增强学生的自信心和成就感。

（4）根据“特殊”疾病学生需要，选择校外团队进行专项辅导。对于有自闭、多动、精神类疾病的学生，学校聘请了校外有资质的心理辅导机构，利用每天下午第三节课为学生进行团队辅导，并安排学校心理教师一起配合教会学生生活知识，这种善举受到家长的高度赞扬。

2. 巧用《德育导师手册》，建立“全才”学生档案

根据“全才培养计划”的需要，我们制定了《德育导师手册》，为每个“全才”学生建立档案。

《德育导师工作手册》包括《全才学生基本情况记录表》《德育辅导教师辅导计划》《全才学生记录》《全才学生学年度、学期学习成绩、竞赛获奖记录》《家庭联系记录》《全才学生获奖记录》《全才学生违纪记录》《综合活动记录》《学期辅导教师工作总结》《学校鉴定》十项内容，涵盖了学生基本情况、道德品质、心理健康和学业跟踪档案，并对学生每学期的表现、获奖情况及考试成绩逐一登录，分析对照，以便转化有持续性和实效性。

3. 寻找闪光点，抓反复，并在班级工作中给“全才”学生安排点事情做

特殊学生的培养是一件十分细致而艰巨的工作，绝非一朝一夕的事。转化“问题”学生除了有良好的愿望和有效的方法之外，还要认清问题学生转化过程中的反复点，要学会宽容，给他们足够的时间，要用发展的眼光看他们，因势利导，帮助他们发扬优点，克服缺点。适当地在班级中安排点力所能及的工作让他们做，可以调动他们的积极性。

例如，解决二（1）班小江同学的案例的方法。

4. 开展丰富多彩的课外活动

积极培养学生兴趣、呵护孩子好奇心，创造机会给“全才”学生展示。例如，每学期都开展朗读、讲故事、合唱比赛，知识竞赛，书法、绘画、信息技术比赛，以及举行篮球、田径、足球、亲子嘉年华运动会等体育竞赛，使“全才”学生融进欢乐愉快的集体生活之中，并多为他们提供展示自我、表现才能的机会和舞台，使“全才”学生身处一个团结友爱、融洽和谐的环境和氛围之中，享受成功的快乐，逐渐消除自卑心理，克服孤僻性格，振作精神，树立起班集体一起争取进步的自信心。

例如，《做个“才”“情”兼备的体育教师》中四（3）班小莹同学的案例。

陶行知先生的教育名言：“人生天地间，各自有禀赋，为一大事来，做一大事去。”作为有能力、有爱心和智慧的教师，要公平地对待每一位学生，因材施教，发展学生个性、禀赋，拓展学生特长，不以分数论英雄，尊重学生，让每个学生都能在学校里抬起头走路，健康快乐成长，以己之能担当社会的责任，不正是我们教育者应当承担的职责吗？

篮球运动对学生身体机能的影响

篮球运动是一项综合性的体育运动，特别是现代篮球技术、战术发展的已经比较完善，在篮球比赛中，速度快、对抗性强、投篮命中率高、队员高大灵活的特点使比赛极具观赏性，吸引学生积极模仿和参与其中。篮球运动对抗性强，在比赛中，运动员要机智、勇敢、抗挫折能力和心理素质极强，而且，还要在有对手防守的情况下完成技战术配合。

篮球运动不仅有益于骨骼的生长发育，使学生的身手灵巧，思维敏捷，而且还能提高协同合作能力，为将来更好地适应社会，打好技能上和身体、心理上的基础。学生在学习后或课间可以自己或与同伴一起放松、积极性休息，调节紧张的学习压力，同时通过奔跑、投篮、突破、抢篮板球等技术动作提高运动能力和身体机能，强健体魄，沟通感情，加强同伴、同学间友谊。本人根据自己的篮球教育教学训练经验，就学生参加篮球运动能否促进学生身体机能改变，增强心肺功能和改变体型的问题做了初步探究，仅供同行和家长参考。

一、研究对象和方法

1. 研究对象

选择了自己所执教的年级的六（1）班做实验班，六（2）班做对照班，两个班级各选50名学生测试，这些的学生年龄和身体形态等各个方面，基本相同，篮球基本功相似，每班都有3个学校篮球队队员，其他情况没有太大差别。

2. 研究方法

（1）文献资料法。查阅《篮球》等相关书籍和通过知网等网络了解篮球相关知识及开展情况，通过《国家学生体质健康标准测试评分表》等有关文献、测试内容、分值进行测试评价和打分。

（2）测量法。由学校体育教师、校医、班主任、家长义工协助区卫生检查站医护人员进行，2014年4月进行2013-2014年度的学生体质健康身高、体重、肺活量测量、胸围、视力、龋齿等方面测试，记入《国家学生体质健康标准测试》库和学生健康体检档案。

身高标准体重是评价人体身高发育水平和营养状况及身体匀称度的重要指标。它可以间接的反映身体成分，测试方法简单易行。如果测得的身高标准体重数值小于或大于同年龄段的身高体重标准范围，就说明身体匀称度欠佳，需要通过调整饮食结构或积极参加体育运动来增加肌肉组织或减少体内多余脂肪。身体成分是指人体总体重脂肪成分和非脂肪成分的比例，它可以十分准确地评价人体的胖瘦状况、身体形态。

肺活量是评价人体呼吸系统机能状况的一个重要指标。肺活量的大小与体重、身高、胸围等因素有着密切的关系。因此，为了将学生身体发育的不同步因素在肺胀机能的评价中得以体现，在《学生体质健康标准》测试中选用了肺活量体重指数来评价。

（3）数理统计法。测量身高、体重、肺活量胸围是区卫生检查站医生用的身高、体重仪，肺活量用肺活量计测量的。本文的测量的数据全部用统计学方法真实、认真的录入计算机，完成计算和分析。

二、做法选择

1. 原则

（1）选择适合学生身体心理特征和认知规律的动作，要求学生按照教师要求，遵守纪律，坚持练习，刻苦训练基本功和技战术，积极参加学校和班级组织的篮球比赛活动。

（2）身体机能的测试涉及身体形态和心肺功能为主要方面。主要进行身高、体重、胸围和肺活量测量。这与学生身体健康状况密切相关，测试内容关系到学生的终生健康。

（3）测试的结果由于年龄和性别不同而有差异，不要和同学攀比，应该关注自己的进步与提高，分析自己的身体素质现状，制定运动计划，加强学习和训练，不断修正改善，滴水穿石，相信经过坚持不懈的努力，一定会改善提高自己的身体机能和提高健康水平。

2. 内容

（1）根据小学六年级学生的生理心理特点，选择跳起摸高、体前换手变向运球、传接球跑篮、一分钟定点投篮；踩尾巴运球游戏、投塑料桶篮球比准游戏、冲破火力网持球突破游戏等练习训练内容进行学练。通过学习篮球相关知识，掌握一定的篮球技能和技术，进行身体练习，通过这些锻炼，对身体机能产生影响。

（2）主要进行身体形态和身体成分，心肺功能，也就是身高、体重、胸围和肺活量测量。

3. 要求

集中精力，认真和同伴练习篮球基本功，加强腿部力量练习，增强弹跳能力，提高投篮准确率和奔跑速度以及合作意识，练习中互相鼓励，提高练习效率，彼此保护。

4. 练习时间

实验班学生每周一节篮球校本课，早操、课间操和阳光体育时间练习，放学回家后和节假日自己练习，一天两次，每次3-5遍。对照班每天正常做早操、上体育课和参加阳光体育活动。

三、研究结果与分析

1. 研究结果

经过一年的实验，实验组和对照组试验后两班身高、体重、肺活量对照表（见表1）

表1　小学生身体形态、机能统计表

指标	性别	身高（cm）	体重（kg）	肺活量（ml）
T值	男	2.624	2.112	3.541
实验班	女	2.325	2.953	3.352
P检验	男	$0.01<P<0.04$	$P<0.04$	$P<0.01$
T值	男	1.658	0.987	1.552
对照班	女	0.943	0.621	1.133
P检验	男、女	$P>0.04$	$P>0.04$	$P>0.04$

表2　小学生身体形态、机能对照表

班值	身高（cm）	%	体重（kg）	%	肺活量（ml）	%
实验班	153–162.5	6.18	42.9–49.5	15.35	2800–3200	14.25
预测值	154–162	5.16	43–49	13.92	2900–3100	6.86
对照班	153.2–160.1	4.20	42.7–48.3	13.08	2890–3010	4.12

2. 分析

（1）实验前，实验班与对照班的学生由于年龄基本相同，身体素质和身高、体重、肺活量比较，差异不大（$P>0.04$）。

（2）试验后，同龄的两班的学生身体素质和身体形态从外观上已有所改变，身高、体重、肺活量三项指标比较，差异比较明显（$P<0.04$），肺活量指标相差非常明显（$P<0.01$）。而对照班还是进行常态体育运动，学生的指标均不明显（$P>0.04$），这说明练习篮球的跳起摸高、体前换手变向运球、传接球跑篮、一分钟定点投篮；踩尾巴运球游戏、投塑料桶篮球比准游戏、冲破火力网持球突破游戏等通过室外阳光中紫外线的照射，皮肤中的营养物质转化成维生素，对钙镁吸收大量增加，有利于骨骼的发育，使骨骼变得粗实、坚固，可以承受较大的负荷，提高骨骼抗压、抗折、抗拉和抗扭的性能，有效地促进了学生身高迅速增长。另外，篮球运动时，人体对氧气的需求量增加，呼吸器官加强工作，呼吸肌变得强而有力，呼吸系统的功能也就随着提高了，心脏肌纤维增粗，心壁增厚，心脏体积增大，容量也增大，心输出量多，适应能力强，心肺功能随之加强了。因此，篮球运动，对学生的身体形态改变和增强心肺机能、提高身体素质水平有明显效果。

（3）测试过程中，查阅了《国家学生体质健康测试标准表》（12-13岁），对照学生的身体形态，机能预测值，进行结果比对。

从小学生身体形态机能对照表2观察，一年后的实验班的学生身高预测值为5.16%，体重预测值为13.92%，肺活量预测值为6.86%；对照班学生的身高预测值为4.2%，体重预测值为13.08%，肺活量预测值为4.12%，低于且接近预测值。这说明对照班学生的身体形态、机能的增长值是符合自然生长规律的。实验班学生的身高增长值为6.18%，体重增长值15.35%，肺活量增长值14.25%，略高于自然增长的预测值，特别是肺活量的增长值高于自然增长值，非常明显，说明练习篮球能改善学生的身体机能，增进学生健康，强健学生体魄。

（4）从统计表看，篮球运动对学生的身心发育和终身体育起着非常重要的作用，对完善学生的心肺功能和身体形态改变效果非常显著。

（5）小学生正在生长发育，不适宜超负荷运动，集体活动中存在着个体差异，在教学中应该尊重差异，根据学生的生理、心理特点和认知水平，在教学中应该遵循因材施教、区别对待和全面发展的原则施教，激发学生的运动兴趣。

（6）通过实验，老师和家长、学生可以清楚地了解学生的体质和健康状况，平时可以适时监测学生的体质与健康状况变化，这些有助于老师和学生在新的一年里提前做好体育教学训练计划和设定自己的锻炼目标，选择锻炼内容，制定锻炼计划，使锻炼更有针对性和实效性。增强学生的体质，促进其全面发展。

（7）为了更好地开展篮球运动，活跃师生的课余文化生活，学校可以开发篮球校本课程，每周上一节篮球校本课，每学期组织一次篮球趣味比赛和篮球赛，分低、中、高年级段进行。如，低年级的30人行进间运球障碍接力赛；中年级的30人投篮积分赛和三人篮球赛；高年级的30人投篮积分赛、全场5人篮球赛；全明星篮球赛、篮球啦啦操比赛、亲子三人篮球赛、指尖上的舞蹈——绘画、涂鸦、手抄报、摄影、博文等各类竞赛，既增添了学生们的文化素养，又增长了他们的球艺，培养了学生的综合素养，促进其多元化发展。同时，通过评比《雏鹰争章》中健体章和《星级文明班》评比的实施方案，与少先队雏鹰争章活动、星级文明班标兵评比相结合。争章的内容有篮球知识考核、技术评比、绘画、手抄报、绘画、摄影、博文等，激励学生更好地学习篮球，同时获得家长的支持和积极参与。

（8）为了让更多的学生参与篮球运动，提高身体机能和健康水平，建议学校利用任何可以宣传的阵地进行宣传和鼓励，如“广播站”中午可以开设“我和篮球”主题栏目。通过此栏目的渲染，学生讨论、谈论“篮球”。营造篮球氛围。与此同时，各班级也分别开展有关篮球的主题班队会和班会，利用班队会的空间，向队员们普及篮球知识和我校《篮球运动员行为守则》《文明观赛指南》等制度，引导学生养成尊重对手、尊重裁判、文明观赛的良好行为习惯。

（9）建议参与篮球运动中注意安全防范，合理安排运动负荷，做好运动前的准备、运动中的注意事项和运动后的行为调节，避免导致运动损伤，造成安全事故，同时让学生了解一些安全防范措施和伤害事故的处理办法，创设一个安全的体育运动环境。摔倒时，顺势做前、后滚翻，不要用手硬撑。

四、结论与建议

1. 结论

（1）篮球运动对完善学生的心肺功能和身体形态改变效果非常显著。

（2）对学生的身心发育和终身体育起着重要作用。

（3）通过实验，老师和家长、学生可以清楚地了解学生的体质和健康状况。

2. 建议

（1）小学生正在生长发育，不适宜超负荷运动，应合理安排运动负荷。

（2）老师和家长、以及个人平时适时监测孩子的体质与健康状况。

（3）教师根据学生的体质变化设定锻炼目标，强健体魄。

参考文献

［1］王闻涛.打篮球学绝招［M］.人民体育出版社，2005，2.

［2］杨文轩，季浏.体育与健康课程标准（2011年版）［S］.北京：高等教育出版社，2012，6.

（深圳市龙华区龙华中心小学　宋昔峰）

如何提高小学足球教学的有效性

在小学体育教学中，无论是教还是学，都是需要通过具体的实践活动才能实现某种教学效果，达到某种教学目的，完成某种体育教学需要。而这种教学需要不仅仅是提升体育的质量和效果、提升学生身体素质的需要，而且也是新课程改革的需要，更是以人为本教学指导方针的内在要求。只有深刻把握了有效性教学这一关键因素，教师制定的教学计划才能更加具有针对性和实用性，其教学内容才能更加符合当代小学生的实际发展需求，学生对于体育课堂学习的积极性和主动性才能够被充分调动，教学模式才能由传统的“要我学”转变为新型的“我要学”。邓小平曾经说过：“中国的足球教育要从娃娃抓起。”作为一名小学体育教师，要充分重视足球教学在整个体育教学中的地位和价值，运用多样化的教学手段激发学生足球训练的兴趣与热情，切实提升小学足球教学的有效性。

一、转变传统的教学观念，将足球教学融入整堂体育教学中

当前，新课标的出台给了足球教学极大的发展空间，学校和体育教师的重视，也是足球运动在小学体育课堂中应用的良好条件，再加上小学生对这一传统运动项目的兴趣和热情，使得足球项目成为当前锻炼学生身体素质的主要项目。相比于以往的体育教学，最近几年，许多学校充分认识了体育课程在日常教学中的重要性，纷纷增加足球课时，加强对于学生身体素质的锻炼。因此，体育教师拥有充足的时间去为小学生讲授足球运动的要点，并带领小学生熟练地掌握在足球运动中需要具备的基本动作和技能。

在体育课堂上，体育教师可以通过“五尽教学法”，尽量减少排队，教师站在中间，先将足球运动的基本动作示范给学生，并且挑选出一些能使学生快速学习、简单易懂、身体各方面能够得到充分锻炼的动作技巧作为重点动作，精讲多练，教授学生进行练习。在练习中，体育教师尽可能的将学生多分

几个小组，鼓励学生在小组中与他人进行合作，在同学的帮助下去尽量少排队，结构化教学训练足球基本的脚法和踢球时的力度和角度，从而激发小学生积极学习足球的热情，让学生主动地融入课堂之中，使其身心得到全方位的发展。这种教学形式，不但能帮助小学生在运动中提高其自身足球技能，也可以鼓励学生与组内成员形成有益的合作关系，从小培养学生的集体主义精神和团队协作意识。除此之外，学校还可以综合自身的水平与发展状况设置个性化的足球课程，让小学生能够自主选择课程，满足不同学生的不同发展需求。

二、充分利用课前准备时间，将足球引入体育课前准备之中

在通常情况下，足球训练都是比较简单实用的，学生在其中所需要进行的运动量也不大，并且通过足球训练过程，小学生的心率又有一段明显的提升，这对于他们提升自身的心肺技能有着很大的帮助。因此，如果能将足球引入到体育课课前准备之中，将能大大提高体育课堂教学的效率，实现在有限的体育课堂时间内发挥体育锻炼的最大价值。体育老师可以在每节课课前安排学生在器材室领取一些足球，引导其在课前运用足球进行课前准备活动，相比较传统的热身操，足球更能让学生的身体各部分机能都得到充分的锻炼，也更具有趣味性。因此，足球训练将是体育课前准备的一种有益探索。

与此同时，还可以根据实际情况在理论教学中融入足球的相关知识。对于小学生来说，体育理论课程是一门及其枯燥且乏味的课程，但是在理论学习中小学生将能掌握到充分的训练技巧，也能够注意在体育训练中可能遇到的特殊状况。因此，理论教学对于小学生的体育实践是十分重要的。而要排解小学生对于理论教学的排斥心理，教师就可以提前上网搜集一些足球比赛的短视频，并利用课前准备时间为学生播放，在趣味性的情境中导入本堂课所要讲授的体育知识，吸引学生对于课堂的关注，同时也可以激发学生对于足球这项运动的兴趣，提升学生的足球技能，提高足球教学的有效性。

三、拓展课堂教学实践，将足球融入课外活动之中

对于小学生来说，课堂上的时间总是有限的，而课外时间则是充裕的。体育教师可以充分利用小学生的课外活动时间，为足球训练打开一片“新天地”。大部分学校都会安排活动课和大课间休闲时间，体育教师如果能有效地利用这段时间，带领小学生开展足球比赛，将能极大地提升小学生的足球运动

水平，调动学生足球锻炼的积极性。

足球是一项竞技性较强的运动，如果一味地在课堂中教授学生足球运动中必备的技能将无法发挥足球教学的最大价值。因而，需要成立校足球队和班级足球队，并多开展一些足球比赛，让小学生在竞技比赛的氛围中体会到自己足球技能上所存在的不足之处，发现自己与他人之间的差距，从而帮助学生不断提升其足球训练水平和效果，提升学生的竞技能力，切实提升小学生的足球运动水平，实现小学足球的有效教学。

总而言之，现如今足球运动已经逐步地融入到小学体育课堂之中，学校和体育教师也越来越重视足球运动对于增强学生自身素质的重要作用，但如何发挥足球在小学体育中的最大效用，让小学生在足球运动中更好地实现强身健体的目标仍是体育教学中的一大长久问题，需要全体体育教师和学校的不断探索和不懈努力。

参考文献：

[1] 杨坤.小学开展足球运动存在的问题及对策 [J] .亚太教育.2015，07：15.

[2] 刘成国.有效提高小学足球课的教学质量初探 [J] .青少年体育.2017，10：33.

（深圳市龙华区龙华中心小学　龚银杰）

龙华新区中小学大课间体育活动社团化运作方式研究

为了切实提高学生的健康素质，教育部、国家体育总局、共青团中央等多个部门在2006年联合下发了《关于开展全国亿万学生阳光体育运动的通知》，强调要大力加强学校体育工作，把学校体育工作作为全民健身运动的重点，切实提高青少年健康素质。2007年中共中央国务院印发了《关于全面启动全国亿万学生阳光体育运动的通知》，由此可见，阳光体育运动已成为教育部、国家体育总局、共青团中央全面贯彻党的教育方针的一项重要举措。阳光体育运动是一项旨在促进广大青少年学生积极主动参加体育锻炼，培养体育锻炼的兴趣和习惯，提高体质健康水平，逐步养成终身参加体育锻炼的能力，促进学生身体健康、心理健康、社会适应能力全面发展的体育工作。在结合实际调查和龙华新区实际情况的基础上，提出大课间体育活动社团化运作新思路，并对中小学大课间体育活动社团化运作方式进行探讨，并将中小学大课间体育活动的社团化运作方式推广到龙华新区中小学，同时这一新型的大课间体育活动方式也可以供其他中小学校借鉴。

一、研究目的

（1）本研究以中小学阳光体育运动中的重要组成部分——大课间体育活动为研究对象，通过对龙华新区中小学现阶段大课间体育活动开展现状的调查，了解龙华新区中小学大课间体育活动的开展情况、开展特色、学生需求、存在问题等情况。

（2）在结合实际调查和龙华新区实际情况的基础上，提出大课间体育活动社团化运作新思路，并对中小学大课间体育活动社团化运作方式进行探讨，并将中小学大课间体育活动的社团化运作方式推广到龙华新区中小学，同时这一新型的大课间体育活动方式也可以供其他中小学校借鉴。

二、研究方法

1. 文献资料法

通过中国知网、龙华新区中小学教育网站、互联网等途径收集阳光体育运动、大课间活动、体育社团等相关的文献资料，了解本研究的研究现状，为论文所需材料提供必要的信息及理论依据。

2. 问卷调查法

制定《龙华新区中小学阳光体育运动大课间体育活动开展现状的调查问卷》，向龙华新区中小学体育教师发放，了解各学校大课间体育活动的开展现状。

3. 访谈法

对龙华新区中小学体育组组长、学校体育工作管理人员和体育研究员进行访谈，听取他们对中小学大课间体育活动社团化运作的建议，主要是社团的组成、社团活动的开展、社团负责人的产生、社团的管理与评定。

4. 实地调查法

深入到龙华新区中小学，实地观看中小学校大课间体育活动的开展情况。

5. 数理统计法

运用Excel2007对问卷调查收集的数据进行统计分析。

三、结果与分析

1. 龙华新区中小学大课间体育活动开展现状分析

（1）龙华新区中小学大课间体育活动开展情况分析。阳光体育运动是一项旨在促进广大青少年学生积极主动参加体育锻炼，培养体育锻炼的兴趣和习惯，提高体质健康水平，逐步养成终身参加体育锻炼的能力，促进学生身体健康、心理健康、社会适应能力全面发展的体育工作，其工作重点和重心是提高学生体质健康水平，对象是全国的大中小学生群体。中小学作为开展阳光体育运动的一个重要主体，在阳光体育运动的背景下，提出了大课间体育活动，这一有效增进学生健康的实施方案。

为了将大课间体育活动落到实处，确保大课间体育活动时间不被其他课程和活动内容挤占，龙华新区大课间体育活动作为学校作息制度的一部分，安排在学校的课表里，并有体育老师和班主任进行直接指导。龙华新区的大课间体育活动时间，冬季安排在上午第二节课后，夏季安排在上午第一节课之前，总时间为15-30分钟不等。龙华新区共有55所中小学，在调查中得知，87.3%的学校能天天坚持大课间体育活动，10.9%的学校偶尔开展，仅有1所学校因场地原因基本上不开展大课间体育活动。目前，在开展大课间活动的学校中，100%的学校都是统一安排大课间活动内容，主要为操课类（七彩阳光、大自然快乐操、自编操）、武术操、跑操、跳绳、运动爱眼操、踢毽子、呼啦圈等内容。在调查中发现，操课类项目是目前龙华新区各中小学主要的大课间体育活动内容，一方面是因为操课类运动项目实施起来方便，只需要学校一个广播，全体学生就可以进行锻炼，运动强度不大；另一方面与学校强制执行的制度有关。

（2）龙华新区中小学大课间体育活动开展中存在问题分析。通过调查得知，大课间体育活动时间不够，运动量不足是目前大课间体育活动开展过程中的主要问题。学校为了保障学生的安全，维持好大课间活动的秩序，均实行组队入退场。按大课间活动时间30分钟计算，一般来说学生平均进出场时间8-12分钟，那学剩余学生锻炼的时间仅有18分钟左右。因此，受大课间活动时间的限制，学校就将广播操项目作为主要内容并强制执行，虽说是广播操、韵律操，这些操类动作本身也富有时代气息，但一成不变，学生早已厌倦，从而出现学生出操“出工不出力”的现状，再加上这些操类项目本身运动量就小，这就致使学生的锻炼效益低下，从而达不到增强体质和增进健康的目的。大课间活动也就间接的演变成了课间操，使得各个学校的大课间体育活动名存实亡，从而处在一个非常尴尬的位置。

学生人数多，场地器材缺乏。从调查中得知，龙华新区大部分初中学校只有一块400米塑胶田径场（小学一般是200米的田径场）、1-2块足球场或者排球场、2-7块篮球场，这样的场地分配，对学校大课间体育活动内容的安排，起到了很大的限制作用。如，民治中学，在校学生总人数1300多人，学校却只有一块200米的田径场、4个篮球场、一个排球场；大浪实验学校，在校学生总人数1750多人，学校也只有一个300米的跑道、7块篮球场、一块排球场和几块羽毛球场；龙华中心小学，在校学生总人数2000多人，学校只有一个200米的田径场、2块足球场、3块篮球场、一块羽毛球场、10张乒乓球台。场地的严重不足，再加上学校对大课间体育活动内容实行“一刀切”的方式，这就严重影响了学校大课间体育活动其他项目的开展。

内容比较单一。从调查中可知，龙华新区大部分学校大课间活动主要是以广播操（七彩阳光）和武术操（旭日东升）为主，而且这几套操学生已经做了3年以上，虽然现在龙华新区有个别学校引进了大自然快乐操，但是还是以操为主，内容比较单一，无法调动学生的练习欲望。从而导致学校的实际情况，与学生的需求严重脱节，也就使得大课间体育活动的效果大大减退。

2. 学生对大课间体育活动中体育社团的需求情况分析

（1）学生喜欢的体育社团分析。体育社团作为学校体育教学的重要补充和组成部分，高校体育社团在新时期也得到了迅速的发展并以其丰富多彩的活动形式在大学生里成为一支最为活跃，最有生机活力和影响力的校园学生社团。通过调查和多年的实践我们发现，虽然目前中小学很少有体育类社团，但是中小学要想更好地开展阳光体育运动，可以尝试运用高校体育社团的方式进行大课间体育活动的安排，发挥体育社团在阳光体育运动中的功能。

由于中小学校几乎没有体育类社团，中小学生对社团几乎不了解，为了确保本研究结果的真实性。在进行问卷调查的过程中，研究者向学生讲清楚了社团的概念、如何在大课间体育活动中开展社团活动，让学生对社团有一个初步的了解。从访谈中得知，在学生心中排名前八位的社团是篮球社、跳绳社、足球社、乒乓球协会、踢毽子社、武术社、田径社、体操协社。在调查中还发现学生喜欢篮球协会，主要是因为龙华新区中小学的篮球运动开展很好，群众基础好，学生从小就接触篮球，且龙华新区还有一年一度的篮球比赛，所以在龙华新区不论男女，大部分都非常喜欢篮球这个项目。对于喜欢田径社的学生，他们认为自己作为一名中学生，会面临体育中考或者体育加分，所以他们对社团的选择则以考试项目为主，都希望自己能充分利用大课间时间进行中考体育项目的训练。

（2）学生对体育社团活动开展的需求。在对学校参与社团意向的调查中，80%以上的学生愿意选择2–3个社团，希望社团组织社员开展训练、交流等体育活动；社团内部组织小型的比赛，通过比赛的形式锻炼，促进会员间的互动交流；积极参加校内举办的各项活动，特别是学校举办的活动，加强与学校的联系与交流，挖掘体育优秀人才；通过社团加强与其他学校社团的交流；简要的普及一些相关的体育裁判知识。

3. 龙华新区中小学大课间体育活动社团化运作方式探索

（1）中小学大课间体育社团的成立力求精品化。学生喜爱的大课间体育活动项目有很多，要想在这繁多的体育项目中成立体育社团，那么，彰显个性、突出特色、办出精品便成了各体育项目社团生存和发展的必备武器。因此，各中小学在体育社团成立之初，要充分论证其存在的价值和使命，分析学生需求、寻找生存点，这是中小学大课间体育活动中体育社团的安身立命之本。首先，可以将大家认可度较高的项目成立体育社团，如，学生中对篮球、乒乓球非常喜爱，可以先成立篮球协会、乒乓球协会。其次，可以先开展对场地器材要求不高、但有一定群众基础的运动项目，如跳绳协会、体操协会。协会的成立一定要与各学校的实际情况相一致，与学生的需求相吻合。

（2）大课间体育社团的活动力求内容丰富、方式灵活。为了充分发挥体育社团在大课间体育活动中的作用，学校可以在体育教师的监督指导下，将大课间体育活动的安排交由各类社团自由组织，社团可以根据自己的实际情况，开展训练、比赛和交流。原则上要求每个社团每周至少组织3次或者3次以上的训练和比赛，每名学生至少要参加一个社团、最多参加两个社团，不能无故缺席社团训练和比赛，这样既能保证学生学到体育技能，又给了学生选择社团（锻炼内容）的权利。

（3）加强对体育社团的指导和监督。中小学的体育社团不同于大学的体育社团，龙华新区中小学大课间体育活动的各类社团都是为大课间体育活动服务的，是为了解决大课间活动内容“一刀切”，学生参与大课间兴趣低、效果差这一主要问题而提出来的。所以中小学大课间体育活动的社团化运作，必须要有一个整体的规划，对体育社团的设置、体育社团的训练内容与时间、体育社团的社员管理、体育社团的场地器材分配、体育社团指导老师的划分需要有一个明确的方案。为解决这一问题，可以试着将体育社团纳入学校体育组进行管理，一方面可以为体育类的社团提供合适的指导老师和帮助，加强对活动的引导和社团自身建设，促进社团制度建设和完善；另一方面，可以最大化的与学校进行资源共享，在不影响正常教学的情况下，还可以最大限度地利用学校的场地器材。学校要规范和完善社团管理办法，把体育社团建设工作纳入素质教育的整个体系中，建立健全社团负责人、社团成员及社团先进集体的评比表彰机制，使一批优秀体育社团脱颖而出，形成鲜明的导向，鼓励、支持、引导，进一步促进体育社团文化的全面繁荣。

（4）加强社会联系，为体育社团走出校门创造条件。体育社团活动的开展离不开活动经费、活动场地以及必需的设备等，一般来说学校不会拿出太多的经费支持中小学大课间体育活动的体育社团，因此，可以搭起社团与企业的沟通桥梁。学校应鼓励学生体育社团走出校门开展活动，积极与一些企业联系，通过组织友谊竞赛等形式，让学生体育社团文化得以更广泛传播，使学生体育社团活动得以向更高层次发展；社团可以寻找长期合作企业，为社团的发展提供经费保障和活动支持，缓解学生社团经费、场地、器材不足的问题；社团可以通过和企业合作，给企业和公司一定的冠名权以获得相应的经费支持，以实现双方的互惠。

体育社团可以充分挖掘社团丰富的社会资源，到社会上寻求与自身社团性质相应的社会团体成为社团的共建单位（或称为指导单位）。如，足球协会等可以寻求足球俱乐部成为共建单位。社团寻求到了这样的社会团体作为共建单位，能够从这些高水平团体中获取专业资源，通过邀请其中的专业人士对社团进行指导和帮助，从而迅速提升社团的整体实力。同时，各社团也能借助共建单位的影响力大大提高社团的知名度，为社团争取到更多的社会资源。

（5）创新会员等级制度管理模式。体育社团可以参照会员分级的办法，将社团会员分为普通会员和高级会员，体育社团通过组织高级会员进行训练和参赛，提高社团专业性和实力的制度。龙华新区中小学虽然没有体育社团，但是大多数学校都有自己的运动队，如田径队、健美操队、篮球队等。大课间体育活动中体育社团的高级会员可以接纳学校运动队成员，由这些高级会员配合体育教师一起组织普通会员进行大课间体育活动的锻炼。这样能够迅速提升社团高级会员的整体水平，同时校队也有了社团作为组织基础，有利于该体育项目和体育类社团在校内外的推广。如果普通会员中，通过训练，有运动技能提高的普通会员，同样也可以接纳到高级会员当中，组织会员进行锻炼。

作为大课间体育活动的体育社团不能忽略对普通会员的训练，要把对普通会员的培训作为社团日常的核心工作，真正体现社团的价值，每年要制定针对普通会员的系统培训计划并且向普通会员公布，使普通会员通过社团培训能从专业的角度掌握某一方面的基本知识和技能，达到对相应的内容有一个专业层次的了解。通过这种方式可以真正吸引同学加入社团，真正发挥体育社团在中小学大课间体育活动中的作用。

4. 龙华新区中小学大课间体育活动社团化运作的注意事项

中小学大课间体育活动的社团化运作，一定要注意这些体育社团的设立是为大课间体育活动服务的，是为学生服务的，所以项目设置要合理。同时为了切实提供大课间体育活动社团化运作的效率，需要有老师对各社团的场地器材进行协调，对各社团的训练内容和方式进行管理。为了保持社团的活力，学校还可以每学期对各体育社团进行一次考核，主要从各社团社员运动技能、学习兴趣、身体技能、活动开展、社员数量等方面进行考核，并对优秀社团进行鼓励。

四、结论与建议

1. 结论

（1）龙华新区大课间体育活动的开展情况不容乐观，活动时间短、运动量不足、活动内容单一、场地器材缺乏是中小学在开展大课间体育活动的主要问题。

（2）学生最喜欢的社团是篮球社、跳绳社、足球社、乒乓球协会、踢毽子社、武术社、田径社、体操协社。学生愿意选择2–3个社团，社团可以从组织社员开展训练、比赛、举办活动、加强与其他学校社团的交流、普及一些相关的体育裁判知识等方面开展活动。

（3）体育社团有利于促进中小学体育运动的深入开展，有利于丰富、活化大课间体育活动，有利于阳光体育运动的深入开展，有利于学校校园文化与精神文明的建设，中小学体育社团的设置要走精品化路线。

2. 建议

学校有关部门在人力、物力和财力等方面全力支持的同时，加强对社团的指导和监督，对重大活动进行社团立项申请，促进体育社团自身的发展，为更好地展开阳光体育运动打下基础。

参考文献

[1] 董小强.试论高校体育爱好者协会活动对体育教学的影响［J］.体育科技，2004（2）：76.

[2] 郭龙峰，王国成.高校阳光体育研究现状之解析［J］.内江科技，2010（1）：87.

［3］黄亚玲.中国体育社团的发展［J］.北京体育大学学报，2004（2）：156.
［4］许仲槐.体育社团实体化初探［M］.广州：广东高等教育出版社，2003：36.
［5］共青团中央、教育部.《关于加强和改进大学生社团工作的意见［2005］5号》，2005.
［6］黎明.大学生体育社团的发展现状及对策研究［J］.安徽工业大学学报（社会科学版）.2005.3（2）.
［7］廖良辉.中美高校学生社团管理比较［J］.青年研究，2005（4）：35.
［8］林章义等.对高校学生社团建设的思考［J］.高教论坛，2006（12）：183–184.
［9］程为民等.大学生社团可持续发展之我见［J］.现代农业科学，2008（1）：95–96.

（深圳市龙华区龙华中心小学　刘桂香）

“任务型课堂教学模式”在中小学体育教学中的探索与实践

“任务型教学”就是教师依据课程的总体目标并结合教学内容，创造性地设计贴近学生实际的教学活动，吸引和组织他们积极参与。学生通过思考、讨论、交流、合作等方式，学习和使用基本知识和技能，完成学习任务的模式。它多用于室内文化科理论教学，笔者根据自己所授学科的特点与形式，大胆地将此种教学模式引入到体育课堂教学中，并进行整合与实践，取得不错的教学效果。现从以下几方面谈谈自己的作法，与大家共享。

一、存在的不足与现象

新的《体育与健康课程标准》在教学内容的选择、组织教法上给予广大教师很大的自主权，不少教师在对教学内容有了选择自主权之后，过分按学生体育兴趣选择教学内容，只选择学生感兴趣的球类和游戏活动，而把教材中那些大部分学生不感兴趣的项目或内容（如田径、队列练习）打入“冷宫”，扔置一旁，置之不理。从表面上看，是在发展学生体育兴趣，引导学生主动参与，甚至为培养学生终身体育意识打下了坚实的基础，实际上容易造成学生综合素质“营养不良”，运动“食谱”单调、乏味，产生“偏食”现象，导致学生体质全面下降，甚至挫伤多数学生体育学习活动的热情，失去对体育学习的兴趣。

二、面临的问题与现状

如何能更好有效地体育知识和运动技能传授给学生，我陷入了深深的思考。语文、数学、英语、信息技术等理论课教学每节课、每个单元都有一定的任务，要求掌握一定的知识，那么体育能不能也这样上呢？于是萌芽了“任务型课堂教学模式”的产生。

三、采取的措施和方法

关于“任务”一词有各种各样的定义。现代汉语词典的解释为“任务”：指定担任的工作；指定担负的责任。浙江大学的庞继贤教授则认为，所谓任务，简而言之，就是做事。在做事的过程中，学习者始终处于积极的，主动的学习心理状态，任务的参与制定之间的交际过程也是一种互动的过程。为了完成任务，学习者以“意义”为中心，尽力调动各种语言和非语言的资源进行“意义”共建，以达到解决某种交际问题的目的。完成任务的过程催化了学习者自然的和有意义的各种技能的应用，营造了一个有利于学习这种技能习得和内化的支持环境。

“任务型教学”就是教师依据课程的总体目标并结合教学内容，创造性地设计贴近学生实际的教学活动，吸引和组织他们积极参与。学生通过思考、调查、讨论、交流和合作方式，学习和使用基本知识和技能，完成学习任务。根据任务型教学理论，结合我所教年级学生实际，确立了“以教师为指导，以学生为主体，以任务为途径，用中学，学中用”的“任务型”体育课堂教学模式。

首先，集队由原来女前男后的四列横队变为男女生插开“定岗定位”六横九坚的队列方式，在集队时，缺席同学的位置不补缺，清点完人数后再对齐靠拢，这样很好地杜绝了学生打闹和擅自旷课的现象，并指定每节课上的体育委员，让学生都有种荣誉感和责任心。

其次，让学生了解本学期的教学目标和教学任务，让学生参与制定相应的单元计划和课时计划，如，在上队列队形练习时，首先说明我们要掌握那些基本队列和口令，大概用几节课完成这个教学任务，考核方式是怎样的，然后课后制定每节课大概要完成的任务，如，完成本节课的内容，你就可以做……学生在奖励激制的促进下，往往能很好很快地完成任务。同时让学生自己根据学期计划，选择下节课的内容，并布置课后作业，促进学生积极思考和练习。

再次，注重在各种课的类型、教学环节中师生主客体之间的变化，注意在练习时充分把握集体练习与分组练习的时机，注重学生组织能力培养和基本技能的传授，充分发挥体育骨干的作用，尽可能地在单位时间内最大限度地完成教学内容和练习密度，同时各组可根据不同的运动项目选择不同的“辅导教师”。如，广播操和立定跳远可选择不同的同学进行负责辅导。

最后，改变考核和评价标准的方式，小组与个人考核相结合，根据运动项目和学生具体情况制定不同的评价标准。考核时一改以往“一次定终生”的方式，将分组成绩册放在小组长手上，由小组长对组员进行考核和监督，学生经过努力有提高可到组长那儿进行更改，各组长由教师进行考核，同时将以组为单位，将各组员成绩累积相加，评出优秀小组，给予适应的奖励，从而达到共同进步的目的。如，在进行队列口令考核时，让每一位同学都站在前面大声地喊，我说考核有三：一练胆量、二练技能、三练语言表达能力，我制定考核标准和要求，让学生一起打分和纠正错误，低于70分以下的同学要到组长那儿再考，直到过关为止。学生的积极性很高，课上课下学生都很投入。

当然，在任务型教学法的呈现和导入方式上也多种多样，有直接导入法、间接导入法，猜谜语导入法、游戏导入法、故事导入法、情景导入法等等。组织形式、内容选择、教学方法上都有很多，这里就不一一述说。

四、取得的成绩及注意事项

经过一段时间的教学实践，学生的精神面貌有了明显的改观，学习参与热情有了很大程度的提高，身体素质和综合能力有了很大的进步，从课上的被动接受到自主参与，从课堂教学已经延伸到课堂之外的学习和生活之中，具体表现如：从“老师我要自由活动”到“老师这节课的任务是什么？”，从“老师点我集合整队”到“我要集合整队当组长”，从“老师我不会跳绳到老师我可以跳120个/分”，现随便点一个学生都能集合整队、口令正确洪亮，每个同学在做操、跳绳、跑步等方面进步神速，学生学习积极性高、团结、协作、互助的学习氛围浓。

设计“任务型”教学活动时应注意的问题：

1. 活动要有明确的目的并具有可操作性

在确定每课时教学任务时，要避免笼统地讲培养学生具备某种能力，应把它落实到与本课教学内容相关的具体要求或某项技能上来。教学目标具体清晰，能够激发学生的参与热情。以任务和任务系列来组织课堂，使课堂的每个环节都有具体而清晰的目标，从而使学生能够保持较高的参与热情。

2. 以意义为中心，体现学生的主体地位

任务活动谋求的不是一种机械的身体训练，而是侧重在执行任务中学生完成任务的能力和策略的培养，重视学生在完成任务过程中的参与和在交流活动中所获得的经验。评估任务成功与否的标志是任务完成的结果，这就保证学生在执行任务的过程中，将注意力集中于意义。在此过程中，学生是任务的执行者，而教师只是任务的设计者，组织者和评价者。

3. 以小组活动为主，培养学生的合作意识

任务的设计是多层面的，不同能力水平和不同特点的小组成员都可以起到自己的作用，都能体会到成就感。学习者会体会到任务是否能够得以出色完成，关键在于组内成员的团结合作。

4. 开发潜能，发挥学生的创造力

在完成任务的过程中，学习者会发现，简单地重复所学的基本知识和技能是远远不够的。他们必须创造性地利用所输入的材料，调动和收集一切相关的知识和技能，选择适当的学习和交流策略以完成任务目标，在这个过程中，学习者的自身能力和创造力将发挥到最佳水平。

“任务型”教学模式是一种新型的课堂教学模式，它能使教学过程任务化，充分确立学生的主体地位，以任务活动为主要途径，能够培养学生综合能力。

（深圳市光明新区高级中学　赵咏）

小学校园体育综合运动干预的实践探索

近年来，学生体质严重下滑，视力水平下降，偏瘦和肥胖学生增多，家长的体育锻炼意识薄弱，普遍“重文化轻体育”，教职工体检数据堪忧等问题突出。2017年以来，作为华东师范大学体育与健康学院汪晓赞教授主持的国家重大社科基金项目（编号：16ZDA228）《中国儿童青少年体育健身大数据平台建设研究》的子课题学校，开展了小学校园体育综合运动干预的实践探索研究，旨在探索出当前困扰学生体质健康、视力下降等突出问题的解决方案，提高学生、教职工体质健康水平。

一、研究目的

近年来，学生体质健康下滑、教职工健康堪忧，面对这种严重情况，探索一条立德树人、促进学生运动能力、健康行为、体育品格核心素养提升和改善教职工健康状况的有效途径，并形成一个包含健康促进原则、方法、监控、评价等方面的可操作性实施方案，势在必行。根据实际情况，旨在通过《KDL体育与健康课程》教学、活力校园的构建、家校联动工作的开展、“‘活力五色花’校长挑战杯”奖励计划实施和可穿戴智能监控设备的使用等五个方面的综合运动干预实施，探索对学生和教职工体质健康水平和视力水平影响，形成可实施化方案。

二、研究对象和方法

1. 研究对象

本研究以龙华中心小学2017级三年级学生作为实验对象，选取2014级三年级为对照（详见表1）。

表1 研究对象人数统计表

实验对象	人数	男生	女生
2017级实验	596	324	272
2014级对照	502	285	217
	1098	609	489

2. 研究方法

（1）文献研究法。通过中国知网、中国期刊全文数据库、中国学校体育官网等途径，以“校园体育”“综合运动干预”“体质健康”“肥胖”等为关键词搜索文献资料，重点对2014年以来校园体育综合运动干预与学生体质健康相关的文献资料进行分析、整理，作为本研究的理论支撑。

（2）调查问卷法。通过华东师大体育与健康学院总课题组制定的问卷，网上对2017级和2014级1533名学生、家长教师进行“身体活动”“久坐行为”“家长支持环境”和“体育学习兴趣”等调查。从收回的1498分问卷中了解对综合体育运动干预的理解、运动的动机及基本参与情况。

（3）行动研究法。选取×××2017级学生为实验年级，2014级学生为对照年级。实验周期为2017年10月至2019年12月。2017级学生通过季浏教授的“中国健康体育课程模式”，监控检测学生运动密度达75%，心率达到140-160次/分，每节课10分钟左右的补偿性体能练习，按计划进行汪晓赞教授主编、笔者参编的《KDL体育与健康课程》教学和活力校园的构建、家校联动工作的开展、“‘活力五色花’校长挑战杯”奖励计划实施、可穿戴智能监控设备的使用等五个方面的综合运动干预，但不告知被试学生。2014级对照，进行90周270节课常规教学和课余活动，并穿戴智能心率带监控。

实验前，请第三方测试2017级学生的身高、体重、肺活量、50米、坐位体前屈、1分钟跳绳6项指标，并对学生、家长、教职工进行问卷调查。然后与2014级原一年级同年级时的数据对照。综合运动干预实验后，测试实验年级和对照年级学生的身高、体重、肺活量、50米、坐位体前屈、1分钟跳绳和1分钟仰卧起坐方面的数据，进行数据分析。

（4）数理统计法。运用IBM SPSS Statistics23.0和EXCEL2007对实验前、后学生体质健康测试数据进行统计分析整理，得出结论。

三、校园体育综合运动干预的实施

所谓的校园体育综合运动干预主要包含《KDL体育与健康课程》教学、活力校园的构建、家校联动的开展、“‘活力五色花’校长挑战杯”奖励计划实施和可穿戴智能监控设备的使用等五个方面的综合运动干预实施。（详见图1）

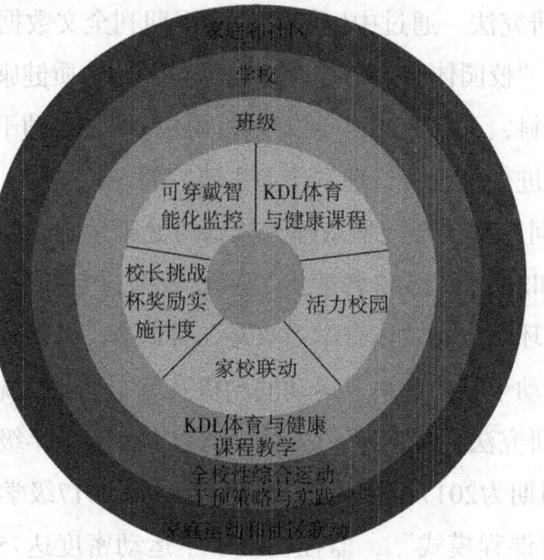

图1　校园体育综合运动干预图示

（1）《KDL体育与健康课程》教学。采用汪晓赞教授主编的《KDL体育与健康课程》，设计两年半90周270节课，每周上3节《KDL体育与健康》，每节课40分钟，每周两次给50名学生穿戴智能监测心率带，并采用季浏教授的“中国健康体育课程模式”和笔者的“3M体育教学法”，以积极地动、尽量地动和科学地动，开展结构化、多样化、趣味性进行教学。

（2）构建“活力校园”。“活力校园”包括阳光体育运动、文化课中的微运动和教工健康促进。

① 开展阳光体育活动。学校遵循广泛参与、教师指导、负荷适宜、活动多样、形式灵活、反馈及时等原则进行提升和改造。创新内容，突出学校特色，除了大课间活动，还开设了KDL亲子课堂、体育游戏、体育舞蹈、羽毛球、轮滑、健步走、健身操、瑜伽、跳绳、武术、跆拳道等体育活动。

② 文化课中的微运动。为了提高学生注意力水平，在语、数、英、科学

等室内文化课学习中间加入微运动。在微视频的引导下，学生跟随动作和音乐节奏进行有一定运动强度、动作简单、场景模拟真实的3分钟内的律动。通过d2测试，观察学生微运动后的注意力，提高教学效果，提升学业水平。

③ 关注教职工健康促进。教职工健康促进计划涉及体育活动、户外运动、膳食营养、工作环境、定期健康体检等多方面。其中，将每周五定为教职工健康锻炼日。单周五下午参与自己喜欢的运动项目锻炼身体；双周五下午，学校工会组织，进行以年级组为团队的“校长挑战杯”积分赛，一学期累计分数进行排名表彰。还定期组织登山、篮球、足球、乒乓球比赛等，激励教职工积极参与运动，提高教职工的健康水平。

（3）家校联动工作的开展。积极发挥家委会作用，让更多的家长参与到学校的各类活动，如，各类比赛的裁判员、摄影、引导工作，同时把有教师资格证，有足球教学经验的家长引进课堂授课。再则，与社区合作，开展各类趣味性、易操作的课余亲子嘉年华体育活动，如亲子跳绳比赛、趣味足球赛等，鼓励更多的家长、孩子参与其中。通过活动，改善社区家庭亲子关系、孩子和家长体质健康，有效促进儿童青少年身心健康发展。

（4）“‘活力五色花’校长挑战杯”奖励计划实施。为了提高学生身体素质，开展丰富多彩的“校长挑战杯”田径运动会、体能挑战赛、啦啦操、篮球、足球班级联赛、亲子嘉年华比赛、每月的竞技擂台挑战赛等等，再通过‘橙阳光体育’奖励机制进行表彰。如，三年级学生在做1分钟爬行、坐位体前屈、仰卧起坐、50米跑和跳绳等。各项挑战赛成绩奖励标准是：前10%的同学为“活力冠军”，前11%～20%的同学为“活力精英”，前21%～30%的同学为“活力达人”，前31%～40%为“活力能手”。综合成绩15%的班级为活力班级。每积满5张卡换一个“活力五色花花瓣”奖章，5枚换1枚“紫荆花银质”奖章，2枚银章换1枚金章，授予“活力少年、“活力家长”和“活力园丁”称号。

（5）可穿戴智能设备的使用。在《KDL体育与健康》课及大课间跑操、篮球、足球赛各类体育活动中，对教学质量起到监督作用的同时，也对学生的体质健康状况进行筛查，为安全开展各类活动创造了条件。根据不同学生的运动水平、运动能力及体质，抽取50名学生每周佩戴2次心率带，收集和监控学生的能量消耗、心率、运动强度等身体活动水平数据，根据学生心率变化，及时调整教学负荷、大课间锻炼强度及效率。

四、结果与分析

1. 实验前学生体质健康水平基本情况分析

实验前，对2017级和2014级两个年级同为一年级时，进行身高、体重、BMI、肺活量、50米跑、坐位体前屈、1分钟跳绳进行测试。独立样本T检验结果显示，两个样本在身高上，存在显著性差异，在50米跑上存在差异，在体重、BMI、肺活量、坐位体前屈、1分钟跳绳数据上无显著性差异，同质。（详见表2）。

表2　2017级2017–2018年度和2014级2014–2015年度同为一年级学生体质健康数据对比分析表

	年份	N	平均值	标准差	标准误差平均值	T	P
身高	2017	180	120.736	5.2488	.3912	–3.203	.002
	2014	130	122.638	5.0332	.4414		
体重	2017	180	22.697	4.6687	.3480	–1.971	.050
	2014	130	24.246	9.0086	.7901		
BMI	2017	180	15.438	2.1257	.1584	–1.312	.190
	2014	130	16.028	5.4917	.4817		
肺活量	2017	180	1097.96	185.601	13.834	1.653	.099
	2014	130	1035.34	459.198	40.274		
50米跑	2017	180	11.447	.9305	.0694	–2.108	.036
	2014	130	11.692	1.1112	.0975		
坐位体前屈	2017	180	9.767	3.9872	.2972	1.588	.113
	2014	130	8.981	4.6980	.4120		
1分钟跳绳	2017	180	47.52	22.183	1.653	.491	.624
	2014	130	46.22	23.826	2.090		

注：P值<0.01，存在显著差异，P值>0.05，不存在显著差异

2. 实验后学生体质健康水平的分析

2017级实验年级通过综合运动干预与2014级传统校园体育活动进行对照。配对样本T检验结果发现，2014级学生三年级时和2017级三年级学生的BMI、1分钟仰卧起坐的P值>0.05，故认为两个样本之间不存在显著差异。独立样本T检验统计发现，肺活量、50米跑、坐位体前屈、1分钟跳绳、总分的P值

<0.01，故认为两个样本之间存在显著差异。

根据研究结果，实验后反映了校园体育综合运动干预对2017级实验年级，在肺活量、50米跑、坐位体前屈、1分钟跳绳有显著差异，身高体重、1分钟仰卧起坐与对照年级没有显著性差异。对三年级学生的灵敏、速度、爆发力、柔韧性能力有显著地促进作用，对身高体重和腰腹力量影响不大，可能自身成长相关和与力量发育没到敏感期，没有进行专门腰腹肌训练有关。（详见表3）

表3　2017级2019-2020年度和2014级2017-2018年度同为三年级学生体质健康数据对比分析表

	学年	N	平均值	标准差	标准误差平均值	T	P
BMI	2019-2020	502	16.404	2.9449	.1314	-.549	.583
	2017-2018	596	16.496	2.6189	.1073		
肺活量	2019-2020	502	1613.55	460.292	20.544	3.634	.000
	2017-2018	596	1531.47	278.570	11.411		
50米跑	2019-2020	502	10.420	1.1542	.0515	3.256	.001
	2017-2018	596	10.211	.9657	.0396		
坐位体前屈	2019-2020	502	7.874	6.5067	.2904	-6.273	.000
	2017-2018	596	10.130	5.4132	.2217		
一分钟仰卧起坐	2019-2020	502	30.863	15.0789	.6730	-1.056	.291
	2017-2018	596	31.664	9.9108	.4060		
一分钟跳绳	2019-2020	502	64.30	24.265	1.083	-3.525	.000
	2017-2018	596	69.50	24.364	.998		
总分	2019-2020	502	73.949	9.9795	.4454	-6.721	.000
	2017-2018	596	77.417	7.0521	.2889		

注：P值<0.01，存在显著差异，P值>0.05，不存在显著差异

经过近三年的综合运动干预（详见图2），体质健康水平逐年提高。2018-2019学年比2017-2018学年，学生体质健康测试优秀率提高0.96%，优良率提高6.6%，合格率提高2.36%。2019-2020学年比2018-2019学年，学生体质健康测试优秀率提高1.19%，优良率提高5.6%，合格率提高2.28%。

	2017-2018学年	2018-2019学年	2019-2020学年
优秀率	2.45	3.41	4.6
优良率	32.2	38.8	44.4
合格率	93.66	96.02	98.3
不合格率	6.34	3.98	1.7

图2　近三年学生体质健康综合评定图表

3. 实验后学生视力情况的分析

在活力校园的大课间和上下午课间，通过运动型爱眼操和深圳市公益项目“爱视活动”的实施，经过医院体检，近三年视力检查数据来看，2017-2018年度，视力不良率为30%；2018-2019年度，视力不良率为28.60%，降低1.40%；2019-2020年度，视力不良率为25.19%，比上一年降低3.41%。可见，综合运动干预促进了学生视力不良率持续下降。（详见图3、图4）

	体检学生人数	视力受检人数	视力不良人数	视力不良率
2017-2018	2756	2742	914	30%
2018-2019	3019	3003	1005	28.60%
2019-2020	3264	3254	820	25.19%

图3　近三年学生体检视力情况图表

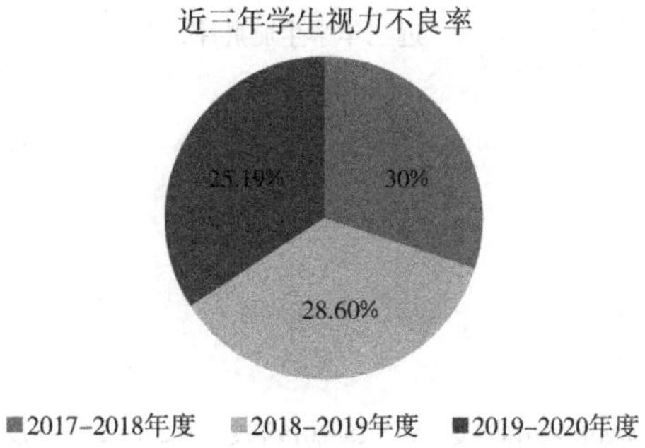

图4　近三年学生体检视力不良率图示

4. 实验后学生肥胖情况的分析

三年来，在综合运动干预下，通过国家学生体质健康测试身体形态评定，学生身高、体重身体形态指标和BMI指数显示：2017-2018年度，肥胖率为9.60%；2018-2019年度，肥胖率为9.10%，降低0.50%；2019-2020年度，肥胖率为6.07%，降低3.03%。可以得出综合运动干预促进了学生肥胖率下降。（详见图5、图6）

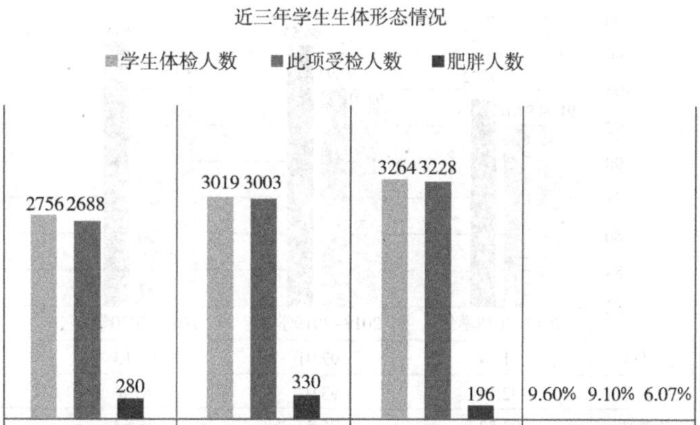

	2017-2018年度	2018-2019年度	2019-2020年度	学生肥胖率
学生体检人数	2756	3019	3264	9.60%
此项受检人数	2688	3003	3228	9.10%
肥胖人数	280	330	196	6.07%

图5　近三年学生肥胖情况图表

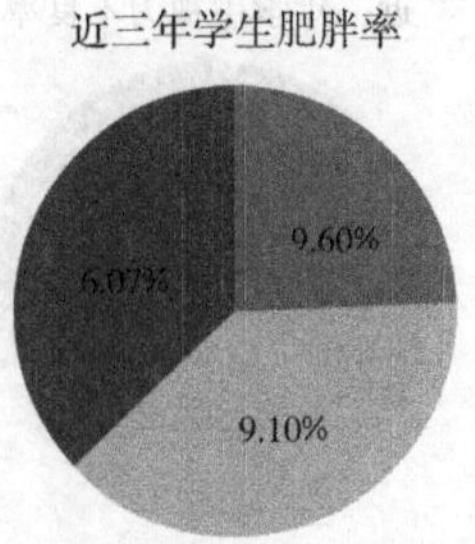

图6　近三年学生体检肥胖率图示

5. 实验后学生学业情况的分析

经过近三年的综合运动干预，学生的学业成绩明显提高。2018-2019学年与2017-2018学年期末测试成绩对比，语文、数学、英语明显提高；2019-2020学年第一学期与2018-2019学年期末测试成绩对比，语文、英语明显提高，数学第一学期期末成绩有波动，综合分析也有题目难易度的原因。（详见图7）

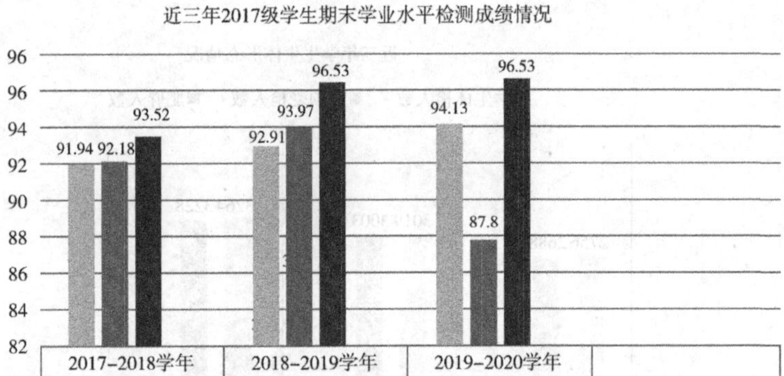

	2017-2018学年	2018-2019学年	2019-2020学年
语文	91.94	92.91	94.13
数学	92.18	93.97	87.8
英语	93.52	96.53	96.53

语文　数学　英语

图7　近三年2017级学生期末学业水平检测成绩图示

6. 实验后教职工肥胖情况的分析

近三年，在综合运动干预下，通过教师每年体检健康评定，教职工身高、体重身体形态指标和BMI指数显示：2017-2018年度，肥胖率为28.18%；

2018-2019年度，肥胖率为14.09%，降低14.09%；2019-2020年度，肥胖率为13.81%，降低0.28%。可见，综合运动干预促进了教职工的肥胖率持续下降。（详见图8、图9）

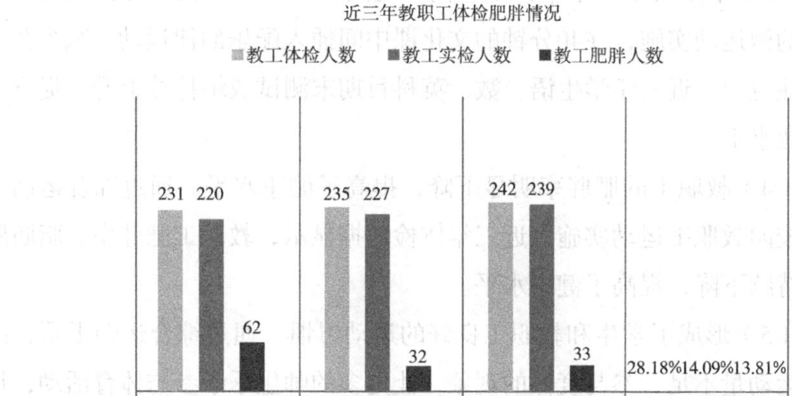

	2017-2018年度	2018-2019年度	2019-2020年度	教工肥胖率
■教工体检人数	231	235	242	28.18%
■教工实检人数	220	227	239	14.09%
■教工肥胖人数	62	32	33	13.81%

图8　近三年教职工肥胖情况图

图9　近三年教职工肥胖率图示

五、结论与建议

1. 结论

（1）学生体质健康水平显著提高。通过《KDL体育与健康课程》教学实施、活力校园构建、家校联动开展、“校长挑战杯、”奖励计划实施和智能监控五个方面的综合运动干预，探索出了可借鉴的综合运动干预方案。近三年学生体质健康优良率、合格率逐年提升，学生体质健康水平显著提高。

（2）学生视力不良率和肥胖率明显下降。经过丰富多彩的综合运动干预，近三年医院的视力检查数据来看，学生的视力不良率和肥胖率持续下降。综合运动干预促进了学生视力健康水平的提高和身体形态的良性改变。

（3）学生的学业水平持续提高。通过综合运动干预活力校园活动的文化课中的微运动实施，在40分钟的文化课中间插入配乐韵律运动，减少久坐，提高了注意力，近三年学生语、数、英科目期末测试成绩持续上升，提升了学生的学业水平。

（4）教职工的肥胖率明显下降，提高了健康水平。通过综合运动干预中活力校园教职工运动实施，近三年体检数据显示，教职工肥胖率、脂肪肝等疾病率持续下降，提高了健康水平。

（5）形成了学生和教职工良好的运动习惯。通过综合运动干预，改善了师生运动量不足、参与度低的现象，让更多的师生乐于参与体育活动，形成了良好的运动习惯，促进师生身心健康发展，推进了“健康中国2030”建设。

2. 建议

（1）提升学校体育教师综合能力。学校要积极落实教师成长奖励机制，催化教师自发成长，大力推进体育教师培训工作，提升体育教师自身的综合能力，更好地为开展综合运动干预服务。

（2）信息化家校、社区联动助力。将信息化手段融入家校联动中。学生每年的体质健康测试和视力水平等数据通过信息化手段及时反馈，学校主管部门、师生、家长都能够及时了解健康信息。同时与社区联动，进行体育锻炼和饮食营养培训，提高“家庭锻炼日”运动意识。

（3）推进普特融合，实现四位一体目标。通过综合运动干预，及时进行随班就读特殊儿童身体基本能力和体质健康的监控，发动家长积极参与“家校联动”，养成特殊儿童良好的锻炼习惯，推进普特融合，实现习近平总书记提出的学校体育“享受乐趣、增强体质、健全人格、锤炼意志”四位一体目标。

参考文献

［1］季浏.中国健康体育课程模式的思考与构建［J］.北京体育大学学报.2015，38（9）：72-80.

［2］李卫东，汪晓赞［美］PhillipWardSueSutherland体育课程教学模式［M］.高等教育出版社.北京，2018.1.

［3］汪晓赞，季浏.中小学体育新课程学习评价［M］.上海：华东师范大学出版社，2007：3.
［4］刘晋.对大密度大强度体育课的探索与实践［J］.中国学校体育，2015（12）.
［5］邵子洺.大密度适宜强度3M体育与健康课对学生体质健康影响的实验研究［J］.体育教学.2018.10.15.
［6］刘海元.学生体质健康水平下降原因及解决对策［J］.体育学刊.2008.01：15.
［7］刘海元，唐吉平，对贯彻落实“强化体育课和课外体育锻炼”有关精神的探讨［J］.成都体育学院学报，2014，40（6）：1–7.
［8］张润红，刘尚武.有氧运动综合干预对肥胖青少年认识能力的影响研究［J］.四川体育科学.2013.08.04.
［9］邵子洺.肥胖学生的外在表现与改善策略［J］.中国学校体育.2019.01.01.
［10］国家学生体质健康标准解读［M］.人民体育出版社，2014.
［11］中共中央国务院印发《“健康中国2030”规划纲要》［S］. 2016.10.25.
［12］国家体育总局.体育发展“十三五”规划.http：//www.gov.cn/xinwen/2016–05/05/content_5070514.htm.［S］.2016.5.5.
［13］国务院办公厅关于《强化学校体育促进学生身心健康全面发展的意见》（国办发〔2016〕27号）［Z］.2016.

备注：本文系国家重大社科基金项目（编号：16ZDA228）《中国儿童青少年体育健身大数据平台建设研究》子课题研究成果

5

第五篇

学而思之

让我们的体育教师真正的有为、有位

2017年8月22日，《中国学校体育》“草根争鸣”第102期“大密度适宜强度体育课的实施策略”研讨，在深圳市盐田区教科研中心书海听涛阁如期举行，该话题由深圳市刘永利教科研专家工作室提供，由刘永利教授亲自担任主持并安排筹备。此次研讨共有五个话题：请谈谈您对大密度适宜强度体育课的理解。不同课型的体育课是否都能做到大密度适宜强度，为什么？在大密度适宜强度体育课中如何有效地进行技术动作的教学？在大密度适宜强度体育课中教师如何把控课堂的气氛？结合课例，请您谈谈大密度适宜强度体育课应如何设计。分别由刘永利教科研专家工作室五位骨干成员刘慧芳、孟磊、蒋卫、刘钰和邵子洺主持，特邀嘉宾、深圳市教育科学研究院、原深圳市体育教研员、教育部“国培计划”专家、二级教授刘晋也参加了本次研讨活动。据工作室荆云明老师统计，不到两个小时，就有来自全国12个省市的91位教师参与了论坛活动并发帖1000多条。

首个话题就引来了200多个帖子。大家对“每一堂体育课运动密度75%以上，不管是运动技能的学习还是体能的练习，都要保证学生达到适宜的运动负荷140～160次/分钟”这个大密度适宜强度的体育课充满疑惑，大部分跟帖的教师都认为每节体育课运动密度达到75%以上是不可能的，刘晋、刘永利教授和主持话题的教师都以自己的切身实践为例和可穿戴技术设备测量的数据为证，一一进行回复和解惑。

据悉，自2012年开始，作为深圳市教研员的刘晋教授就亲身示范，将大密度适宜强度体育课模式在深圳市各区普及，试图改善国家近30年来青少年体质健康水平下滑问题。刘永利教授的“五尽式”教学法改变了目前体育课仍然存在的集合多、站队久、练得少、讲得多、排队多、等候长、器材少、空练多、内容少、兴趣小、示范少、错误多，学生喜欢体育运动但不喜欢上体育课的现象。同时，也诠释了季浏教授的“每一堂体育课给予学生持续运动的时间应占一堂课总时间的（运动密度）75%以上，不管是运动技能的学习还是体能的练习都要保证学生达到适宜的运动负荷（运动强度应在125～160次/分钟），每一堂课的运动技能学习时间保证在20分钟左右，专门的体能练习时间10分钟左右，运动技能的学习以活动和比赛为主”这一观点。通过对深圳市刘永利教科研专家工作室开展的“大密度适宜强度体育课对学生体质健康影响的实验研究”课题在深圳市各区的实验数据分析显示，实验班学生体质健康水平稳步提高。

本次研讨得到国内同行的充分肯定：准备充分，团队对提纲有很深刻的理解和实践感悟；组织引导有序，分工明确，对问题的理解高度统一，主持引导配合默契；团队敬业精神可嘉，好学专注，是个能做事、敢做事、做大事的团队……

草根争鸣，一线心声。感谢《中国学校体育》杂志社给一线教师搭建研讨平台和吐露心声的机会，感谢吕兵文老师的积极发动与组织。正如刘永利教授所说的，我们并不权威，还有很多不足之处正在逐步改善，只是希望全国的体育教师能够心往一处想，劲往一处使，最终的目的是让我们的体育课有趣、有效、有用、实用；让我们的学生真正的喜欢体育课，参与体育运动，养成运动习惯；让学生的体质真正得到改善，身心健康发展；让我们的体育教师真正的有为、有位。

图1 工作室成员网络研讨交流中

图2 进行研讨的成员与刘晋、刘永利教授合影

登高山、临深溪，促专业发展

荀子说："不登高山，不知天之高也，不临深溪，不知地之厚也。"2015年10月28日至11月6日，我有幸经省教育厅推荐，参加教育部"国培计划（2015）"——体育美育骨干教师培训项目首都体育学院小学体育（骨干教师）培训班学习。

怀揣着一个体育人对教育的梦想和担负的责任，我和来自26个省市的199名骨干教师，齐聚梦寐以求的首都体育学院，参加培训学习。

培训前，班主任董建锋老师就提前和我沟通，询问来京培训情况，服务无微不至，正像开班仪式上首都体育学院谢军副校长和继续教育学院洛卫平院长所讲，来了就是首体人，真有一种回家的感觉，感受到了首体大家庭的包容、温暖和幸福。

这次培训授课的教授都是我平时难得一见的体育专家，有《学校体育》和高校体育教材主编李鸿江教授和李相如教授，还有来自国家队、国家重点体育院校、系教学一线的教授和"三高"俱乐部名师、教练，既有理论结合实践，也有观摩体验，同时感受了他们的体育教育情怀，真正满足了我们一线教师的需求，受益匪浅。

我一边如饥似渴地学习，一边对照培训所悟，消除了一些困惑，反思了自己的体育教育教学：学生小学六年，是否真正学会了一两项体育技能为终身服务？身体素质是否在12岁前柔韧发育敏感期得到提高和改善？正像北京师范大学体育与运动学院院长、博士生导师毛振明教授所说，中小学体育课就是要让学生"学懂""学会"和"学乐"。我学习后如何做？那就是"改变"。在今后的学校体育和教学中，我会继续将新课标精神理念进一步贯穿到每一节课和体育活动中，根据学生的学情设置教学目标，选择适宜的教学内容，设定清晰的教学程序，安排一定的运动负荷，运用有效实用的教学方法进行教学，与实践结合，通过体育科研，提高学生的技能和体质健康水平，使学生终身受益。我觉得作为一名体育教师，要做到四个字，那就是“汗”“会”“乐”“思”。

一、要做到一个“汗”字

每节体育课都要有一定的技术内容、知识含量，在一定时间内多重复。一个人拍一万次篮球和拍一百次绝对不同。所以从学生准备活动，无论是游戏的引入，还是啦啦操、篮球操、跑图形的热身，基本部分的途中跑、加防守的运球的学练，或者课课练和游戏，以及最后的拉韧带游戏等，都要具备一定的运动负荷，符合小学生的年龄特点。在40分钟的时间里，要精讲多练，减少学生排队等待时间，练习密度达到60%，这样对学生的心肺功能提高具有极大的意义。

二、要做到一个“会”字

什么是会？我们每天教学很辛苦，汗珠子掉地上摔八瓣，教学生掌握了运球、传球和投篮，但一有人在前面阻挡就不知道咋办了。武术能打套路，遇上歹徒就不知所措了，这算不算会？终身体育的那个“会”是什么样子？面对毛振明教授提出的问题，我反思了自己的教学，学习体育知识和技能，是否学以致用。在教学的过程中，要结合实际应用设计主教材，比如，篮球运球、传球和投篮加防守练习，因材施教，关注到每个学生参与锻炼，时刻关注结合实践的体育技能的学习。像李相如教授说的，学生在打篮球的过程中，告诉他们篮球场有边线和端线，球不能出线，出线就犯规了，球权就交给了对方。生活中，如果这条线是法律，那必须遵守，越线就违法了，所以，做人要守规。通过体育课，学生掌握了主教材的运动技能技巧，能上场比赛了，又懂得了做人的道理，这才是真正意义上的学会，而不是简单的模仿。

三、要做到一个“乐”字

运动的最终乐趣是成功。作为一名体育教师，至今对运动乐趣依然缺乏理解。对体育规则的固守淡化了趣味，对弱势学生的忽视淡化了兴趣，没有使全部学生都体验到成功的乐趣。特别是毛教授讲到，日本在上小学体育课时，足球比赛把足球场的两个边线作为球门，三个守门员守门，全攻全守，降低了射门难度，使学生比较容易能获得成功的体验，篮板上加大篮球圈和安装三个篮筐等，中间投中得两分，左右两边投中各得一分，都极大地激发了学生的兴趣。这样的课，怎能不深受学生喜爱，师生关系怎能不融洽。通过学习，在今后的体育课中，从课的内容选择和方法的运用都要十分关注学生的运动兴趣和人人参与。爱因斯坦说过："兴趣是最好的老师。"不光是教师要具备一定的专业技能和素养，在场地器材的设置、游戏的安排等方面，都要激发学生的学习兴趣，使学生成功。

四、做到一个"思"字

体育教师要成为科研型教师，一定要两条腿走路。一条腿是教研之路，另一条腿是科研之路。在教学中多反思，将经验进行归纳，才能促进快速发展。中国教育科学院于素梅博士将体育教师分为困教型、能教型、会教型和精教型四种，科研能力咋提高？她用大量的实例给了我们很好的指导。在接下来的教学中，我将会把体育教学与生活关联起来，把握好关系，从观察中归纳现象，从想象中分析问题，从问题中确定选题，从选题中理出思路，写清楚，然后上清楚，通过科研水平的提高，提高教学效果。

总之，本次"国培计划"培训学习非常接地气，解决了一线教师的困惑，提高了专业素养。不但丰富了自己，提高了自身的理论修养，还学习了定向越野、户外运动、花样跳绳、武术、篮球游戏、篮球体能训练等技能，以及真实有效的情感培养，促进了专业发展，真正觉得，作为体育人——骄傲！

一切，从能够做到的开始

2011年5月27日，在高红委员、廖文芳主任的带领下，我作为深圳市宝安区龙华街道中小学校长、主任访港交流团中的一员，来到香港观塘功乐官立中学和圣保罗书院小学进行了为期两天的学习考察。我非常珍惜这次难得的机会，最大的收获就是让我对学校的德育工作有了更加深刻的认识，对学生未来的发展有了新的想法。

由于历史原因，深港两地的社会制度、教育体制、文化背景、育人模式、培养目标等还存在差异，结合深圳教育和我校的实际，我觉得作为学校的德育管理者最重要的是——一切，从能够做到的开始。

一、将“参与式管理”在学校落地

“参与式管理”是一种人性化的管理模式。它强调在管理过程中必须了解“需要、内驱力、激励、领导、人格、行为、工作群体及变革的管理”等因素，在民主与开明的领导作风下，使教师、学生和家长在决策上有参与的权利和机会，以激励个人的内在工作和学习动机，提高兴趣，增加效率。

这次在香港的学习考察中，通过与观塘功乐官立中学的李主任交流，我对香港的这一“参与式管理”思想感受很深。在香港，学校的事就是大家的事，学校中的领导、教师、学生、家长、教学辅助人员和家委会人员等都参与到学校管理的各项工作中，学校将一切能利用的资源都利用到学生的成长中。

1. 校长和老师一起工作

和我们一样，校长每天都出现在教师办公室、教室、教学活动场所等地方和教师一起工作，副校长更是和教师们在一起办公，每周都要组织各学科的教师分别研究教学和活动计划，做到计划周密，资源共享，落实到位。

2. 教学人员与辅助人员密切配合

通过与圣保罗书院小学的张淑玲老师交流得知，学校的拍摄工作以及老师们根据教学需要的各种教具，都由教学辅助人员来完成，他们帮助老师们做教具和活动道具，协助老师们办校报、编印资料图书等，每次制作教具前都要和任课教师进行详细沟通，最大限度地满足教师教学需求。同时负责学生上学、放学、身体检查等管理工作，大大减轻了一线教师的负担。

3. 家长义工积极参与学校管理

观塘功乐官立中学伍小冰校长介绍学校时，特别介绍了出席交流活动的家长委员会会长，也是本校校友。会后，据李主任讲，在香港，有三分之一的家长在为学校提供优质服务，家长义工入选后要组织培训，并颁发准入证书。他们自愿参与学校管理，协助学校很多工作。李主任还说有些家长技能很高，为学校做了很多相当于助教的工作，如，带领学生进行课外活动，辅导学生进行话剧表演、手工制作、英语剧表演、健身操训练等。做演出道具、打字、壁报布置、到教室里给孩子讲故事，假期或周末带领学生到郊外参加活动等。不同家长从事的义工不同，每种义工都有服务牌，义工需“持牌上岗”。这个经验很值得我们学习，我们也一直在尝试利用家长委员会的资源为学校和学生服务，真正做到家校互动，服务学生。

一切从能够做到的开始，结合我校的实际情况，回来的第二天，我就在家长工作坊QQ群上发帖，与家长分享见闻，发动家长积极参与学校工作，动员“家长合唱团”在“迎大运六一红歌颂祖国”活动中，与全校2071名学生一起全部登上舞台表演，并帮忙给所有学生化妆，减轻老师的巨大工作量，言传身教给学生树立一个学习的榜样，真正做到家校合作。

二、对待工作务实，就有成效

1. 关于教师专业发展

教师是学校的核心竞争力。在香港学校中教师的硕士学历占60%以上，教师的专业发展途径也很实用。参观教师办公室时，我们与李主任进行沟通，他们成长的基本轨迹如下：

（1）平时多看多研究多培训有关本专业的知识。

（2）集体备课促进自己专业成长。

（3）学生的问题难点促进自己不断钻研专业知识。

（4）与内地学校开展经常性的教育文化交流活动促进成长。

（5）教与研结合。年级组内有研究专题，如差异教学、高效率学习、合作学习、特殊学生的研究等研究专题的开展。

以上培训模式我们学校也是这样做的，特别是作为区“名师工作坊”的一员，要把今后的工作做得扎实、务实一些，注重实效性和针对性，服务青年教师和学生。

2. 关于学生素质培养

香港教育管理特别强调以学生为主体。本着以“学生为本”的精神及“训辅合一”的方针，致力于发展全人教育。鼓励独立及批判性思考和解决问题的能力培养，对学生表现积极肯定，而不是淘汰弱者。

给我留下印象最深的就是观塘功乐官立中学的科技教育和圣保罗书院小学的六年级英语口语教学。将课外活动作为校本课程，这种体验式学习实践了香港课程中的九种“共通能力”：沟通能力、运算能力、资讯科技能力、学习技能、协作能力、自我管理能力、创造能力、解难能力、批判性思考能力，和五种学习经历：德育与公民教育、智能发展、社会服务、体艺发展、与工作有关的经验。

在圣保罗书院小学六年级英语教学示范课的观课中，通过“学生情景剧”表演、现场提问的方式进行口语训练，没有过多的语句学习，多的是沟通与交流、鼓励，参与意识特别强，极大地调动了学生的学习积极性和主动性。

在参观观塘功乐官立中学科技探索研习中心时，被学生们富有创意、科学研究和科技创作、机器人比赛方面取得的成绩所折服。

3. 关于细节管理

（1）大合照的启示

中午，结束了对观塘功乐官立中学的参观与交流，在伍校长和李主任的陪同下，我们共进午餐。让大家感动和钦佩的就是上午的合影已经影印好发给了大家，使我们感受到了香港教师的执行力和做事速度。这种做事态度和速度值得我们学习。

（2）良好的行为习惯

李吉主任在筹备会上就提醒大家交流时要放低音量。两所校园都非常安静，课间也听不到喧哗声，只能听到我们一行人“克制了”的交谈声。课间听不到学生的喧哗声，学生的自律和修养让人叹服。香港小学生的素质和习惯让我们惊讶，我们在今后的学生行为习惯养成教育方面要加大力度。

（3）减低防卫心理

接到政府嘉奖信的李主任说，学校特别注意让学校中的各成员充分参与各项讨论计划、政策和措施的决定，使学校的价值观为众人共同拥护，树立教职员工和家长的主人翁意识；体谅别人的困难，如，教师迟到或者工作没有做好，校长不是责怪与呵斥，而是了解原因后进行关心与帮助；强调大家能与自己意见不同的人士一起工作，尽最大努力和持不同意见的人沟通，赢得信任；在香港所有的奖励几乎都是精神上的，尽量避免物质奖励是有效的管理策略。在这方面我们学校一直做得很好，校长和中层行政从不责怪与呵斥，对每位教师和学生都体现了应有的尊重与关怀，激发了大家的主人翁意识，教师们很有归属感。

三、五点感受

（1）一所好学校的关键因素：评估、公开、家长选择。

（2）教育问题的解决要靠教师的专业水平。

（3）学校教育最关键的是学生能力的培养，而能力是由他的实践（参与）决定的；参与是课程改革的核心基础。

（4）教育是慢的艺术。十年树木，百年树人，我们每位教师要对教育工作尽职尽责。

（5）“学会学习、高效学习、终身学习、创造性学习、应用性学习”是教育工作者追求的目标。

四、最大的启示

计划周密、高效务实、相信老师、学生和家长。他们都是学校的参与者，都是学校的管理者，都在享受参与带给他们的成功和喜悦。我们学习后，要吸收成功经验为我们所用，一切从能够做到的开始。

行走美利坚

成功的花儿，人们只惊羡它现时的美丽，当初它的芽儿浸透了奋斗的泪水，洒遍了牺牲的细雨。

——冰心

一、一次华丽的绽放

2018年3月20日，我有幸站在了“第四届国际华人体育与健康科研大会”和美国SHAPE会议的舞台，通过墙报展示，交流我校的研究成果和思想。能够站在这个国际体育盛会的舞台，是因为我有幸在汪晓赞教授主持的国家社科基金（教育学）课题子课题中，获得结题报告和案例两项特等奖和视频一等奖，其中课题报告《大密度适宜强度体育课对学生体质健康影响的实验研究》，经过阎青芳和杨燕国两位老师的帮助修改、翻译，通过总课题组投稿到“国际华人体育与健康科学报告大会”和“美国国家健康与体育SHAPE会

图1　随汪晓赞教授赴美国纳什维尔参加SHAPE大会合影

议”，通过双盲选，于1月2日接到录取通知，同时还接到俄亥俄州立大学和北得克萨斯州大学的邀请函前往交流研讨。因此，2018年3月15日晚，在汪教授的带领下，我随华东师范大学团队飞往美国纳什维尔，并在3月18日进行了墙报分享交流。

我的论文进行了墙报展示，展示中，春田大学教授提出问题：50%密度下学生的运动技能学习与70%密度下运动技能学习，哪一个更有效？与他的研讨确定了我下一个跟随汪老师研究的方向。汪老师和博硕们在两个大会上的发言反响很大，在国际健康与体育领域占有重要的地位。汪老师也是唯一一个带领中小学一线体育教师走上国际体育与健康科研舞台的专家，受到大会的肯定与赞扬。

汪教授曾经说：“人的一生能做好一件事就很了不起！”回想几年来，我带领工作室的一线教师，一直追随汪教授和她的团队，参与国家社科基金（教育学）重点课题和重大课题研究，为儿童青少年健康促进尽一份体育教师的责任，实现了课堂教学模式和教学方法的变革，构建了活力校园，培养了学生、家长的运动兴趣和养成了持续运动的习惯，强健了体魄！

二、一次亲密的接触

1. 邂逅文化——拨动心灵

在美国交流时，最大的收获是，感受美国文化，开阔了眼界，了解了一种与自己所接受的不同的文化，获得了一种不同的思维方式。将来面对问题时，就多一种角度，多一种解决办法，或者多一种自信。在汪教授和她的学生孔琳、何耀慧、李新盈的带领下，走进大学、走进社区、走进实验室，重要的是走进了当地人的生活，走进了当地人的文化。

3月23日，汪老师带我们走进纳什维尔音乐博物馆参观，这里是乡村音乐发源地，猫王的故乡，街道的配电箱都在播放着乡村音乐，大街上的音乐巡游车唱着歌不时穿过，使人感到轻松愉悦。

之后又跟随汪老师到中田纳西州立大学访问，会见汪教授读书时的教务长，也是当年汪教授做了八个月饭免吃住的雇主。教务长老远就张开双臂拥抱她。美国人积极乐观，热情似火，有很强的民族自豪感。

在教务长的带领下，我们参观了学校的太极拳馆和中国乐坊，了解了我们的国乐知识，让我为中华民族文化感到非常骄傲和自豪。民族的也是世界的。

2. 不同理念——触动灵魂

我们来到美国的第一站是斯坦福大学，然后是西弗吉尼亚大学、俄亥俄州立大学、印第安纳大学、德州休斯敦大学分校、德州农工大学、北得克萨斯州立大学，明净的天空、清爽的空气、大片的草地、没有校门和围墙的古老的建筑，这些世界名校呈现给我的不是叱咤风云，不可一世，而是诗意和田园，恬淡与宁静。

我们去的7所大学基本都在农村小镇。我问向教授，为什么这些大学放在农村？向教授说，目的就是让学生在接受最好精英教育的同时，能够在这个贫穷的城市里，体察美国最底层的民情，从而感受到一种最深层次的最强烈的冲击和感触，这是学生一生都用之不尽的财富。孔琳说，这里的大学演唱会比较少，辩论会比较多；名人报告会少，学术报告会多。我们在走廊上、草坪上到处都能见到学习、讨论的身影。

在课堂上，美国老师比较重视学生学的探索过程，我们的教育认为学生上课别说话，别做小动作，坐得规规矩矩，好好听课。他们认为：如果老师讲得非常完整、完美、无懈可击，就把学生探索的过程取代了，而取代探索过程，就无异于取消了学习能力的获得。学生上课就是要说话，要动手，要又说又动，说做并用。

访问的这几所大学，学校价值观的培养，第一个就是诚实，这在校园文化中可以看到，行走中也有深深的体验。因为这次出行，我被汪教授任命为伙食长，所以在做饭菜时感触特别大。食品放在厨房的柜子和冰箱里面，并不防范我们私享和破坏食品安全等，这个方面感受到了诚信。

为了节省和使火烧火燎的胃舒服一些，我才理解，为什么出行时汪教授带了一个电炒锅，因为我们不适应美国的汉堡、披萨。我们走进超市买菜、做饭，虽然食品相对安全，但牛奶、面包、香肠已吊不起我们的胃口。

3. 难忘的Party——温暖人心

我们拜访了杨教授和向教授。一进杨教授的家门，就能看到壁炉上面悬挂的苏绣牡丹图和摆放的唐装结婚照，这些中国元素昭示着主人可能是中国人。男女主人热情地接待了我们，为我们准备了中西结合的午餐。

当车停在美国农工大学向教授家门前，就见到一位温和、慈善的阿姨在房门口笑盈盈地招呼我们，感觉特别温暖，有回家的感觉。进门后发现她的爱人岳教授和她的博士生兼同事都一直忙里忙外地给我们准备丰富的晚餐，据说做了八次实验，才感觉能合我们的口味。席间大家自我介绍时，当得知我是小学体育教师和德育主任时，岳教授说他一生最感念的是小学四年级的班主任，说他是班上数学学得最好的学生，鼓励他成长，让他从一个家长经常被叫到学校的淘小子变成美联航的高级管理人员。

三、一次难忘的遇见

1. 遇见大咖欣喜求教

这次交流，见到了很多国际体育界大咖，以前只是遥不可及的书中的名字，这次是真正的面对面交流学习，使我受益匪浅。

2. 多种器材吸引眼球

在SHAPE会议上有很多器材和教材展示，有的来自体育教师自己的研发，厂家现场组织参会教师上课，介绍器材的使用，很受启发。

3. 精彩报告细节显胜

给我留下印象最深的是来自美国、韩国和日本的研究报告，在构建活力校园方面，会对某个细节关注很深，这是我要学习的地方。

还有就是美国一所小学体育教师的SHAP大会报告。他通过诙谐幽默的语言和科学严谨的数据，讲述了他从自身减肥，到带领班级学生和家长利用教室、校园、住所的屋顶、墙壁种植蔬菜，改变吃面食、肉类和喝饮料的饮食结构，养成多吃蔬菜、瓜果，多运动的健康生活方式，并通过减肥前后的照片对比，直观地显示了他的成效。

四、一种无穷的魅力

1. 一个暖心的苹果

请问您知道的苹果都有哪些？对，有手机和牛顿因苹果从树上坠落，而产生的万有引力定律……我今天给大家讲个苹果的故事，不是高科技，对我来讲却很暖心。2018年3月15日晚，我乘坐飞机到上海机场与团队会合。晚上10点左右，看到汪教授和她的学生们来了，我赶过去集合，见大家在忙着装箱子，张李强博士随手递给我一袋苹果，让我分给大家，说是汪老师在家里给大家带的，每人一个，吃了一路平平安安。我当时既感动又开心，拿到苹果后我马上奔到洗手间洗干净，狼吞虎咽地吃了，把前不久马航事件引起的惴惴不安的心放到肚子里。这可能是心理暗示起到了作用。这让我从细节中感受到汪老师的人格魅力，不仅在学术研究方面，更在做人的细节方面。她像火炉一样，把全国一线教师凝聚在身边，温暖身边每一个人，为孩子们服务。

2. 一份有温度的师生情

我们此行的第二站，来到了西弗吉尼亚大学参观，这也是汪教授当年留学的地方，这里没有高楼，没有喧嚣，没有太多的学生，碧空蓝天下，清静的校园、舒缓的节奏，回归教育的本真。我们参观了学校的体育设施，印象最深的是篮球场边的墙壁上，有一圈三道环形跑道，方便运动，这种设计让人大开眼界，感受到学校对学生的深层次关注。之后一路开车和汪教授一起去拜访她的恩师。公路蜿蜒穿过丛林，小鹿在草坪上奔跑，旷野中感受美国的乡村。这是我人生第一次经历这种如画般的环境，这是汪老师当年留学生活必经之路，她当时免费住在老师家的房子里，这位老师还为汪教授设计了校园文化衫，并穿上到机场接汪教授，她很感动，一直感恩老师对一个中国留学生的善待与帮助。在老师生日那天，汪教授给老师送了一块通往老师家公路的路牌，时至今日，路牌一直矗立在路旁，这条路因此而命名。从牛晓老师口中得知，汪教授对待恩师像自己的父亲，当得知恩师脑中风住进医院后亲自飞往美国照料并卖掉了自己的房子用于护理和照料恩师，这种师生情让我震撼，它闪现出一种跨越国界和民族的人性的光辉。

3. 一方美好的传承

第三站，我们在夜里来到俄亥俄州立大学，汪老师的学生何耀慧博士在这里访学，她和年初到美国访学的李新盈博士一直在等我们，为我们准备了丰盛的火锅。第二天我们到俄亥俄州立大学参观交流，在图书馆、全美最大的手球场和碧绿如毯、跳动着小松鼠的草地上都留下我们流连忘返的身影。

第四站，我们来到印第安纳大学，同样，汪教授的学生孔琳博士接待了我们，带我们去中国餐馆吃了一餐中国菜，安慰了一下我火烧火燎的胃。第二天，走进印第安纳大学健康体育系参观，并与孔琳博士的导师交流。这三位博士都传承了汪教授的传统，热情地接待我们，带领我们参观交流。

五、一份真诚的感谢

本次美国之行，感谢汪老师研究团队、感谢SHAPE和ICSPAH大会的会长、秘书长等专家，感谢校长及上级主管部门给我这次学习的机会，感谢汪晓赞教授、牛晓老师、王晶老师、沈晨老师、徐勤萍老师和闫青芳、陈美媛、金燕、张李强、杨燕国、陈悠、胡立锋、郭明明、李兴盈、孔琳、何耀慧11位博士、硕士们，除了他们，还要感谢一个非常重要的人，大家能猜到吗？对，他就是我们的小课标——张桓崧小朋友。

因为和汪老师、陈美媛、徐勤萍老师一起住，夜里张桓崧的醒来，成就了我在国际科研大会上将我们学校和校园文化向世界展示的机会。我醒来后看微信得知本次大会有学校展示的机会，确认小学也可以参加后，利用三个小时的时间发动同事和女儿做了3张全英文PPT，包括学校介绍、校园文化和篮球、足球、大课间特色、行进打击乐、京剧社团等，当我们学校第一个展示介绍时，后面是北京大学、俄亥俄州立大学、春田大学、印第安纳大学、上海体育学院等，我无比激动，我要谢谢他！汪老师一边带孩子，一边抽空完善自己的大会发言，这种精神值得我们学习和敬佩！

临回国前我和牛晓老师也效仿汪老师给每人买了个苹果，寓意平平安安出行，平平安安回家！

陶行知先生有句话："人生天地间，各自有禀赋，为一大事来，做一大事去。"相信在座的各位和我一样，在汪教授的指导下，为儿童青少年的健康促进尽自己最大的努力，这件事，值得付出一生。

深圳名师不是深圳的名师，深圳名师是中国的名师

“深圳不是深圳的深圳，深圳是中国的深圳；深圳名师不是深圳的名师，深圳名师是中国的名师。”在重庆“深圳市基础教育名师研修班”上听到专家对深圳教师的定位时，我身上的责任感油然而生，再一次坚定了我为基础教育奉献一生的信念。

2015年12月9日至17日，我非常荣幸地参加了由深圳市教育局组织，中国人民教育家研究院在重庆承办的“深圳市基础教育名师研修班”。本次培训共7天，培训内容丰富，形式多样，培训内容着重以课程改革与学生成长、成就为主线，以聚焦课堂、更新知识、提高教学质量效果为核心，以理论讲授、经验传播和案例分析等形式，帮助教师掌握过硬基本功，创新课程设置，丰富教学方法，变革教学关系，达到阔视野、提质量、拓技能的目的，促进教师专业化发展。培训内容不仅有专家的精彩讲座，有学员间的互动交流，而且还有观摩考察、研讨活动。总之，本次学习内容丰富、有实用价值。回顾此次培训，既有观念上的改变，也有理论上的提高；既有知识上的积淀，也有教学技艺的增长，更有同学间真情。

一、感受风采，聆听讲座

通过本次培训学习，使我深深感受到培训的专家、名师的风采，和学员集体大家庭的温暖。特别对首都师范大学吴晗清副教授的《从优秀走向卓越：基于实践的教育研究范式》《促进学生可持续发展的课程观念与教学实践》感慨颇多，他让我突破了从优秀走向卓越遇到的两大瓶颈，一是课程能力提升；二是教育研究能力提高。对课程设置有了一个新的认识和思考。他也让我感受到了教学研究发展的新思路新方向。专家们兢兢业业、严谨治学的敬业精神

令我钦佩；他们热情开明、平易近人、幽默风趣的态度让我倍感亲切。这些讲座，深刻专业，无不深深启发着我。同时，专家们还以鲜活的实例和丰富的理论知识，不仅让我了解到前沿的教育教学改革动态，而且还接受了先进的教学理念的洗礼。

二、交流观摩，实践引领

在培训活动中，我们参观了巴蜀中学、人和路小学和谢家湾小学等学校，巴蜀中学历史的积淀、人和路小学独特的校园文化和谢家湾小学的课程变革都给我留下深深的印象。在谢家湾小学分校观摩了篮球、排球、足球、田径四节体育课，都是根据学生兴趣自选项目的学练，注重引导学生从个人兴趣出发主动参与，让每一个学生都能学会并掌握一两项体育项目技能，并为终身健康服务。在这些教师的身上我都能感受到他们对学生和体育的热爱，对新课标和对体育教材的认真钻研，对体育课堂教学的熟练驾驭，这些都值得我们学习。

特别是参观谢家湾小学后，让我进一步从理论和实践上感受到如何通过先国家课程，后模块教学，使学生学会并掌握一两项喜爱的运动项目的重要，并能为学生终身运动服务。

三、肩负责任，开拓前行

虽然培训的时间短，但是却受益匪浅。通过培训，让我能站在一个崭新的平台上领悟当前课程教学改革和自己今后体育教育教学工作的方向，让我进一步明确了作为一名深圳教师的义务和作为市级名师、区体育学科带头人要担负的责任。

这一次培训活动结束后，我立刻到墩背小学、东星小学和伟民小学等民办学校调研，听了13节课，了解并倾听了一线民办体育教师和学生的心声及对体育课、阳光体育活动的期盼。根据他们的需求，计划于2016年1月7日走进展华实验学校，面向龙华新区公民办学校开展一次体育学科带头人和市名师工作室主持人教学研讨活动，上一节同课异构展示课和作一个题为《体育课要在“质”上下功夫》的研讨讲座，共同研讨交流，提高体育课质量和促进学生身体健康水平的提高。

四、感谢培训，感恩同行

感谢市教育局和学校给我们提供这个学习机会，提高自身的教育理论水平和教学教研能力，同时感谢李辉波老师的周密组织和安排。感恩人民教育家研究院为我们提供高质量的研修培训，并对教学、观摩、衣、食、住、行等方面给予了无微不至的关心和帮助。感动同学之间的友情，特别是培训研修结束时，为了永远留住授课老师的风采和同学之间的情谊，我做了一个小视频在群中分享，陈特为我赋诗一首：哨声出山岫，情爱满云天；短片传群里，大道遍教坛。更加激励鞭策我更好地为教育事业奉献智慧和力量。

研修培训回来后，王讲春校长问我，这次培训怎么样？我很自豪地对他说，不仅学到了该学到的知识，而且我收获了别人无法学到的知识——那就是有着11位特级教师的深圳市名师团队带给我的教育智慧和教育资源。他们的人格魅力和教育情怀，以及他们丰富宝贵的教学和管理经验值得我和我们学校学习和借鉴，他们是我今后人生中的良师益友，与他们同行，我感到非常自豪和幸福。我将以他们为榜样，激励自己今后在教育教学工作中发挥带头和辐射作用，为学生的终身健康发展服务。

“深圳不是深圳的深圳，深圳是中国的深圳；深圳名师不是深圳的名师，深圳名师是中国的名师。”这句掷地有声的话语和与深圳名师们一起研修的日子，我将会永远铭记！

痴心不改 宝岛研陶

春风不倦催花开，举国名师宝岛来……诗人百可老师的诗将我再一次带入了第一次踏入祖国的第三大宝岛——崇明岛的江南三民文化村行知社会实践培训基地学陶的思绪……

2014年3月2日，我们6位行政和骨干教师在校长王讲春的带领下，一行7人来到了恩师汤翠英老师的故乡崇明岛，参加第一期陶研班研讨活动，还赶上了3月3日的《龙马情·赢洲梦》——第三届“二月二龙抬头”文化旅游节在崇明江南三民文化村隆重的开幕式。崇明岛上全部学校都学陶，校校有特色，生态教育成果显著，闻名遐迩，“千教万教教人求真，千学万学学做真人”在这里真正得到落实。

陶行知纪念馆第一任馆长汤翠英老师，号召大家要“弘扬新行知真善美，爱满天下铸师魂”，极大地鼓舞和震撼了我；我如饥似渴地汲取着余广寿老师和王培老师掷地有声的行知思想理论解读和案例，杨昌宏、李明旭、丁仿明、汪希岳等一大批校长的行知办学经验，他们的精神境界和教育情怀激励感染着我。

一所学校能否真正学陶，虽然关键在于校长，但能否带领教师“教人求真”，使学生取得成效“学做真人”的是德育教育，我觉得我这个德育主任有没有带领教师们认真的落实，责任重大。真是“来时腹中空，去时力无穷”，我一边学习一边思考，回校后认真践行，以行知先生的“即行即知，即知即传，即传即联，即联即前”去做。我请学校书法教师涂自才老师写下了“千教万教教人求真，千学万学学做真人”的两块横匾，挂在了德育处的墙上，时刻鞭策着我做行知式教师，立德树人，培养社会主义事业的建设者和接班人！

5年后的2019年4月11日，当我受现任校长肖德明的委派，带着学校学陶骨干徐坚老师第二次来崇明岛江南三民文化村行知社会实践培训基地，参加陶行知生活教育理论与创新、传承与发展暨2019年全国第二期崇明生态教育特色文化陶研论坛，再次听着王培老师激情洋溢的领唱《陶研号子》，心中同样激情满怀。聆听“80后”的汤翠英老师回顾她走遍大江南北播陶40年，作了1500多场讲座，培养了无数行知式教育家、老师和小陶子的事迹，深受感动和激励；於英复教授讲述行知思想与国学教育的人生三乐，更让我感到作为教师的幸福与骄傲；学习李明旭校长的三生教育、王丽萍校长的行知精神和丁仿明校长的行知方向等让我反思到自己还存在的不足；大山的儿子范敬贵总经理“朽木可雕”的情怀和他的民俗教育，让我对企业家不求回报的教育情怀无比敬佩；郭大侠老师的拍摄义务服务让我体会到送人玫瑰手有余香的美好；蒋显敬校长的《九儿》和《卷珠帘》让我更加深信“没有音乐的教育是残废的教育”；崇明明珠小学和长江小学的“竹文化”和“水文化”特色显著；等等，我深深地被陶友们的智慧折服，被大爱感动！同时在行知园陶像前宣誓并作为代表为行知先生献花；站在古色古香的行知讲习所的讲台上演讲，并将我校学陶师陶后的践陶经验《综合运动立德康健体魄树人——行知思想引领下的综合运动干预的实践和研究》，在大会上向来自全国各地的陶友、校长、老师们推广分享，神圣感、责任感油然而生！陶行知先生“爱满天下”深种于心；恩师汤翠英老师的话：脚跟站稳、方向认定；余广寿老师的劝谏：做自己喜欢的事，做自己擅长的事，做对人民有益的事在耳畔回响。

没有健康就没有一切。陶行知先生每日四问，第一个就是：我的身体有没有进步？他主张“健康第一”，这也正是我国体育与健康新课程标准的理念。陶行知先生提出生活教育的五个目标：第一个就是康健的体魄；第二是农夫的身手；第三是科学的头脑；第四是艺术的兴趣；第五是改造社会的精神。这五个目标，正与“德智体美劳全面发展”的五育目标吻合。

学校体育承担着青少年学生运动能力培养和健康教育的重任，而学生的体质健康关乎个人幸福和国家、民族的未来。那么，在行知思想指导下，探索一条促进学生“运动能力、健康行为、体育品格”体育核心素养提升的有效途径，并形成一个包含学生健康促进原则、方法、监控、评价等方面的可操作性实施方案，是一个体育教育工作者的当务之急。

因此，我校坚决贯彻“健康第一”行知思想和国家体育与健康新课程标准理念。在肖德明校长的大力支持下，通过《KDL体育与健康》课程教学的实施、活力校园的构建、家校联动的开展、“‘活力五色花’校长挑战杯”奖励计划的实施和运动智能监控五个方面进行全面积极的综合运动干预实践，提高了全校学生和教职工的身心健康水平、注意力水平、体育品德和学习成绩，实现了“健康第一、立德树人、体魄强健”的育人目标。改善久坐行为，养成良好的健康生活方式，使学生有尊严的健康的幸福生活。

为期三天的陶研活动，使我收获满满。感恩遇见恩师汤翠英、余广寿、王培和全国陶友！行知思想点亮了我的人生和教育事业，我将以行知先生“爱满天下”的情怀，尽毕生精力为儿童青少年健康促进作出积极的贡献！

积极学习　立德树人

2018年12月2日，为深化教育交流合作，实现教育资源共享共进，在深圳龙华区教科院院长张学斌、副院长朱美健的带领下，作为龙华区名师工作室成员，我有幸随同学科教研员、名师工作室主持人和优秀中小学校长共55人到重庆和成都参加交流学习，特别是学校课程建设的学习使我深受启发。同时收获了同学之情、同窗之意，加强了今后工作的交流互助，使我们与各学科教研员、名师和优秀校长们很快地凝聚在一起，亲如家人。

本次培训非常感谢深圳市龙华区教育局和教科院细心细致的安排，走进川渝后，聆听了地方教育行政管理者报告，实地考察了学校，零距离感受到了名校管理的艺术和师生的精神面貌，与校长、名师进行了交流。本次学习虽然不是体育专业的学科性学习，但名校、名师的育人和教育理念对学科的教育教学都有很好的借鉴之处。

重庆教科院王纬虹副院长、龚雄飞主任等作了关于如何做教育科研、名师工作如何带领团队、区域中小学课程改革整体推进、区县教师进修学院建设、名师工作师团队建设等专题报告，我们还实地观摩了重庆市珊瑚小学、重庆市巴蜀中学和成都市青羊区实验学校明道分校等学校，了解了这些学校的校本课程建设以及名师工作室方面的实践与探索等。

当前教育真正拉开差距的是课程和课程领导力的水平，而不是课堂教学的水平。构建高质量的课程，对一位名师来说无疑是一个很大的挑战。高质量的课程是一种怎样的状态？学校应如何构建高质量的课程？在这里，这些问题得到了很好的解答。

未来学校发展的必然趋势是构建高质量的课程，挖掘整个课程结构的潜力，挖掘整个学校所有学科教师的潜力，尤其是校长和各学科带头人的潜力。学校要由探索高效率的课堂往构建高质量的课程发展，在高质量的课程基础上提升课堂教学质量，为不同的学生发展提供不一样的课程，来满足不同学生发展的潜力与需求。课程方案设计要反映不同的价值取向、培养目标和学校的育人理念。

一、构建适合的教育

适合的教育是未来我国基础教育发展的基本趋势和走向。适合的教育要让每个人获得不一样的，在自己的身心基础上尽可能大的收获与发展。在《国家中长期教育改革和发展规划纲要（2010—2020年）》《中学教师专业标准》《小学教师专业标准（试行）》《义务教育学校校长专业标准》里，都提到了为每个学生提供适合的教育。适合的教育要正视和尊重学生的个体差异，给学生最适合的课程支持，让每个学生脱颖而出。这样的教育是最好的教育，也是最公平的教育。真正的公平是实质公平：所得即应得，应得即最好。我们心中要有一幅蓝图，每个班上可能有姚明似的学生，有巴金似的学生，有钱学森似的学生，我们该怎么样用课程支持他们？学校要有相应的课程结构。重庆市珊瑚小学、重庆市巴蜀中学都给了我们很好的示范。

二、构建高质量的课程结构

课程结构实际上表现为学校的整体课程方案，包括课程定位、模式、类型、层级、顺序、进度等。高质量的课程结构的核心内容应该是国家、地方与校本课程的优化与重组；各学科课程的多样重组；落实学生的选课自主权。现在有些学校开了很多特色课，但是对学生的选择严格控制，或者每周一天的下午选择，或者为了创建学校特色开了一节校本课，所有学生都要学，这就失去了选择的意义。以前，太多的学校以开课门类的数量作为成绩，现在我们要考虑课程的质量，开发系统的校本课程，使每个学生都可以选择适合自己能力、符合自己发展的课程，包括学生对课程修习时序的选择。因此，校本课程不仅要有横向的拓展，门类丰富多彩，还要有纵向的递升，关注学生不同层级发展的需要。

对于课程建设，要求教师“向课堂教学要质量”，上好国家课程，用好选修课程，直接考验学校的课程管理与课程建设水平。

三、构建高质量的课堂教学

高质量的课程结构需要高质量的课堂教学来实现，而它们又共同构建了高质量的课程。它给我们营造的是一个思考与创新的空间，提示的是当下课堂教学的不足，以及呼唤创新者们，坚持探究。

信息时代的今天和未来，竞争的优势将取决于谁能创新出最有发展的课程，以培养更有个性的人。如果我们既有共性质量，又有个性质量，个性课程得到很好支持，我们将会真正让中国从教育大国变成教育强国。

陶行知先生说："人生天地间，各自有禀赋，为一大事来，做一大事去。"华东师范大学教授、长江青年学者汪晓赞说："人一辈子能做好一件事就好。"作为一名区、市体育名师、学科带头人，每一次学习和成长都为了做好一件事，就是积极学习，落实立德树人的根本任务，探索核心素养落地，带领体育教师团队为儿童青少年的健康成长、培养社会主义事业合格接班人，尽自己最大的努力。

本次研修学习，难忘而充实，作为一名区体育学科带头人和工作室主持人，肩负深圳市龙华区的教育重托。我将不负使命，一如既往地带领教师们在体育教学、团队建设、实践探索、课题研究、活动开展的过程中不断追问、不断反思、不断完善，助力年轻教师快速成长。

6

第六篇

读而惑之

《六顶思考帽》带来的窃喜

刚拿到学校为老师暑期准备的两本书，就被其中一本《六顶思考帽》的封面吸引住了。封面左上方六顶不同颜色的帽子分上下两排排列；右上方是一排红色小字“全球创新思维训练第一书”，下方用黑色字体标注作者：［英］爱德华·德·博诺；最下方被书名“六顶思考帽”占据，读者从封面看就进行了“思维变革”。作者爱德华·德·博诺是英籍马耳他人，哲学、医学、心理学博士，剑桥大学思维基金会主席。他第一次把创造性思维的研究建立在科学的基础上，是创造性思维领域举世公认的权威，被尊为“创新思维之父”，他发明的“水平思考”一词被收入权威的《牛津英语大词典》。世界各个领域的很多精英对他的著作推崇备至。德·博诺的思维训练在全世界50多个国家得到广泛的推广和肯定。

思考是人类最根本的资源，而思考最大的敌人就是复杂，传统的思维方式是对立而单一的思维，在同一时间内考虑多个方面的事情，而且这多个方面是相互冲突的，每一方都试图批判对方的观点。而博诺却提出了并行思维的思考程序，即在一定的逻辑顺序下多个方面只是陈述各自的观点，它们都是对主体的合作性探究。《六顶思考帽》的最重要的目的之一，就是它只能允许思考者一次只做一件事情，它要求思考者要学会将逻辑与情感、创造与信息等区分开来进行思考，这样就会简化我们的思考方式，帮助我们做事更有效率，更加专注地运用智慧的力量。目的之二，就是戴上任意一顶帽子都代表着一种特定类型的思考方式，它让思考者可以自由变换思考形态。这六顶思考帽的恰当运用，将会使得我们指导自己的思考如同指挥一个乐队一般，科学地运用它将有助于我们脱离思维的俗套而对事物产生新的看法，它创建了一套方法教会我们既能周全又能简洁迅速思考，它可以让我们唤起自己想要的。

“六顶思考帽”的主要功能在于为人们建立一个思考框架，在这个框架下按照特定的程序进行思考，可以极大地提高团队与个人的效能，降低会议成本（节省会议与决策时间），使我们将思考的不同方面分开进行，取代了一次解决所有问题的做法。推荐一个懂得如何运用六顶思考帽的主持人，带领大家将思考过程分解成六个重要的环节和角色，每一个角色与一个特别颜色的帽子相对应，然后在脑海中按照一定的顺序一顶顶地换上不同颜色的帽子，就会很轻易地做到集中分析信息（白帽）、利益（黄帽）、直觉（红帽）以及风险（黑帽）等，使人们可以依次对问题的不同侧面给予足够的重视和充分的考虑。如同彩色印刷设备一样，先将各种颜色分解成基本色，然后将每种基本色印刷在相同的纸张上，最终得到对事物的全方位“彩色”思考。

本书告诉了我们一些方法，既然它属于方法范畴之内，那么按照一定的操作要求都是可以学习掌握的。对于教师而言，在进行教学方案设计前一般都需要对教学对象进行诊断（备学生），为了能发现教学问题的本质，保证设计方案的针对性和有效性而因材施教。虽然我们会采用调查问卷、现场访谈、资料收集与分析，以及现场观察等多种手段提取事实信息，可是由于每个人在潜意识里都会作出对自己最有利的选择，我们得到的信息很可能都是经过调研对象将真实信息进行演绎的结果，难免会存在一定程度的失真甚至扭曲，所以要想获取完全真实的信息具有一定的难度，它往往需要我们多方位对关键资料进行交叉验证。我第一次有意识地尝试六顶思考帽的思考方法，是在暑期篮球校本教材开发项目中关于篮球技术学习、游戏评定方案讨论定稿之前，虽然测评方式深得学生认可，但是我总觉得等级规定有点低，于是我就按照六顶思考帽的方式引导教练员和编委人员，先戴上白色思考帽寻找测评相关的实际数据，按照设计方案进行核算结果；再用黄色思考帽分别站在篮球教师和学生的立场上研讨其各自的利益；接着用黑色的思考帽再站在学校领导和学校的立场上思考该方案潜在的缺陷；然后带上绿色思考帽考虑是否还有更好的测评设计方案；最后将红色思考帽带上，让大家发表一下对这几种方案的直观感受。因为在整个研讨的过程中，我没有告诉他们这就是六顶思考帽的思维方式，所以研讨的过程非常需要主持人的掌控，依据实际情况不断地进行控制与协调，结果是我们用了不到一个小时的时间就把即将定稿的方案进行了进一步的完善，感觉结论的形成是自然而然的事情，虽然像刚学会骑自行车一样，很难控制住行车的方向，但是出乎意料的顺利，它让我有些窃喜，在这个关键时刻这种思考方式给了我很多启发。但是现在想来，在一起研讨一个设计方案时，每个人都了解这种游戏的规则，每一个人都把它变共通语言后，显而易见它可以发挥最大的效用，这也是它最具有利用价值的时候。

虽然作者将思考分为六种中性的颜色，但是并不是说我们在思考每一件事情时，每一顶帽子都必须戴一遍，它依据事情的性质和程度而定，而有些简单的事情却不需要过多使用白色帽子、黄色帽子或者黑色等帽子，仅仅凭思考就可作出决策。

有句话说得好："万法唯心造。"这个世界都是由我们的心灵力量所创造出来的，我们的命运也是由我们的想法所形成的。因此，所有的力量都源自自己内心的思考，而通过六顶思考帽教会我们如何正确思考，这必将在我们进行思考时受用无穷。

孩子们心中向往的地方

躺在回老家的列车的卧铺上，我把学校推荐下发的《第56号教室的奇迹》拿出细细品读，惊奇发现，原来我们学校部分教师的许多创意与雷夫的56号教室是如此的相似。晚上10点钟，正读到精彩处灯熄了，我不忍罢手，随即从手袋里取出迷你电筒，直到全部读完。

书中讲述的是班级当中的点滴小事，一件小事一个道理，一件小事一份关爱。平铺的讲述着“56号”这间平凡的教室内，师生间所演绎的一些深刻的哲学道理。

我强烈地感受到雷夫老师对环境的超越，用爱心和智慧为他的学生在贫民窟的教室里营造了一个快乐的天堂，于平凡中创造了奇迹，他的这种品格成就了他，成就了那批幸运的孩子。特别是他培养孩子品质的六阶段给了我很大的启发，受益匪浅。

雷夫·艾斯奎斯在培养学生六阶段中细致地描写了每一阶段的目标、做法、结果，同时也不断地提出“我们还可以做得更好”。就是在这种信念的支持下，雷夫·艾斯奎斯老师带领学生走到了第六阶段。伊建立在为本书写的序中提道：“一间教室能给孩子们带来什么，取决于教室桌椅之外的空白处流动着什么。相同面积的教室，有的显得很小，让人感到局促和狭隘；有的显得很大，让人觉得有无限伸展的可能。是什么东西在决定教室的尺度——教师，尤其是小学教师。他的面貌，决定了教室的内容；他的气度，决定了教室的容量。”

为了课堂纪律，为了应试教育，许多教师使用的是“下马威”，或是“小红花”之类的奖赏激励措施，其实这在无形中降低了孩子的水准。读到这样的章节，我不禁想起了在我们日常教育中，如此的下马威，如此的奖赏措施似乎对于很多教师来说是很平常的事，就如许多家长苦恼于孩子不肯主动勤奋学习，家长们也就挖空心思又拉又打。

能促使孩子自觉地学习的做法比比皆是。而雷夫·艾斯奎斯创造了轰动全美的教育奇迹，他依据“道德发展六阶段”理论培养学生的人格，提出的“我有我自己的行为准则并奉行不悖”思想与儒家思想所倡导的“慎独”不谋而合。他从“道德发展六阶段”来引导孩子们，用自己的思想寻找到了六阶段。颇让我有感触的是第一阶段：“我不想惹麻烦。”颇让我惊讶的是第二阶段：“我想要奖赏。”

“我不想惹麻烦。”很多孩子从踏进校门的一刻起，几乎都以“不惹麻烦”为准则。而多数教师或家长也总是威胁“不乖就要罚站、罚抄写”“告诉你家长，你就倒大霉了”“等你爸回来收拾你”。而我们要孩子有良好行为表现的最终目的，是让他们相信这么做是对的，不是因为害怕惩罚才去做。

此分析与我们身边的教育相似且贴合实际，似乎从踏进校门的那一刻，大多数的孩子就开始接受第一阶段的思考训练，一切行为都以“不惹麻烦”为原则。如果细心的话，我们都会发现，老师刚走上楼道，就会听到“快，快，老师来了！”“安静，老师来了！”他们好像所有的一切都是为老师做的，做作业、排好队、认真上课等等。而有些教师也为自己有这样的威信而感到自豪。想想前几天四（5）班的一个男生下午上课总来晚，了解了原因，说是奶奶喊他起床晚了或去厕所大便了。几次三番，一天下午第一节课他又姗姗来迟，我告诫他：“如果你下次上课还迟到的话，那老师就要让你在其他同学做游戏时来补做队列练习。”结果，那学生第二天下午准时来上课了，看他这次没迟到，我沾沾自喜。“我们要孩子们有良好的行为表现的最终目的，是让他们相信这么做是对的，不是因为害怕惩罚才去做的。”雷夫的第一阶段“我不怕麻烦”的这句话如当头棒喝，点醒了我，呵呵，原来我这样下马威纯属下策。用雷夫自己的话说“六阶段”是凝聚全班的黏着剂。信任是基础，六阶段则是引导学生学业和人格成长的基础建材。我们的德育失败往往就表现在，当老师不在或孩子离开学校时，就失灵了。像上面那个学生的案例，如何改变其状态，我相信“信任，始于教育”。

与第一阶段的“我不想惹麻烦”相比，第二阶段的“我想要奖赏”中雷夫如此说：“身为每天站在第一线的教育工作者，我很清楚要让小孩守规矩确实是全世界最难的事情之一。但无论怎样都应该让孩子知道，行为得宜是应该的，不需要给予奖赏。”单独读这一章节我始终有些不大接受。低年级孩子的年龄特点是需要鼓励，适当的奖励可增加孩子们前行的信心，增加师与生的情感，作为一种精神奖励的辅助物，我觉着也是教育过程中的一种可行之举。不过读完雷夫的第六阶段，我逐渐明白，正因为雷夫认为“以信任为基础是孩子们学习的绝佳场所”，所以才会从儿童心理学的角度，总结出了“道德发展六阶段”，即第一阶段，我不想惹麻烦；第二阶段，我想要奖赏；第三阶段，我想取悦某人；第四阶段，我要遵守规则；第五阶段，我能体贴别人；第六阶段：我有自己的行为准则并奉行不悖。它所描绘的美丽路线图，竟然是那么的到位、真实！也让孩子们有了努力的方向和阶段目标。“基于信任，激发孩子对自己的高要求才是根本。”原来不需要一些不必要的奖赏，而是源于“信任”。

读完“寻找六阶段”，读完整本书，越来越多地感觉到“教育始于对孩子的信任”。因为信任，所以雷夫老师不会让“各位同学，请打开课本，翻到142页，上面有500道乘法，算完以后翻书本的最后一页，也就是第543页，上面还有500道乘法。请大家安静做题目”。因为雷夫老师认为：学生会算10个乘法题，为什么要做更多？如果连10题都不会做，让他做更多的题又有何意义？数学课应该是重质而不是量。重复训练的结果就是学生对数学提不起兴趣，怕做数学。相反，他并不看重考试，而看重学生是否进行“有效学习”。所以，雷夫老师不给学生留机械的、过多的作业。所以，即使他的学生几乎都出自母语非英语的移民家庭，班上的学生成绩也能高居全美标准化测试前5%。这让我们汗颜，让我们不得不反思习以为常的“题海战术”。

一直以来，我总认为因为国家经济发展的不同、国家教育体制的差异、传统文化的区别，其他国家教师和学生的教学思维和学习思维是无法用来学习和仿照的。可是读了雷夫·艾斯奎斯的《第56号教室的奇迹》后我才真正意识到，无论是古今还是中外的教育，无非就两个词，对学生的“信任、关爱”，让他们充满自信的、满腔热情的去面对将来的人生道路。

正是因为坚定的信仰，56号教室里才养成了那么多第六阶段的学生。当我读完了这六个阶段就给自己确立了一个新的目标，和班主任一起引领学生养成“第六阶段”的好习惯，并且确信我们学校的学生也可以做得这么好，因为我们也有自己不一样的教室，在这个教室里每天都在上演着不同的故事，我们也有像雷夫·艾斯奎斯老师一样细心观察，从爱每一个孩子出发的老师。就让我们从阅读《第56号教室的奇迹》开始，让我们的教室、我们的学校成为孩子们心中向往的地方。

我眼中的先生——汪晓赞

2015年10月，一个特别难忘的日子，我在龙华区体育教研员隋海林老师的推荐下，在重病父亲的病房外填写了申请表，加入了“深圳市刘永利体育教科研专家工作室”，参加培训学习。2016年的夏天，刘永利教授发出了华东师大教科研研讨培训的通知。当时的我是深圳市名师工作室主持人，如何带领工作室成员研究促进教学，这给我提供了一个良好的平台，在时任校长王讲春的大力支持下，我带领工作室助手刘桂香老师赶赴华东师大体育与健康学院，参加这次体育教科研盛会。

作为一线体育教师，积累了丰富的实践经验，但理论基础较薄弱，教学中遇到困难与瓶颈，利用科研课题功克难关不懂方法。也就是在申报课题、研究课题等方面急需学习。

记得报道那天，当天晚上7：00至10：00就有培训，我和刘桂香老师急忙吃了晚饭就赶到会场，志愿者接待了我们，培训时放的录像，是一个女教授在讲课题研究方法的讲座，我一看，这不正是自己所需吗？就如饥似渴地学习起来、一边听着一边记者笔记，不知不觉听完课就10点多了，当我和刘桂香老师起身离开的时候，环顾四周，发现就剩我们两个人了！

第二天一早，我和刘老师在培训时，发现讲台上站着一位女老师，穿着浅粉色孕妇装，正是昨晚录像课上的老师，只见姓名牌上写着“汪晓赞”三个字，使我特别惊喜，原来这就是大名鼎鼎的汪晓赞教授，因为在2001年的肇庆举行的全国教学比赛中，就已闻她的鼎鼎大名，在芸芸众体育教师中，无缘与她相识。

令人意外的事发生了，她一开口就说，今天我要给来自深圳市龙华区龙华中心小学的邵子洺发五张奖券，因为昨晚上的培训就她和她的同事坚持到了最后，她的这种学习精神值得大家学习，随后，在来自全国的500多位前来学习的老师的目光中我站了起来，接过了志愿者的五张奖券。原来奖券是汪老师培训活动的一种激励方式，每天准时来参加学习的领一张，结束时再领一张，最后闭幕式上抽奖，激励大家学习提高。虽然这次我没抽到奖品，但是汪老师做事这种用心的态度和对一线体育教师的用心深深的影响了我。

她上完课我就紧紧地跟随她，跟她提出了想聘请她做我的深圳市名师工作室的国内指导专家，因为按要求，我的工作室要聘请三位以上国内指导专家。她细致询问了我工作室老师的情况，我告诉她是一群来自一线、没有任何光环的，渴望通过积极学习，为学生健康得到改变的一群有情怀的“草根体育教师”。她毫不犹豫的答应了，她说她马上要生孩子了，生完孩子就前往我的工作室来指导！我当时特别欣喜。

还记得汪老师第一次来到我工作室指导时，刘永利教授和辅导我赛课获奖的我的前体育教研员刘晋教授和现任培养我的体育教研员黄镇敏老师都亲临指导，把最先进、最前沿的体育理念、综合运动干预方法带到了我校和我的工作室。汪老师讲座中场休息时，就到我的办公室给孩子哺乳，她培训我们时就由阿姨照顾，那时的孩子只有7个月。大家都被汪老师的教育情怀、对体育教师的期许和对祖国体育事业的付出所感动。

特别感激汪晓赞教授把我当作自己的学生一样指导与培养，节假日为我买机票、安排食宿到华东师大与研究生一起接受国内外专家培训开发《KDL体育与健康》课程，她还从带着哺乳的崧仔、脚受伤坐着轮椅从不间断，到我的工作室指导课题研究实验。最后，通过季浏院长的中国健康体育课程模式，用《KDL体育与健康》课程将新课程标准很好的落地，不但培养了我，还培养了我工作室三个区的骨干教师一起成长，各校的师生一起获益。大家爱上体育课的同时，提高了体质健康水平，使近视率有不断下降，文化课成绩逐步提高！名师工作室验收考核时，我工作室7位青年骨干教师被评为“三名工程”骨干教师或教坛新秀。

汪老师带我们去美国参加SHAPE大会和第四届国际华人体育与健康研科报会，她是国际上带领中小学一线体育教师，在国际舞台上展示课题成果的大学教授第一人。当我校的综合运动干预成果视频在第四届国际体育与健康科报会第一个展播时，后面是北大、印第安纳大学、俄亥俄州立大学等高校，我无比激动和骄傲！我骄傲我是深圳体育教师！我骄傲我是中国体育教师！我骄傲我是汪书记课题团队的一员！会议期间，我和汪老师、美媛、小萍住在同一间房，亲眼目睹她为了中国儿童青少年的健康、为了祖国民族的未来，夜里也不休息，把孩子喂了奶哄睡了，就去餐厅工作，下半夜孩子哭了告诉她，她再回房间再给孩子喂了奶，再到餐厅工作到黎明，每晚就睡两三个小时，看着都心疼，她的敬业精神和努力拼搏的意志品质和对学生、一线体育老师的成长倾注的心血时刻鞭策我奋力前行！重庆市体育教研员牛晓教授曾跟我说，汪老师留学的导师生病期间住院，由于导师没有孩子，汪老师卖了房子远赴美国为老师治病并照料老师，她的人格和对事业的追求都令我肃然起敬，也深深地感染我，做个仁爱、博学的好老师！

汪老师说：一个人一辈子做好一件事就很了不起！正像陶行知先生说的：人生天地间、各自有禀赋，为一大事来，做一大事去。感谢汪老师多年的培养和引领，使我从低头踏实做事，变为抬头仰望星空，从经验型体育教师转变为研究型体育教师！最重要的是学会在变革、快乐体育中成长！

未来的路上，我将和我的团队继续跟随汪老师和课题科研团队，坚守教育初心、担当育体使命，在深圳建设中国特色社会主义示范区的新征程中，继续开拓进取，再谱特区教育发展的精彩篇章！

运动——为未来人生奠基

一、生命在于运动

法国著名思想家伏尔泰说："生命在于运动。"是的，人的一生，谁都离不开运动。从婴儿翻身、盘坐、爬行和学步，到各种各样的锻炼方法，无不是为了生存、为了健康。只有当人类具备了强壮的体魄，有了良好的心理素质，才能适应社会的需要，提高生命质量。

1917年1月，时任北大校长的蔡元培对学生提出殷切希望："要有狮子样的体力，猴子样的敏捷，骆驼样的精神。"陶行知先生的每日四问对健康的身体尤为关注，首先就是问自己的健康有没有进步。毛泽东主席在1917年《体育之研究》中说："文明其精神，野蛮其体魄。"习近平总书记4月21日在陕西省安康市平利县老县镇中心小学考察调研时指出："现在孩子普遍眼镜化，这是我的隐忧，还有身体的健康程度，由于体育锻炼少，有所下降。'文明其精神，野蛮其体魄'，我说的'野蛮其体魄'就是强身健体。"这些都体现了运动和"健康第一"的重要性。

少年强则国强。伟大的教育家杜威说："促进国家进化的最妥的方法是提倡运动，使全国人民发生兴趣，具乐观的观念，有了精神，然后新事业自然发生了。"近年来，学生体质严重下滑，视力水平下降，偏瘦和肥胖学生增多，家长的体育锻炼意识薄弱，"重文化轻体育"现象普遍。《中国儿童肥胖报告》指出，近30年来，我国的胖孩子越来越多，若不加控制，到2030年，超重肥胖的青少年数量将增至4948万人。WHO的数据表明，缺乏锻炼已成为全球第四大死亡风险因素，平时缺乏规律性、科学性身体锻炼与活动将可能导致平均寿命减少五年。这些不只是习近平总书记的隐忧，也唤醒了我们教育工作者和家长，重视引领、指导、带动孩子运动锻炼，强身健体。像钟南山院士说的："要把运动锻炼看得和吃饭睡觉一样重要，养成习惯，坚持不懈。"只有身体强健，才能国富民强。

世界卫生组织在《关于身体活动有益健康的全球建议》中指出："5～17岁儿童青少年，应每天累计至少60分钟中等到高强度身体活动，跑跳投和球类、游泳等运动，大多数日常身体活动应该是有氧活动。同时，每周至少应进行3次高强度身体活动。在选择水果和蔬菜时，应避免过量的糖和脂肪，减少看电视和玩电脑的时间，为身体提供能量，并做好安全防护。"

科学研究表明：运动时，心脏压力增大，大脑会释放一种名叫脑源性神经营养因子的物质，简称BDNF，它起到保护和修复记忆神经元的作用，可以让人觉得心情放松，减轻疼痛感。跳、跑、踢、抛、接、滑动、转动等能力的运用和发展，会使孩子的手，眼，脑，四肢，肌肉，神经，心理得到平衡并愉悦的发展，从而提高健康水平。

记得我小学时，每天上半天课，单周上午上课，双周下午上课，另半天班主任把五六个邻近的同学分到一个学习小组，选定在一个同学家里写作业。我们写完作业，就一起到外面玩，踢毽子、跳皮筋、跳房子、丢手绢、编花篮、老鹰捉小鸡、滚铁环、踩高跷等。记得有一年下雪天，读小学五年级的二哥拿起斧子和锯，把家里盖水缸和酸菜缸的两个木缸盖进行了改造，做成了可控制方向拐头的爬犁，还带着我和姐姐去滑雪。妈妈下班回家看到后，打了他一顿，说他把正使用的家什浪费了，可我当时特别崇拜他，觉得他手巧，啥都会做，又带我们玩儿。那时和小伙伴、兄弟姐妹在阳光下奔跑、游戏的时光，至今让我无限怀念。我们在游戏运动中不但强身健体，还体验了成功、失败，提高体能，培养了动手、协调能力和竞争精神，也很少生病。可现在的孩子，特别是城市孩子不一样，由于现代生活方式的改变和学习的压力，受电子产品、久坐、快餐文化等影响，身心健康水平明显下降，非常令人堪忧。

二、引导孩子爱上运动

作为家长，如何引导孩子爱运动呢？我想，有很多路径可以通达。

一是陪同。家长要和孩子一起玩儿，一起看体育比赛，一起参与体验。这是家长帮助孩子找到运动兴趣的最好方法之一。尽量邀请同学、朋友或社区的家长、孩子一起到运动场或者公园里去玩儿。在玩中，家长可以发现孩子在某项运动中的潜能，激发孩子的运动兴趣，然后开始循序渐进，教授一些特定的技能和规则，培养孩子这项运动兴趣和特长。帮助孩子找到了运动兴趣，就要鼓励孩子坚持下去。陪伴孩子一起看电视上体育比赛或现场的体育比赛，不仅帮助家长和孩子融洽亲子关系，通过运动员赛场上的精彩表现，还能帮助孩子树立正面的榜样，激发学习内在的动力和参加运动比赛的欲望。特别要积极鼓励并支持孩子适当地参加学校举行的比赛，在运动中获得乐趣和成长。

二是沟通。家长要积极主动跟体育老师沟通。孩子在学校体育课上、大课间、阳光体育活动中，体育教师会发现孩子的运动特点和潜能，如果家长积极主动与体育教师或班主任了解孩子的运动潜能，会帮助孩子找到运动兴趣。我所任教的龙华中心小学是国家教育部授予的全国篮球特色学校和全国足球特色学校，学校的校训和LOGO都融入了运动竞赛的元素和体育精神，校训是“竞进不息、和美致远”，LOGO代表六个年级的6个不同颜色的孩子，在篮球比赛上场前，围在一起伸手加油幻化的俯视图。学校在体育教学和校本课程中，开设了乒乓球、轮滑、跆拳道、街舞、形体、国际象棋、围棋等运动项目，每周会有一节篮球、足球课，每两周会有一节乒乓球、形体、围棋和国际象棋等特色课，每个孩子除了体育课上可以学习这些项目的运动，阳光体育大课间等时段都选择自己喜欢的项目的锻炼。

三是尊重。家长要让孩子自己选择喜欢的运动。很多家长，让孩子跟随父母的脚步，做家长喜欢的运动，那是一厢情愿，而不是孩子的选择。家长可以带领孩子参与不同的运动体验，让孩子自己选择，尊重并鼓励他们的选择，才能够吸引他们的兴趣，只有感兴趣才能使运动本身长期的坚持下去。

同时，家长要为孩子在运动中的努力鼓掌，而不要单纯注重结果，避免孩子给自己施加太多的压力，他们会很快地从运动中获得乐趣。一个孩子，乐于参与运动，学会一两项体育运动技能，结交不同的朋友，并保持运动乐趣，这种状态将成为他们以后积极生活方式的基础，实现终身运动，健康幸福一生。

三、运动成就幸福的生活

60、70后女体育教师并不多，有的学生和同事问我为什么会选择体育教师这个职业？每天在操场上摸爬滚打，夏天晒得黝黑，多辛苦。我觉得选择这项事业是源于我对运动的热爱，也给我带来了幸福！小时候总怀着一种英雄情节，最大的爱好是听评书《岳飞传》，我每天中午一边吃饭一边守着收音机听评书，岳飞的满江红“莫等闲、白了少年头，空悲切！”一种报效国家、赤胆忠诚的乐观精神和浩然正气的英雄气质，深深吸引着我。因为怕下午上学迟到，当时我每天听完评书，跑步上学。由于长期坚持长跑，提高了肺活量和耐力，在区、市中学生田径运动会的中长跑比赛项目中崭露头角。高中毕业后，我考入师范学院体育系，毕业后成为了一名光荣的体育教师，也与我的大学同学，同样爱运动的丈夫组建了家庭。个人也屡次在区和市篮球、网球、田径、游泳、半马登山比赛中摘金夺银。体育带给我的不只是健康的体魄、阳光积极的心态、坚强的毅力和韧性，克服困难和不服输的精神，还有幸福的家庭生活。

1996年，我和爱人宋老师一起应聘到龙华中心小学，一晃24年过去了。那时的龙华中心小学，教学楼虽然旧，但很有特色，校道两旁的大王椰屹立挺拔，操场的跑道是泥土的。我来面试时，孩子们光着脚丫在操场上跑，天真烂漫的笑脸很动人，同事们也很和善互助，我和宋老师就这样，在龙华教育这片热土扎下根来。我们住在学校田径场遍的宿舍，曾连续十年没休息过节假日，训练学校篮球队，13次蝉联街道小学女子组冠军，6次荣获区篮球赛冠军，培养输送的学生在市、省、全国比赛中捧杯。宋老师训练的男子篮球队员在街道、区、市比赛中摘金夺银，输送的队员代表深圳市在省、全国比赛中也多次夺冠。我们一起培养了学生的自信心和运动兴趣，以体育人。在领导的支持和体育科组的共同努力下，龙华中心小学从1998年以来，先后被授予“宝安区篮球传统项目学校”“深圳市篮球特色学校”“广东省篮球特色学校”和“全国篮球特色学校”。国际篮球巨星易建联与我校篮球小运动员尹智一起拍摄的深圳宣传片“深圳一直是先锋”至今传为佳话。

四、家庭运动有方法

现在的龙华中心小学已与龙华教育一起腾飞。疫情在线教学期间，龙华中心小学作为国家社科基金重大课题（此课题由华东师大体育与健康学院书记、长江青年学者汪晓赞教授主持）子课题实验学校，采用综合运动干预，用《KDL体育与健康课程》授课，13周中，录制110节微课和8节国际象棋特色课程在线教学，活力校园大课间、每天的“家庭锻炼日”家校联动、线上“校长挑战杯”体能运动会，可穿戴心率带智能监控等，落实“文明其精神，野蛮其体魄”。游戏化、挑战性的结构化活动提高了学生的健康水平，使孩子在团队合作中自主探索方法，塑造了孩子活泼开朗的性格，养成孩子遵纪守法的意识，培养孩子公平竞争的精神和坚忍不拔的毅力。在挑战新高度，创造新方法、追求新目标的过程中，不仅舒缓压力，提高免疫力，还提升了自信心与进取心。近年来，学生体质健康水平稳步提高，近视率下降，实现了习近平总书记提出的学校体育“享受乐趣、增强体质、健全人格、锤炼意志”四位一体目标。

每天锻炼一小时，健康生活一辈子。每天下班后，家长可以和孩子一起锻炼身体，舒缓压力，享受亲子时光。接下来推荐三个水平的“居家锻炼日”活动内容和方法给孩子与家长们，助力于养成运动习惯，强身健体，也希望我们的努力能为《健康中国2030》作出积极贡献。

体育运动既能舒缓压力，提高免疫力，又能塑造活泼开朗的性格，培养公平竞争的精神，养成坚忍不拔的毅力，还能让孩子学会坚强与合作，学会守规则与尊重，学会生存与创造，身心健康成长。让体育运动为未来幸福人生打下坚实的基础。

后记

1917年1月，时任北大校长的蔡元培提出了“完全人格，首在体育”教育思想，将体育排在德育、智育、美育的前面，并对学生提出殷切希望：“要有狮子样的体力，猴子样的敏捷，骆驼样的精神。”无论是篮球、足球等集体项目里强调合作与默契的比赛，还是短跑中的爆发力，长跑中的耐力，抑或是运动员追逐目标的执着，不轻言放弃的坚定信念，都是体育与人格碰撞激发的最打动人心的魅力。体育不是单纯地锻炼身体，不是机械地重复动作，是要在运动中更好地认识自己，塑造自己，从而促进自己的人格更健全。

陶行知先生的每日四问对健康的身体尤为关注，首先就是问自己的健康有没有进步，有了健康的身体，才能实现理想寻找幸福，不然一切都是空话。

2018年9月10日，在北京召开了全国教育大会，习近平总书记在会议中发表重要讲话，提出要落实立德树人根本任务，坚持加强教师队伍建设方面走在前列，要求帮助学生在体育锻炼中享受乐趣、增强体质、健全人格、锤炼意志。

深圳市邵子洺“哨子”体育名师工作室和深圳市龙华区邵子洺体育学科带头人工作室，遵从“完全人格，首在体育”的教育思想和“健康第一”的理念，自2015年底开始成立后，就一直以工作室为平台，通过“一主两翼”发展模式（一主：导师引领。聘请了华东师大体育与健康学院书记汪晓赞教授、首都体育学院前院长李鸿江教授、深圳大学教育学院习翼教授、原南京晚庄师范学院陶行知纪念馆首任馆长，中陶会生活教育行动讲师团团长汤翠英教授、广东省体育教研员肖建忠教授、深圳市原体育教研员刘晋教授、现任体育教研员黄镇敏教授、深圳市教科院专家工作室刘永力教授、龙华区教科院刘洪翔博士和体育教研员隋海林老师；两翼：教学和教科研并进，集教育、教科研、培训于一体，探索建立一套科学合理，有利于提升教师队伍专业能力，有利于优秀教师脱颖而出的培养培训机制），形成市、区两级名师工作室和学科带头人工作室共建共管共享，成为致力于教学和教科研工作，大力推动教育教学改革发展的高水平创新团队，形成了具有一定规模的名教师、中青年骨干教师和后备力量的教师梯队，做到通过一位名师，带动一门学科；带出一个团队，产生一批成果，使深圳市邵子洺“哨子”体育名师工作室成为骨干教师聚集地和名师孵化地。工作室培养了一大批有志于学生体质健康促进和立德树人的一线体育教师，为儿童青少年健康促进尽力，使学生成为人格和体格都健全的社会主义事业建设者和接班人。

真诚感谢各级领导、国内外专家和廖柏灵、甘秀英、王讲春、肖德明四位校长对“哨子”名师工作室的支持和指导！感谢工作室同伴们团结协作，积极探索！感谢龙华中心小学师生家长、黄晓峰主任和家人的支持！感谢出版社领导和编辑们的辛勤工作与帮助！感谢为“哨子”名师工作室发展和教师成长付出心血的每一个人！希望此书的出版能给予其他名师工作室以借鉴和相互学习，共同为孩子健康幸福成长尽责！为中华民族伟大复兴尽力！

邵子洺

2019年6月